Els Vins de Catalunya

La Generalitat de Catalunya ha considerat com un servei al país promoure i realitzar aquesta publicació que vol ser també un homenatge a la nostra pagesia a qui Catalunya deu, entre altres coses d'inestimable valor, la seva riquesa vinícola.

Manifestem el nostre agraïment als Consells Reguladors de les Denominacions d'Origen de Catalunya, per la col·laboració entusiasta que han tingut en la confecció d'aquest llibre. Voldríem destacar, però, la dels amics:

Sr. Josep M. Vidal i Barraquer i Sr. Ramon Bosch, per la D. O. Penedès.
Srs. Dídac i Jesús Barnadas i Sr. Alfons Bonmatí, per la D. O. Alella.
Sr. Antonio Ruiz i Birlanga, per la D. O. Tarragona.
Sr. Ramon Vidal i Barraquer, per la D. O. Priorat.
Sr. Eduard Puig i Vayreda i Sr. Françesc Vall-llosera per la D.O. Empordà.
Sr. Sanz de Castro, per les D. O. Conca de Barberà i Terra Alta.

A tots ells, i especialment a la Direcció General de Producció i Indústries agroalimentàries del Departament d'Agricultura, Ramaderia i Pesca, promotora del llibre, i a la seva secretària, Sra. M. Teresa Garcia i Pujades, volem expressar el nostre reconeixement.

L'autor

Primera edició, desembre de 1979
Segona edició, abril de 1980

ISBN: 84-500-3455-8
Dipòsit Legal: B-4.360-1980

Disseny: Pere Ariño
Maquetació: Tangram, S.A.
Fotografies: Eugeni Bofill i Eduard Olivella.
També: Pau Barceló (pàgines 33 i 82) i
Arxiu Salmer (pàgines 8, 19, 28, 29 i 68).
Il·lustracions: Pere Virgili
Fotogravats: Fotogravats Coll
Fotocomposició: Cucurella I.G. - Manresa
Imprès a Sirven S.A.E. Gran Via, 754 - Barcelona-13
Coordinació general: Jordi Úbeda
Edició a cura de General Gràfic, S.A.

GENERALITAT DE CATALUNYA
Departament d'Agricultura, Ramaderia i Pesca

Els Vins de Catalunya

Jaume Ciurana

Servei Central de Publicacions de la Generalitat de Catalunya
Departament de la Presidència
Barcelona, 1980

Presentació

"Un llibre que mancava." Aquest és el judici que voldríem veure formular a tothom que tingués esment d'ELS VINS DE CATALUNYA.

De segur que si hom es fa aquesta reflexió esdevindrà, tard o d'hora, un lector cert de les seves pàgines.

Però la nostra ambició arriba més enllà. Desitjaríem que aquest llibre no fos tan sols un instrument de lectura, sinó que fos una petita eina de redreçament.

Una eina per a redreçar principalment dues coses: de primer, l'estat de desconeixement de l'actual societat catalana sobre els seus vins, sobre els vins que produeix la seva terra i que elaboren els seus homes; en segon lloc, per a redreçar els afers, ara tan torçats i malmesos, de la vinya i del vi a casa nostra.

Dos objectius, tanmateix, ben concrets i precisos, però dos objectius que exigeixen una gran tenacitat, un gran esperit d'equip i una gran dedicació per part de totes les persones implicades a aconseguir-los.

Nosaltres veiem una gran feina a fer sobre els vins catalans. Una gran feina que té dos vessants; l'un, cap endins, és la gran feina de millorar-ne la qualitat i de rebaixar-ne els costos de producció. És la feina de renovació de plantacions, de racionalització de conreus, de millorament tecnològic, de capacitació enològica, d'assistència i d'assessorament oficials.

L'altre, cap enfora, és la gran feina d'educar el nostre públic en la ciència de "saber beure" vi. És la feina de conduir progressivament la nostra societat cap a l'apreciació personal dels bons vins catalans, i cap a la degustació intel·ligent de vins. És la feina de posar dins tot consumidor aquell noble neguit de conèixer i de formar-se que és a l'origen de totes les activitats de construcció personal.

Aquest llibre vol atendre el segon vessant d'aquesta feina. Vol contribuir, aprofundint en tot allò que fa créixer la sensibilitat enfront dels vins, a una major realització de les persones, que les porti a una felicitat millor.

Que això és epicureisme? Evidentment. Però un epicureisme que és portador d'una gran càrrega sociològica, perquè dels afers de la vinya i del vi depenen directament a Catalunya unes 30.000 famílies pageses, disperses pel nostre àmbit rural, i habitant principalment les comarques de l'anomenada Catalunya pobra.

El nucli més habitat de Catalunya –la trama urbana del Barcelonès– és potser l'únic exemple mundial d'una aglomeració urbana situada en una zona vinícola, com ho és Catalunya, que no consumeix preferentment el bons vins de la seva zona. Posar remei a aquesta situació és important per a l'equilibri sociològic de Catalunya.

A Catalunya s'elaboren vins excel·lents i vins mediocres, com a totes les zones vinícoles. A les dones i als homes del món del vi, pagesos, Administració, enòlegs i tècnics, els toca la feina d'anar eliminant els mediocres i transformar-los en excel·lents. A les dones i als homes del món dels mitjans de difusió els toca la feina de pregonar la fama i les característiques dels excel·lents i d'esperonar la transformació dels mediocres. A les dones i als homes del món comercial i financer els toca la feina de difondre el vi català per tot el món, i de muntar les estructures materials i organitzatives que facin possible aquesta difusió. I, per fi, a les dones i als homes del món dels bevedors de vi –que som una immensa multitud– ens toca la feina de ser exigents i de perseguir la qualitat. Desitjaríem que la publicació d'aquest llibre fos un primer pas per a estimular els diversos estaments assenyalats a seguir cadascú el seu camí.

Josep Roig i Magrinyà
Conseller del Departament
d'Agricultura,
Ramaderia i Pesca de la
Generalitat de Catalunya

BIBLIOGRAFIA

Història Nacional de Catalunya, A. Rovira i Virgili.
Història de l'Agricultura Catalana, J. de Camps i Arboix.
Catalunya dins l'Espanya moderna, Pierre Vilar.
El món rural a Catalunya, Joan Vilà Valentí.
Història del Comerç a Catalunya, Jordi Freixes.
Els primers comtes catalans, R. d'Abadal i de Vinyals.
Geografia de Catalunya, Solé Sabarís i altres.
La crisi agrària de 1879-1900, Josep Iglésies.
Les fires i mercats a Catalunya, Lluís Casasses.
Sant Sadurní d'Anoia i l'Alt Penedès, J. M.ª Muntaner i Pasqual.
Folklore de Catalunya, Joan Amades.
El que hem menjat, Josep Pla.
Els "platillos" de l'Empordà, recull d'Eduard Puig Vayreda.
L'explotació pagesa a Catalunya. Alexandre Checchi i Jordi Peix.

Memorias relativas a la crisis vinícola, Centre Agrícola del Penedès (1908).
Los vinos de España, José del Castillo.
Viñas y vinos, Miguel Torres.
Vino español, un incierto futuro, Miguel Torres.
El viñedo español. Public. del Ministerio de Agricultura. F. Sáenz Carnero.
Construcciones agrarias en Catalunya, César Martinell.

Histoire de la vigne et le vin, Henri Enjalbert.
Sciences et techniques du vin, Riberau-Gayon et E. Peynaud.
Initiation a la dégustation, Institut Technique du Vin.
Vignes et vins de France, Louis Jaquelin et René Poulain.
Les vins de Bourgogne, Perre Poupon et Pierre Fougeot.
Le guide des vins et les vignobles de France, E. Kressman.
Guide du vin allemand, Deutsches Weininstitut.

The Wine. Hugh Johnson.

Sumari

Preliminars

Propòsit d'aquest llibre

Aquest llibre té un propòsit humanista. D'un humanisme senzill i honrat, però també clar i decidit. Aquest llibre vol que el lector, en acabar de llegir-lo, se senti enriquit i esperonat com a persona humana. Vol que la curiositat i l'afany de saber, propis dels homes –recordem la dita clàssica "res del que és humà no m'és indiferent"–, penetri i avanci en aquest camp de plaers que són els bons vins de Catalunya, i, al mateix temps, vol donar les bases més elementals perquè el curiós investigador que es decideixi a avançar-hi, a més de construir una parcel·la de la seva felicitat, construeixi també la seva persona, fent-la més autèntica, més sensible, més rica intel·lectualment.

La vida moderna cada vegada fa més difícil la utilització dels sentits com a instruments de coneixement i de felicitat. L'epicureisme ben entès –que és aquella disposició interior de la persona que la fa complaure's amb les coses senzilles i honrades, amb els plaers moderats i racionals,– suposa una actitud de gust per la vida i l'educació de la sensibilitat, que avui dia no és gaire comuna, adelerats com anem tots plegats darrera els afanys i les urgències que ens sol·liciten de tots cantons.

Però la tradició mediterrània de considerar la persona humana com a element soldat i encastat en la Natura, que tan fortament ha arrelat a Catalunya –recordem la cita del gran poeta Maragall: "Si el món és tan formós, Senyor, si es mira amb la pau vostra dintre de l'ull nostre...", –ens estimula a fer un bon ús dels nostres sentits i de la nostra intel·ligència no solament com a instrument d'aprehensió o de coneixement de les realitats que ens volten, sinó també, i al mateix temps, com a instruments generadors de felicitat.

Sensibilització enfront dels vins

Ser sensible a la qualitat dels bons vins, avui dia és un privilegi. Només l'iniciat, només qui anímicament i culturalment hi està preparat, arribarà a gaudir plenament d'aquesta qualitat. No és una afirmació lleugera. Un fenomen semblant passa en tots els orígens del plaer i de la felicitat humana. Només l'escalador sensible i preparat gaudeix plenament de la bellesa grandiosa i solitària dels grans abismes i dels cims daurats pel sol. Només l'afeccionat coneixedor gaudeix de les matisacions i modulacions sensitives d'una simfonia de Beethoven. Només l'iniciat i el qui hi té educada la sensibilitat troba un grau màxim de plaer contemplant una obra pictòrica d'avantguarda...

La formació de la pròpia sensibilitat enfront dels bons vins és l'objectiu que aquest llibre proposa als seus lectors, en el ben entès que, per si sol, només podrà aportar unes bases rudimentàries perquè aquest objectiu sigui possible.

El diàleg persona-vi

El diàleg Persona-Vi és la base principal per a un coneixement aprofundit dels bons vins.

Reproducció parcial d'un quadre de Romà Ribera exposat al Museu d'Art Modern de Barcelona.

Perquè la gran feina, la feina determinant no es farà llegint el llibre, sinó que es farà amb aquest diàleg, amb aquesta dialèctica Persona-Vi, que és d'on ha de sortir qualsevol engruna de felicitat i d'enriquiment que dels bons vins puguin venir-nos. El vi és obra d'uns homes. Els bons vins són obra d'uns homes que a més a més són artistes.

D'ara endavant, doncs, quan nosaltres com a persones ens trobem davant d'un vi desconegut, hem d'intentar comprendre'n el missatge. Què ens aportarà aquest vi? ¿Quines sensacions de plaer ens proporcionarà? ¿Quins indicis ens deixarà deduir sobre la seva constitució, sobre el seu origen?

Aquest diàleg Persona-Vi, la persona assajant de *conèixer* el vi, de fer-se'n una idea intel·lectiva, i el vi regalant-nos sensacions, deixant-nos entendre secrets i suggerint-nos idees *–deixant-se degustar–,* l'hem de trobar a la base i en l'origen de la possible felicitat que els afeccionats puguin trobar en la degustació dels vins.

La personalitat dels grans vins

Un gran vi no és qualsevol cosa. És una obra d'art. Però una obra d'art viva i personal no estètica i inanimada. Això fa que en diem un "gran vi". És el resultat de l'acció de la Natura modificada pel mestratge de l'Home. Però, per a un vi, arribar a l'estatge de "gran vi" vol dir haver superat una autèntica cursa d'obstacles, haver-se format el caràcter i la personalitat amb una dura experiència i superant i vencent –i per tant modificant-se i adaptant-se– gran quantitat d'esculls i de perills. Un gran vi té tot el dret d'aspirar a una fi noble i ajustada a la seva vida que és la d'ésser degustat per un afeccionat entès, sensible i format. Aquesta correlació entre la personalitat d'un gran vi i la personalitat i formació de l'afeccionat que el degusta ens obre la porta a un món vast i divers per construir. Un món al qual us invitem a entrar de la mà dels grans vins catalans, que necessiten ser correspostos per una gran escola de sensibles, formats i entesos degustadors, capaços de gaudir-se'n.

El deure de l'exigència de la qualitat

I la primera regla d'or de tot degustador de vins que senti dins d'ell les pessigolles de "l'esperit de cos" ha de ser el deure de l'exigència de la qualitat. El vi pot ser car o barat, jove o vell, fosc o clar, etc... però ha de tenir qualitat. Ha de ser un vi de qualitat. Si no som capaços de fer nostra aquesta regla –la del deure personal d'exigir *qualitat* en els vins que consumim–, no tirem endavant en la lectura d'aquest llibre, perquè no farem altra cosa que construir castells damunt d'una base falsa.

En les pàgines que segueixen, el mot vi s'entén que sempre va acompanyat de l'atribut "de qualitat", perquè els productes mistificats, manipulats, d'origen desconegut, sense garanties de puresa i fills d'una concepció més industrial que artesanal, no mereixen l'honor de ser designats amb el noble nom de vi.

Qui vulgui fruir de la bona pintura, ha d'iniciar-se i formar-se, contemplant i assimilant precisament "bona pintura"; no li serveixen els succedanis ni les còpies impersonals i industrialitzades.

Amb els vins, passa semblantment. Només vins autèntics, vins garantits, vins amb gent responsable que en doni fe, cars, barats, joves o vells, això és una altra qüestió, ens serviran per penetrar pas a pas, i amb eficàcia, en aquest món, vast i divers, ple d'encís, que és el món dels autèntics afeccionats als vins.

Aquesta necessitat de qualitat dels autèntics afeccionats ha d'estar coberta per la conjunció d'esforços dels productors-viticultors i dels elaboradors-criadors. I al redós d'una política de protecció i promoció de la qualitat, per part de l'estament públic. La confluència d'aquests esforços i d'aquesta política té un nom: la Denominació d'Origen.

Els encontorns del vi

La història del Cep ha estat íntimament lligada a la història de l'Home.

Un cep d'una vinya catalana.

Els Orígens

L'afeccionat als vins té un avantatge gran sobre els altres mortals consumidors de begudes diferents. Té l'avantatge d'estar sotmès a la incertesa del desconegut. Tan aviat serà un gran plaer inesperat davant d'una botella d'origen intranscendent i humil, com serà una decepció cruel i amarga davant d'una ampolla teòricament carregada de noblesa. I això és degut que el vi és un ésser viu, i la vida, certes vegades, reacciona sorprenent-nos.

L'enòleg, l'home que elabora el vi i que el cria, no és l'amo dels elements que constitueixen el vi, sinó que n'és l'esclau. No els domina, sinó que el dominen. Un enòleg es pot comparar al capità d'un vaixell de vela que ha d'aprofitar-se dels elements naturals (els vents, els corrents marins, etc.) per fer avançar el seu vaixell cap a on ell vol. L'enòleg també ha de saber combinar i influir en una llarga sèrie d'elements naturals, tots ells constituents de l'ambient del vi, per aconseguir la seva obra. Un fabricant de refrescos o de licors és comparable a un capità d'un vaixell de vapor, que pot prescindir totalment dels elements naturals, segur que el propi poder del seu vaixell li permetrà de seguir el rumb marcat.

El fabricant dóna la qualitat que ell vol. L'enòleg rep un producte natural, al qual, amb la seva intervenció, pot aconseguir d'incrementar, o fins i tot crear, la qualitat. El fabricant és per damunt de tot un tècnic. L'enòleg ha de ser un tècnic doblat d'artista.

Vegem quins són els principals d'aquests elements naturals que intervenen en la creació de la qualitat dels vins.

Els ceps

Els ceps són aquestes plantes que arrenglerades en un pacífic ordre de batalla ocupen tantes planes, turons i pujols de Catalunya. Es troben en l'origen de tots els bons vins catalans. El cep, botànicament, és la *vitis vinifera*.

Si alguna liana salvatge dels gènere vitis prosperava a l'Europa Occidental Meridional durant l'Era Terciària o Quaternària va desaparèixer totalment, ara fa uns 100.000 o 120.000 anys, en el període de màxima glaciació. Les onades de fred i de glaç d'aquell període transformaren en estepes o en deserts glaçats les regions on avui dia es fa l'alzina o el pi, neixen l'espígol i la ginesta i s'hi conreen l'oliver, les figueres i la vinya.

A aquesta devastació glacial només pogueren sobreviure les associacions vegetals de tipus atemperat que vivien en petites zones especials, que per les seves característiques geogràfiques constituïen autèntics refugis o hivernacles naturals. Petites recolzades orientades a migjorn, al peu de parets muntanyoses, que els abrigaven dels vents glaçats i de les baixes temperatures. Ni als Alps ni als Pirineus no existeixen indrets així. Tampoc al Rif ni a la Cabília, a l'Àfrica del Nord. Potser sí que es troben raconades d'aquestes característiques a Dalmàcia o a Albània, als vessants sud dels Càrpats, a Moldàvia-Valàquia... Però per a la vinya, un sol refugi s'ha pogut provar científicament i és el que es localitza a les costes orientals del Mar Negre a Geòrgia. Aquest refugi, allunyat al mateix temps de les aigües fredes de l'Atlàntic i dels vents glaçats de Sibèria gràcies a la cadena de muntanyes del Caucas, va guardar per a la posteritat, durant tot aquell terrible període glacial, aquella planta delicada de l'Era Terciària que era una liana, batejada després, molt després, amb l'estrany nom llatí de "vitis vinifera".

Quan la neu i el glaç es retiraren, aquesta planta natural s'estengué també, sempre associada als boscos que li servien de suport. Però a l'Antic Continent aquesta extensió natural no pogué ser molt potent, perquè fora de la zona del Caucas, i de l'actual Geòrgia, aviat s'arriba a zones de clima d'estepa o de clima mediterrani on la vinya no creix sense la intervenció de l'home. Entretant, a l'Amèrica del Nord, la situació era ben diferent. Durant el període glacial, els refugis del bosc atemperat i de les seves lianes es van situar als Monts Apalatxes del Sud. I quan les glaceres es retiraren, s'instaurà l'actual clima, amb estius humits i càlids, semblants als de Geòrgia. Aquí, les espècies boscanes i, amb elles, les lianes paràsites disposaren d'un camp immens per expandir-se. Per això es troben ara espècies de vinyes americanes en estat natural, des de la Florida a Nova Anglaterra i més enllà del Mississipí. Però a Amèrica no es troba l'única espècie productora de vi bo, la "vitis vinifera", que al Món Vell tan agermanada va amb la Humanitat, des del principi de la Civilització. Les "vitis" americanes en estat natural són nombroses i estan hibridades entre elles i algunes, si bé fan raïms grans i llustrosos, produeixen un vi de gust desagradable.

De quina manera, i en quin moment, els homes començaren a fer plantacions, provinents d'aquesta vinya natural que existia a la zona de l'actual Geòrgia, pertany a la categoria dels enigmes històrics, però el fet és que, a l'inici dels anys 3000 abans de Jesucrist, la viticultura ja estava fundada. En tenim el testimoni en el relat bíblic, i en els documents històrics egipcis.

La domesticació del cep i el seu conreu per l'home, la plantació de vinyes, es troba a l'origen de tota copa de vi que arriba als nostres llavis. És la història dels esforços, dels afanys i de les esperances de moltíssimes generacions d'homes la que es pot llegir darrera d'aquestes vinyes arrenglerades per tot el nostre paisatge i darrera la superfície incitant de tota copa de vi que ens portem a la boca. Pensem-hi, meditem-ho i estimem en conseqüència les vinyes i els homes que les conreen.

Les varietats de ceps

La "vitis vinifera" és una espècie vegetal única però que té més de 5.000 varietats catalogades. D'aquestes només unes 50 tenen interès des del punt de vista enològic. A més hi ha varietats de les altres espècies de "vitis", la vitis Labrusca, la vitis Rupestis, etc., que produeixen els vins americans, de gustos desagradables. Segons els sòls, els climes, els vents, les situacions i les pràctiques de conreu, s'han anat caracteritzant certes varietats a certes regions o comarques. Aquest fenomen és el que més ha contribuït a la noció d'origen genuí d'un vi, vinculant-ne la qualitat a una àrea geogràfica determinada.

En molts llocs –el Penedès, per exemple, i en general en totes les zones vinícoles catalanes– cap varietat, per si sola, no confereix als vins resultants les qualitats que se n'esperen; i la tradició demana, o bé vinificar diverses varietats conjuntament, o bé fer-ho per separat i barrejar els vins obtinguts per fer el tipus requerit.

Les varietats són al cep el mateix que les races són als gossos. Per exemple, un Fox-Terrier té unes característiques diferents que un Basset, i un Gànguil posseeix unes qualitats que un Boxer no té. En canvi, aquest en té unes altres.

Amb les varietats de ceps passa una cosa semblant. Combinant varietats aromàtiques amb varietats de molt de color i varietats tardanes amb altres de sucoses, per exemple, es pot influir en les característiques del vi que s'obtindrà.

La varietat és el que dóna caràcter al vi, però és curiós de constatar com certes varietats donen vins completament diferents, segons el terreny i el clima de la zona on es planten.

La ciència que estudia les varietats rep el nom d'ampelografia, i els seus experts tenen sovint discrepàncies i punts de vista diferents sobre la identificació de varietats ja que aquestes, en ser conreades en països i comarques diferents, reben noms populars diferents.

Les varietats més corrents a Catalunya, pel que fa a vins blancs, són el xarel·lo, el macabeu, la parellada o montònega, la garnatxa blanca, el pansà, etc. I pel que fa a vins negres, la garnatxa negra, la carinyena, l'ull de llebre, el sumoll, el simsó, el monastrell, el lledoner, etc. Posteriorment, en l'estudi de cada zona vinícola ja tindrem ocasió d'anomenar-ne més i de descriure les característiques del vi que produeixen.

Les varietats estrangeres més conegudes, i que podem afirmar que fan una aportació de qualitat als nostres vins, en ser conreades a Catalunya, són: pel que fa als blancs, el Pinot Chardonay, productor dels vins de la xampanya i dels blancs de Borgonya, i el Risling, característic de l'Alsàcia i del Rin, i pel que fa als negres, el Cabernet, Sauvignon, d'origen de Bordeus, i el Pinot Noir, propi de la Borgonya.

Juntament amb un estudi més acurat de la manera de ressaltar millor les qualitats i la personalitat de les varietats autòctones, considerem que és positiva per a l'increment de la qualitat dels vins catalans la introducció i aclimatació al nostre país de les varietats estrangeres capaces d'aportar les característiques i els valors dels quals els nostres vins estan més mancats.

En el tipus de vi definit com a propi per a cada Denominació d'Origen té una gran importància la determinació de les varietats exclusives que l'han de produir, però aquesta exclusivitat ha de ser prou flexible per no fer impossible qualsevol millora aportada per l'aclimatació de varietats noves.

La situació i el clima

Podem afirmar que la vinya és filla de l'harmonia i de l'equilibri. Massa calor l'ofega; massa fred, l'esmorteeix. L'excés d'aigua la fa malaltissa i fràgil; la manca d'aigua, l'asseca. Massa altitud no és bona; les plantes baixes no fan qualitat. Cap al Nord, fan vins aromàtics però molt àcids i verdosos; cap al Sud, vins potents i robustos, però mancats d'aromes. El vi, com la civilització, neix en zones atemperades.

De totes maneres, la vinya no es pot dir que sigui gens primmirada ni llepafils. D'origen caucàsic, s'ha estès a dos terços d'Europa, a l'Àfrica del Nord, a l'Àfrica del Sud, a una part de l'Àsia, al Sud d'Austràlia i Nova Zelanda, a la quasi totalitat d'Amèrica del Sud i a tota la part meridional de l'Amèrica del Nord.

La podem trobar a prop del mar i en zones continentals, arrelada als vessants de turons i pujols, i a les grans planes esventades. En llocs de molta pluja i en zones gairebé desèrtiques. En països freds i en països càlids.

Podem dir que la vinya prospera entre els 28 i 50° de latitud, en tots dos hemisferis.

A Europa, en el transcurs de la història s'ha pogut apreciar un lent descendiment del límit septentrional. Les facilitats de transport han fet abandonar les vinyes plantades en zones molt septentrionals d'Alemanya, Anglaterra, França i Polònia, que donaven vins àcids i verds, i substituir-les pel comerç i importació de vins provinents d'àreees més atemperades.

Aquest mateix procés ha passat a Catalunya. Les vinyes plantades a les valls prepirinenques i a les comarques més fredes i septentrionals no atemperades pel mar, han desaparegut i en canvi ha anat conreant-se vinya a les comarques de clima més sec i càlid, que donen un vi més d'acord al que el mercat demana.

Així com des del punt de vista del conreu la plana és més favorable, des del punt de vista de la qualitat les comes i els pujols sempre poden proporcionar-nos un cert avantatge. En efecte, en comarques fredes, les vinyes de vessants orientades al migjorn reben més insolació i, per tant, es defensen del fred. En comarques càlides, plantar vinyes als vessants obacs, orientats al Nord, és garantia de millor qualitat de vi que a les vinyes plantades a la plana o a als vessants orientats al Sud. El clima i la situació són elements que es troben a l'origen del vi. I són elements amb influència certa sobre la seva futura qualitat. Influència sobre el cost de producció i influència sobre les característiques i particularitats del vi.

Els vins de Denominació d'Origen són vins obtinguts sempre dins d'unes característiques de clima i de situació que són les de la zona geogràfica demarcada. Això sol ja dóna una garantia de continuïtat en les característiques, que permetrà als seus partidaris i admiradors identificar-los en tota ocasió.

La terra

La vinya ho dóna tot i no exigeix res. Això, que és molt bonic, té l'inconvenient que no és cert. Perquè la vinya sí que exigeix; exigeix treball i dedicació humana.

Però és parcialment cert, si ho considerem des del punt de vista de la qualitat del sòl, de la terra.

La vinya creix amb èxit en terrenys tan pobres que difícilment podrien donar suport a cap altre conreu. ¿Què hi creixeria, si no fos la vinya, en els pedregosos terrenys de llicorella del Priorat? ¿I en els arenosos turons de sauló d'Alella? ¿I en l'estopenc terreny de les Garrigues? Els vins dels sòls empobrits i magres poden ser excel·lents, i certes vegades els preus que en paguen compensen la minva de producció que forçadament pateixen en comparança amb els originats en terrenys més grassos.

Ben sovint, la qualitat del producte depèn de la proporció en la qual es troben els elements components del sòl fèrtil. La sílice dóna vins lleugers i fins com els d'Alella, l'argila els fa més acolorits, més forts en alcohol, com els de la Terra Alta, els de Tarragona i els de l'Empordà. El terreny calcari dóna "bouquet" marcat i flexibilitat i tendresa, com al Penedès i a la Conca de Barberà. La pissarra dóna maduresa, taní i força com al Priorat. Aquesta pinzellada no ens l'hem de prendre al peu de la lletra perquè a tots aquests indrets hi ha sòls en què tots aquests elements són presents al mateix temps, i que són els productors dels millors vins, però sí que és certa la influència dels elements constitutius de la capa fèrtil on està plantada una vinya en la qualitat i característiques del vi que aquesta proporciona.

I encara, no solament és important el sòl, sinó el subsòl.

Les arrels de la vinya van molt profundes. Això explica la seva supervivència en terrenys secs, aspres i pobres. Les arrels s'enfonsen fins a 5 o 6 metres, per tal de trobar aquella capa del subsòl més humida i més favorable, que pot proporcionar al cep allò que necessita per viure. Si el subsòl és calcari o granulós o d'argila o granític, si és flonjo i descompost o és dur i atapeït, si permet un bon drenatge o bé acumula les aigües i les estanca, cosa que fa podrir les arrels, és evident que la vinya del damunt donarà uns vins d'unes o altres característiques, encara que la varietat i el clima siguin els mateixos.

També la composició en elements nutritius de la terra de conreu, de natural o modificada pels adobs, té una importància considerable. El nitrogen, que afavoreix la vegetació, disminueix la qualitat. El fòsfor fa les plantes més vigoroses; la potassa millora la funció clorofíl·lica i com a conseqüència fa vins més potents i madurs.

La combinació de tots aquests elements físics i químics del sòl, i la seva correcció amb els adobs i el conreu, és una part de l'art del pagès, que ha de conèixer la seva terra, l'ha de corregir, l'ha de millorar i li ha d'oferir varietats més convenients per obtenir un millor vi.

La vinya vol dedicació humana constant.

Vinyaters ocupant-se d'un mallol (vinya jove).

El conreu

Ja hem dit que, si bé la vinya no demana gaire cosa al sòl que la suporta, és tirànica i exigent, com una enamorada temperamental, amb l'home que se n'ocupa.

Cada comarca té els seus mètodes de conreu, i encara, cada varietat necessita unes o altres atencions, però totes tenen en comú la permanència constant de l'home al llarg de tot l'any, vigilant, patint i treballant, en mil i una operacions, per fer possible la vida ufanosa i sana de la vinya, que ha de dur com a conseqüència l'obtenció d'uns vins de qualitat.

Aquests mètodes de conreu, fruit de l'experiència de moltes generacions, i que depenen de la textura i naturalesa del terreny, del microclima de la zona, de la configuració de la peça de terra on la vinya està plantada, de l'orientació de la vinya i de la varietat plantada, es mantenen en allò que és essencial, però es van variant i adaptant a les noves situacions i a les noves eines i utillatges que els mercats, els gustos dels consumidors, els imperatius econòmics i l'avenç tecnològic de la mecanització fan necessaris, en els aspectes de detall.

La densitat de plantació dels ceps, l'alçada de la soca, el deixar o eliminar fullam, són pràctiques de conreu que tenen influència en la qualitat dels vins, ja que permeten un major o menor aireig del raïm i una major o menor insolació. S'ha de cercar un equilibri segons el clima, la terra, la varietat i molts més factors encara.

També cal cercar un equilibri en el temps i sobretot en el sistema de la poda. Les podes llargues augmenten el pes del raïm, però en dilueixen les essències i els sucres. Les podes exageradament curtes són també perjudicials perquè descompensen la planta i disminueixen fortament el seu aparell vegetatiu.

Cal privar les vinyes de les males herbes. El gram, la canyota, els blens i moltes altres herbotes perjudicials són els enemics vegetals del pagès; però aquest en té encara uns altres de més amagats, que són els enemics que atempten directament contra la bona

El sistema de conreu influeix damunt la vinya. Les fotografies d'aquestes planes i de la següent representen una vinya disposada en marges (Terra Alta), una vinya plana (Segrià), i una vinya de vessant (Priorat). Cada terreny, cada sòl, cada clima, imposa el seu conreu.
reu.

salut del cep. Són els paràsits, els fongs, els microorganismes, els virus, tot un exèrcit infernal, contra el qual són necessàries estratègia, armes potents i, per damunt de tot, tenacitat.

Potser la lluita més coneguda, per la seva dimensió èpica, va ser la lluita contra el gran fragell que tenint la fil·loxera com a transmissor, a cavall dels dos segles, va arruïnar totalment els vinyars de Catalunya. Cap tractament ni cap remei no tenia força per abatre la terrible malura.

Només la tenacitat i l'esforç dels pagesos d'aquell temps –els nostres avis i besavis– el va poder vèncer, substituint totes les plantes per peus de vinya d'origen americà, que genèticament estan immunitzats contra aquesta malaltia, i empeltant posteriorment les soques del mallol –rep el nom de mallol una vinya jove– amb la varietat de l'autèntica "vitis vinifera" europea, escollida per a aquell indret. És gràcies a aquesta tenacitat èpica i a aquest esforç enorme de treball que podem avui dia escriure i parlar dels vins catalans. I encara més important, que els podem assaborir i degustar. El pagès que té cura de vinyes ha d'estar sempre atent i vigilant. Qualsevol negligència l'acostuma a pagar molt cara.

Però encara li resten uns enemics, contra els quals, fins ara, poca cosa pot fer. Són els enemics atmosfèrics. Les glaçades, les pedregades, les ventades, les fortes secades o, contràriament, l'excés de pluja i d'humitat; són com una mena de forces adverses, que a vegades es congrien contra el pagès i contra el bon vi.

Però així i tot no són aquests els principals enemics dels pagesos i dels vins catalans. En queden encara alguns de terribles, que hem de consignar aquí, perquè en quedi constància.

Un és la rutina i l'anquilosament mental. Els temps que corren no són temps de rutines. Cal canviar. Cal adaptar-se. Cal estar al dia. Cal organitzar-se. Cal aprendre constantment. A moltes comarques, les vinyes es moren. S'abandonen perquè no

rendeixen. Però no rendiran mai si no es varien, tot corregint-los, els factors negatius que incideixen, ja en els costos excessius, ja en els preus de venda insuficients, factors aquests dels quals la majoria dels nostres pagesos són presoners.

L'altre és el retard de les disposicions legals i fiscals, referents a la tinença i conreu de la terra, de cara a la seva adaptació envers les noves necessitats de dimensions i inversions mínimes que la tecnologia i la mecanització imposen. Però no és ara el moment d'estendre'ns i tractar aquesta qüestió. Ens n'aniríem massa amunt.

L'anyada

Només els vins i els poetes tenen anyada. Parlem dels poetes de la generació de 1898 o dels de la de 1927... Parlem també d'un Penedès negre de 1972, o d'un Empordà de 1964... No sabem quins factors exactament contribueixen a donar una anyada determinada als poetes, però sí que ho sabem, en el cas dels vins. La naturalesa és capriciosa i sovint desconcertant. Unes plantes com les patateres, que cada any són diferents, sempre donen patates, que quan són de la mateixa varietat tenen el gust ben igual. En canvi, la vinya, que viu diverses desenes d'anys, i sempre és la mateixa planta, dóna uns vins que són diferents cada any.

Evidentment és la meteorologia de l'any la que té la clau d'aquestes diferències. Les hores de sol rebudes, els vents que escampen o no el pol·len, les temperatures favorables o desfavorables a l'època de la brotada, a l'època de la floració, a l'època de la fecundació de les flors; les glaçades primaverals, les pluges oportunes o inoportunes... etc., són tots ells, i molts altres, factors que condicionen la composició, i per tant la futura qualitat, del vi obtingut del raïm de les vinyes.

A Catalunya, és sobretot els dies anteriors a la verema quan la meteorologia té una extrema importància de cara a la qualitat dels vins.

Quan els raïms ja estan formats i en ple procés de maduració, una manca o un excés d'aigua, una pedregada inoportuna o una atmosfera pesada, calorosa i humida, que afavoreix les infeccions per fongs, poden alterar profundament la qualitat dels vins d'aquell any.

De l'any meteorològic, doncs –que és el concepte que anomenem anyada, o adaptant-ho del costum francès, "millésime"–, depèn l'equilibri entre alcohol i acidesa, la concentració de les aromes, la major o menor proporció de matèria colorant, l'existència o no de podridura, etc., circumstàncies totes elles importantíssimes per a la futura personalitat sàpida del vi resultant.

Sobre l'anyada, no hi ha cap legislació ni ordenació que hi pugui influir. Per això, vins d'un mateix origen geogràfic, provinents d'una mateixa varietat, amb les mateixes garanties de qualitat, esdevenen vins diferents i amb acusades diferències segons l'anyada. Això ho saben els bons afeccionats, i per això, quan troben una anyada del seu gust, la recerquen amb interès mal dissimulat. Amb els anys, i guardades a la cava particular, aquelles ampolles poden arribar a ser un vertader nèctar.

La feina ben feta

Raïms a punt de collir. Comença la gran aventura de la vinificació.

La feina ben feta

El rigor i l'exigència en la feina ben feta és un dels condicionants que incideixen en el naixement, primera infància i posterior criança i envelliment dels vins. Veurem quines són les principals feines, que s'han de fer ben fetes.

La verema

No és gaire del domini públic la influència que el moment i les condicions en què es fa la verema tenen sobre la qualitat i característiques del vi que s'obtindrà. I és molt important. En efecte, cal que l'enòleg i el pagès es posin d'acord en la fixació dels dies de la verema.

Avançar o endarrerir la verema una setmana pot significar, segons quines anyades, obtenir vins de característiques molt diferents. Ho comprendrem molt bé si considerem que en els últims dies de la maduració dels raïms els processos bioquímics interns i les transformacions metabòliques que dins d'aquests s'esdevenen van molt de pressa.

Dins del gra de raïm, a la polpa, disminueix el contingut d'àcids i augmenta el de sucres. També, la síntesi de matèria colorant que es diposita a la pell del gra de raïm va augmentant ràpidament en qüestió de dies. En un moment donat, els intercanvis químics entre el raïm i la planta, que fan possible la síntesi de matèries aromàtiques i sàpides, s'aturen totalment. És quan s'ha arribat al punt màxim de la maduració. A partir d'aleshores, el gra de raïm comença a pansir-se si el temps és sec i a podrir-se si el temps és humit.

El coneixement i observació d'aquests fenòmens permeten influir en les característiques del vi a obtenir veremant amb antelació o amb endarreriment a la data culminant de la maduració, segons si el que cerquem per al nostre vi és acidesa i vivor o bé cos i potència.

Però no influeix només el moment de la verema, sinó també les condicions en les quals s'efectua. El vi resultant d'uns raïms que s'han collit amb cura, que la majoria han arribat sencers i sense aixafar al celler, que hi han arribat al cap de poc temps d'haver estat separats de la planta, que no estan bruts de fang, que no contenen fulles, troncs ni altres matèries estranyes i que no s'han rescalfat és molt diferent de l'obtingut de raïms que han arribat al celler després d'un dia o dos d'haver estat collits, que s'han transportat de manera

La verema té més importància de la que sembla en la qualitat posterior del vi.

Veremant al Penedès.

que, per acumulació d'una massa considerable, s'han rescalfat i aixafat, que han deixat anar molt de most, que estan podrits o que estan bruts, o que simplement hi han estat portats en recipients bruts i infectats.

La pasta de raïms aixafats i el most sense la protecció de la pell del raïm són molt sensibles a l'oxidació, és a dir, a la combinació química amb l'oxigen de l'aire, i aquest enfosqueix els mostos i desfà moltes substàncies aromàtiques, cosa que després fa defectuosos i mancats els vins resultants.

Per això els cellers, amb el noble desig de fer un vi de qualitat, procuren fer la feina de la verema molt ben feta, i en el moment oportú, que pot variar per a cada classe de raïm. I totes les precaucions són poques per aconseguir que la verema arribi sencera, airejada i fresca al celler d'elaboració.

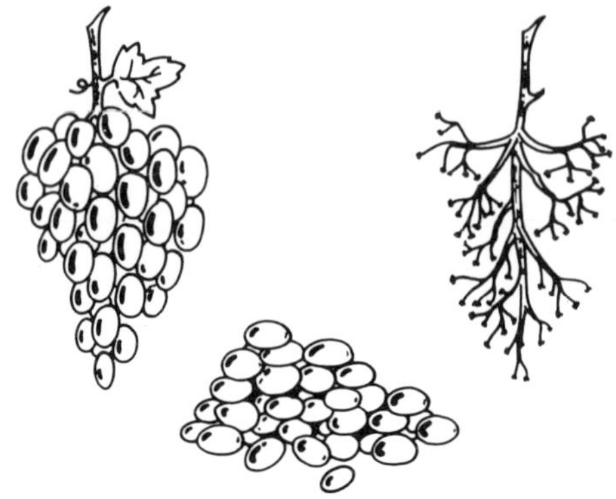

Raïm.
Separació de la rapa.

Les tècniques de vinificació

Al raïm que arriba al celler se li poden donar dos destins: vinificar-lo amb les tècniques dels vins negres –vinificació en negre–, o vinificar-lo amb les tècniques dels vins blancs– vinificació en blanc o en verge.

La vinificació en negre

S'aplica normalment per tal d'obtenir vins negre, però també amb modificacions per obtenir vins clarets i rosats. Bàsicament, la vinificació en negre es compon de quatre etapes: a) Les operacions mecàniques d'aixafar raïm i transformar-lo en pasta de verema. b) Disposar aquesta pasta, barrejant el most, les pells i la rapa (si abans no s'ha separat aquesta, cosa que és una operació recomanable per a molts tipus de vi), a les tines o dipòsits de fermentació.

c) La separació del vi, quan es considera que ja té prou coloració i que ja ha baixat prou el seu contingut en sucres, i disposar-lo en unes altres tines, on realitzarà la fermentació d'acabament.

D'aquesta operació se'n diu popularment "sangrar les tines", i el vi així obtingut, "vi de sangrat".

d) Per fi, premsar la brisa xopa del most restant, per obtenir-ne el "vi de premsa" per una banda –carregat de taní, fort de color i molt astringent– i la brisa seca per l'altra. Certs tipus de vì demanen una incorporació d'una part d'aquest vi de premsa al vi "sangrat" separat en l'anterior etapa, per comunicar-li cos i fortalesa.

Els clarets i els rosats s'obtenen fent el "sangrat" o separació del vi de la seva brisa molt més aviat, és a dir, quan encara la difusió de les matèries colorants de la pell del raïm no ha arribat a la màxima intensitat. Aquesta tècnica permet obtenir vins de totes les gradacions d'intensitat de color.

Una altra manera d'obtenir rosats és vinificant en negre una verema barrejada de raïms blancs i negres. D'aquesta ma-

Raïm.
Separació de la rapa.

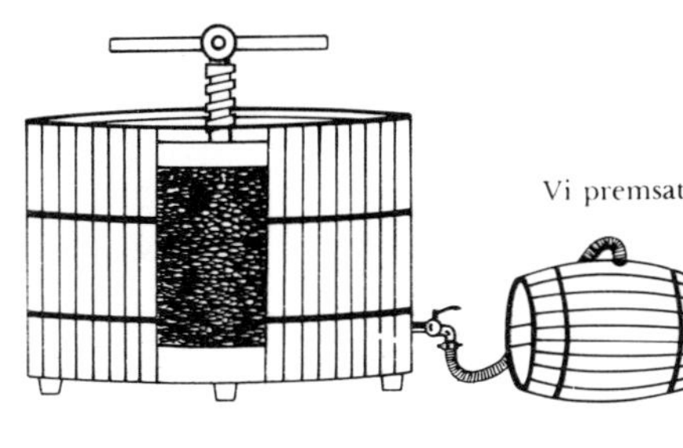

Premsat de la brisa.

Vinificació en blanc o en verge

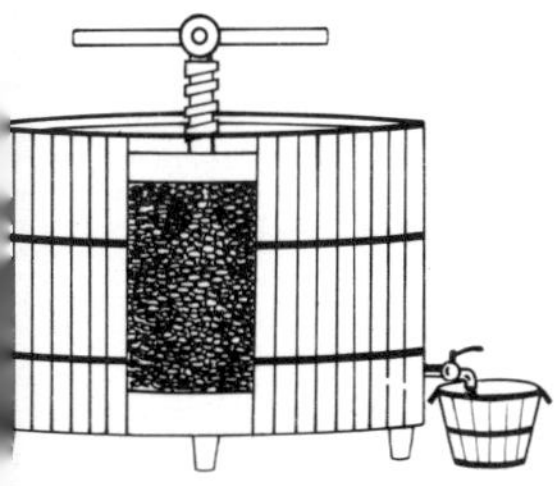

Premsat i extracció ràpida del most. Separació de la brisa.

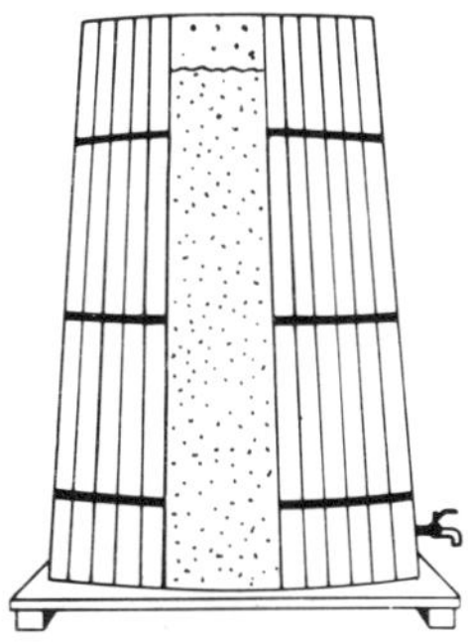

Fermentació del most i transformació en vi.

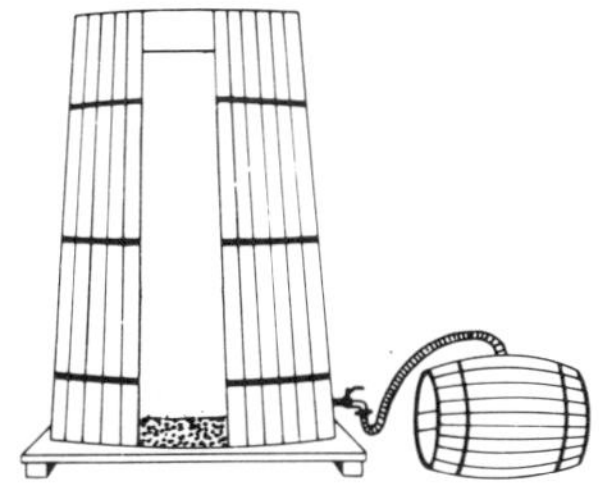

Decantació del clar i separació de les mares.

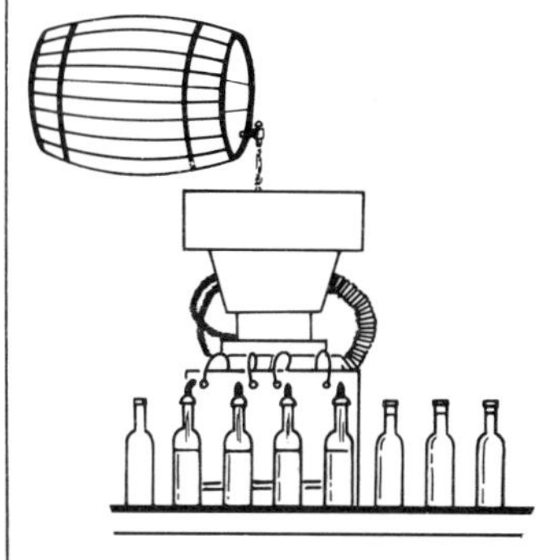

Tractaments i embotellat.

Vinificació en negre

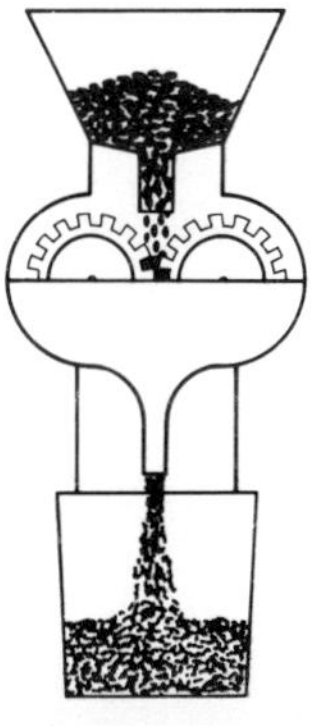

Obtenció de la pasta de verema.

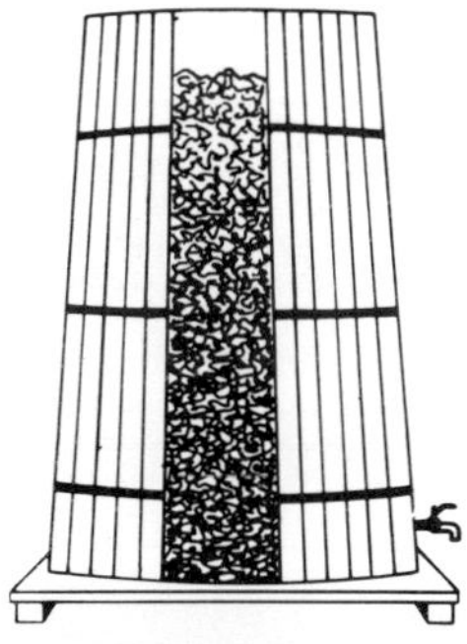

Fermentació de la pasta i maceració. Obtenció de vi colorejat
vi rosat – poca maceració
vi negre – molta maceració.

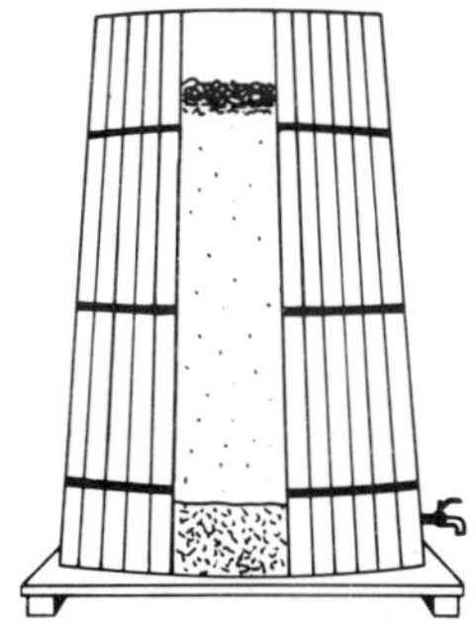

Separació en tres fases
Mares al fons
vi, i
"barret" de brisa.

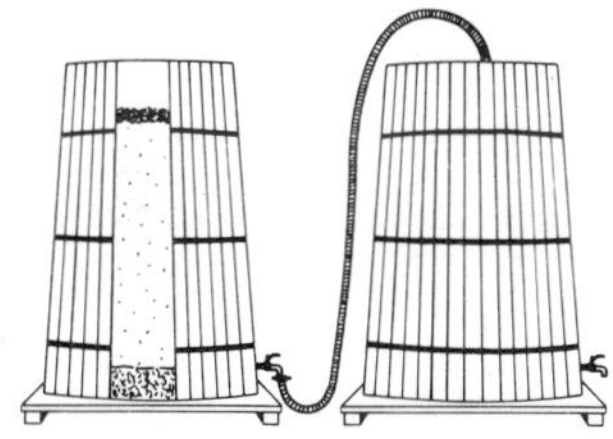

Trasbals del vi de sangrat

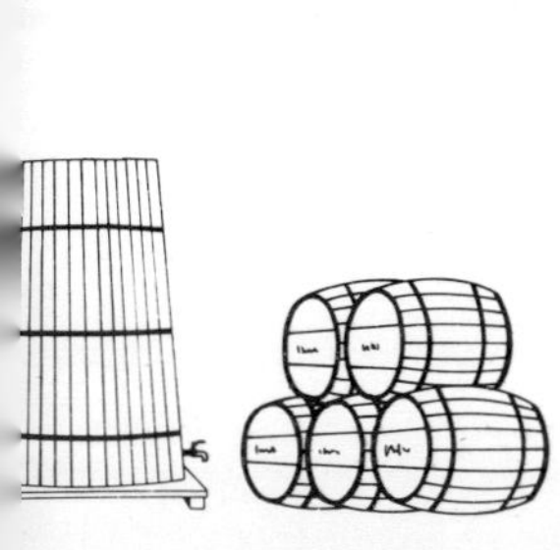

Tipificació i envelliment.

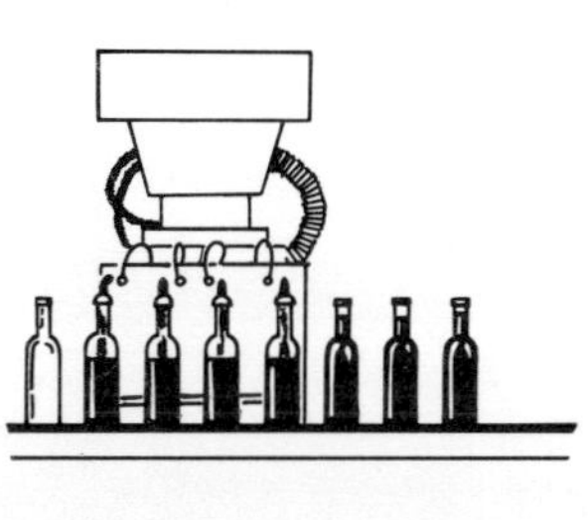

Embotellat.

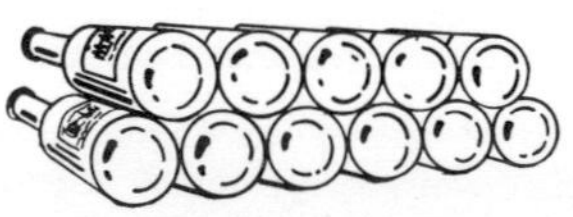

Envelliment en ampolla.

Comercialització.

nera, es dilueix també la difusió de matèria colorant.

Per a la vinificació en negre cal que la fermentació del most s'iniciï estant en contacte íntim amb la pell del raïm –on hi ha les matèries colorants– i amb la polpa i les llavors– on hi ha els tanins, els mucílags i altres substàncies sàpides.

L'operació del desarrapat és generalment important de fer-la quan se cerquen vins amb elegància i finor i relativament tendres, flexibles i sedosos. En canvi, si el que volem són vins astringents, forts i que es masteguin, els haurem de deixar fermentar en presència parcial o total de la rapa. Si els raïms blancs es vinifiquen com a negres, produeixen els vins abrisats, de color palla o ambre clar, i fortament tanitzats.

La vinificació en blanc

S'aplica en el cas dels vins blancs i dels rosats verges. També en algunes varietats excepcionals de raïms, que tenen matèria colorant disposada no només a la pell sinó també a la polpa, es poden obtenir així vins negres (cas de la varietat "tintorera", abundant a les comarques d'Alacant).

El seu principi fonamental rau en una ràpida separació del most o suc dels raïms de les parts sòlides de la verema, rapa, pells, llavors i pel·lícules cel·lulòsiques, per tal d'evitar una excessiva maceració.

És clar, però, que aquesta absència de maceració no convé que sigui total, perquè les aromes i la finor s'adquireixen precisament gràcies a la maceració; però, en la vinificació en blanc, aquesta ha de ser molt curta i controlada.

El most incolor és dipositat en tines on haurà d'iniciar, ben separat de tota part sòlida, la seva fermentació.

En la vinificació en blanc –també en la vinificació en negre, però sense tanta importància– és de gran transcendència fraccionar els mostos obtinguts, segons el grau de pressió exercida sobre el raïm. Difícilment podrà donar un vi de primera qualitat un most que representi un pes superior al 60 % del pes del raïm tractat. Això no vol dir pas que no s'hagi d'exercir més pressió, però sí que vol dir que els mostos resultants s'han d'elaborar i fermentar per separat. La primera fracció, que és recomanable que no passi del 50-60 %, constitueix les "primeres" o "vi de primeres". A més pressió, tenim les "segones" i finalment, com a resultant d'aplicar la màxima pressió possible, tenim les "terceres".

Es comprèn fàcilment que, segons la intensitat de la pressió aplicada, variarà la proporció d'elements químics no procedents únicament de la polpa i suc de raïm que contindrà aquell most. Els sucs fustosos i herbacis i les fortes concentracions d'olis i tanins s'obtenen de la rapa, de les llavors i de les pells, que els cedeixen només en cas d'aplicar grans pressions sobre la pasta de la verema.

La criança i l'envelliment són operacions lentes i costoses; per això els grans vins són extraordinàriament apreciats.

Rimes d'ampolles envellint-se en una cava.

La fermentació

La pasta de verema, en el cas dels negres, i el most en el cas dels blancs, s'han de posar a fermentar. És l'operació més important en el naixement del vi.

Ja és sabut, gràcies als treballs de Pasteur, que aquest fenomen és degut a l'existència dels llevats.

Aquests éssers microscòpics, dels quals hi ha nombroses espècies, capaços de fermentar el most, viuen i creixen a les vinyes, sobre les pells del raïm, en l'ambient dels cellers, etc. Es reprodueixen a milions gràcies a les substàncies nutritives i al sucre que troben en el most, i com a conseqüència del seu pas vital transformen aquest most en vi. És a dir, transformen el sucre en alcohol i gas carbònic, que es desprèn, i moltes altres substàncies del most, en els altres components dels vins, que després els conferiran qualitat i personalitat.

A cada comarca i a cada microclima hi ha una determinada població de llevats autòctona. És evident que segons les espècies i condicions vitals d'aquests les característiques dels vins obtinguts tindran uns trets comuns que els donaran un aire familiar. Heus aquí una altra causa, que delimita i relaciona els vins amb les seves contrades d'origen.

La fermentació és un fenomen exotèrmic, és a dir, que genera calor. Per això, un most fermentant està sempre a una temperatura superior a la de l'ambient. Però, precisament, la feina ben feta en el cas de la fermentació vol dir usar mil i un subterfugis per tal d'evitar que la temperatura sigui massa elevada.

A Catalunya, els mesos de setembre-octubre és relativament corrent que faci encara força calor ambiental. Hem de lluitar contra aquest "handicap" natural que no tenen, per exemple, al Rin o a la Borgonya. Els vins de qualitat han de fermentar a temperatures baixes, per sota dels 25 o 26°; altrament les substàncies més delicades i fines, extremament sensibles a l'escalfor que les volatillitza, s'escapen del most i no poden quedar-se al vi per transformar-se i evolucionar durant la criança i l'envelliment posteriors; no podran donar els complexos i rics "bouquets" que els vins de qualitat han de tenir.

L'Enologia, aquest art empeltat de ciència, o aquesta ciència complementada per un art, aquí té ocasió de mostrar-nos la seva importància.

Un coneixement aprofundit dels fenòmens químics, físics i biològics que s'esdevenen durant la fermentació del most permet una intervenció de l'home intentant menar i conduir aquest fenomen natural cap a l'obtenció de vins cada vegada millors i dotats de característiques especials. El ventall possible d'accions és amplíssim, i molts estudis i tractats enològics han estat escrits sobre aquesta qüestió. És principalment en la capacitat d'observació dels fenòmens naturals i en els coneixements i intuïció enològica que posseeixen els homes i equips responsables de cada celler on cada vi adquireix allò que pot distingir-lo de qualsevol altre i allò que pot fer-ne el preferit d'entre els seus competidors.

Però, d'una manera o altra, amb un potencial de futura qualitat més o menys fort, i amb un arbre genealògic més o menys noble, després de la fermentació sempre tenim el vi novell.

Tastar el vi novell és l'acte del degustador que té un contingut d'esperança i de curiositat més enlairat. I per al qui té la responsabilitat d'haver d'elaborar un vi amb prestigi i acreditat, i havent de respondre any darrera any a aquest prestigi, és també l'acte més compromès. Perquè és a partir d'aquest moment que haurà d'establir les grans línies d'actuació enològica, que transformaran, si hi ha èxit, aquest vi novell en un gran vi, i si no hi ha èxit, en un vi corrent i mediocre.

Els tractaments

Aquest vi novell, que tantes suors i patiments ha costat, té un destí natural ben marcat, al qual tendeix amb una constància digna d'una millor causa. ¡Té el destí natural de transformar-se en vinagre! El vi, com la vida que és un estat provisional entre el naixement i la mort, és igualment un estat provisional entre el most i el vinagre. Els partidaris totals de deixar actuar sempre lliurement les forces de la Naturalesa, si són conseqüents, han de ser abstemis, perquè, d'altra manera, en lloc de vi, haurien de beure vinagre.

Perquè això no passi, hi ha l'Enologia, amb el seu arsenal de tractaments, que com sant Jordi amb la seva llança impedirà que el Drac es mengi la Princesa, és a dir, que el vi novell es torni vinagre. La conservació del vi com a tal és l'única finalitat de les pràctiques enològiques i tractaments permesos per la legislació. Clarificacions, filtracions, ús de l'anhídrid sulfurós dins dels límits permesos, tractaments d'estabilització mitjançant el fred o altres tècniques, trasbalsos i altres pràctiques autoritzades, tenen només una finalitat preventiva i de fer ressaltar més la qualitat pròpia d'aquell vi. Un vi que es jutja astringent en excés, s'ha de tractar amb una clarificació enèrgica per equilibrar-lo. Un vi que es jutja faltat de brillantor, s'ha de filtrar a consciència perquè l'adquireixi. Un vi que creiem que pot agafar una infecció de bactèries del vinagre s'ha d'immunitzar amb anhídrid sulfurós –el "lluquet" tradicional a Catalunya, aquelles tires grogues de sofre que en cremar-se dresprenen SO_2 –que ens el protegirà. Encertar els tractaments i efectuar-los bé influeix molt en la qualitat dels grans vins, però un excés de manipulació dels vins els torna mediocres i desproveïts de personalitat. Una altra vegada, calen l'equilibri, la mesura i el seny. És com amb la sal; sense, no pot ser. Amb massa sal, malament; cal trobar el punt just i el mínim indispensable. Amb els tractaments del vi, també.

La criança i envelliment

Se sap que el "bouquet" d'un gran vi és el resultat de nombroses i subtils reaccions, primer en el si del vegetal, després en la vinificació i finalment en el transcurs dels anys de guarda. Se sap que, en aquesta tercera etapa, el "bouquet" serà diferent si aquesta guarda del vi es fa en grans tines, en bótes o barrils o ja embotellat. Però del perquè i del com, no se n'ha tret encara l'entrellat. En aquest aspecte s'està en un pur empirisme, i si hi ha secret aquest és guardat gelosament per la vinya i pel vi. Sabem també que la capacitat d'envellir bé, és a dir, de guanyar qualitat en el transcurs del temps, depèn de diversos factors; de la naturalesa del vi, de l'anyada, dels tractaments que se li han donat, de la varietat de cep que l'ha originat. Per exemple, la garnatxa arriba ràpidament al seu apogeu, i amb el temps tendeix a enrancirse; l'ull de llebre, en canvi, envelleix lentament, i li calen anys per atènyer la seva plenitud.

Una cosa és certa; no hi ha envelliment sénse oxidació. És per l'oxigen que el vi va perdent els seus caràcters de joventut; astringència, duresa, colors moratosos, verdor...

Però també és cert que un gran vi no ha arribat encara a la seva plenitud, després d'haver sofert aquesta oxidació, sinó que, precisament, les reaccions que originen les subtileses més apreciades del "bouquet" dels grans vins envellits són reaccions dites de "reducció", que és el fenomen contrari a l'oxidació. Perquè aquestes reaccions es desencadenin en un vi ja envellit per oxidació, cal mantenir-lo aïllat del contacte de l'aire i a poder ser embotellat a la cava, en ampolles tapades amb taps de suro, perfectament hermètiques.

Els bons vins negres, doncs, per aconseguir que ens regalin amb tots els seus encants, han d'haver sofert un doble envelliment, per oxidació primer, que generalment es fa en tines o barrils de roure, i el de reducció, que es fa amb el vi ja embotellat. Com veiem, envellir com cal un vi és lent i costós. Per això els grans vins són escassos i extraordinàriament apreciats.

De semblant manera que existeix l'home jove prematurament envellit, i existeix també l'home vell decantat encara a la verdor, hi ha vins que envelleixen ràpidament i vins que necessiten anys i panys per fer-ho. Això depèn tant de la naturalesa del vi com de l'anyada com dels tractaments que li han estat aplicats.

Mai no insistirem prou a dir que obrir una ampolla de vi és, cada vegada que es fa, tot un interrogant. ¿Serà una bona anyada? La trobarem prou equilibrada? Li faltarà criança? ¿Haurem encertat una bona ampolla? ¿El tap serà de bona condició? El vi estarà al seu punt? ¿Estarà ja massa envellida? etc.

L'afeccionat ha de saber que no és cert que tots els vins embotellats, com més anys tinguin, més bons són. Generalment, la qualitat va perdent-se després d'arribar a un punt òptim. Però el secret i l'enjòlit és precisament encertar a destapar aquella ampolla en aquest període òptim.

La perfecció costa de trobar i l'anar darrera de la perfecció permet a l'afeccionat obrir i degustar moltes bones botelles, mentre ho justifiqui trobant-hi lleugeres ombres de defectes que l'obliguin moralment, seguint l'imperatiu ètic de la recerca de la perfecció, a anar obrint-ne i degustant-ne de noves. És, certament, un camí de recerca agradable de seguir.

Estibes de bordeleses en un celler del Penedès.

Un celler tradicional de masia. (Veure doble pàgina següent)

Reproducció de l'oli de Tomàs Moragas, exposat al Museu d'Art Modern de Barcelona.

Els cellers

Façana del celler cooperatiu del poble del Pinell de Brai (Terra Alta). És una mostra de la magnificència amb què van ésser concebuts els cellers cooperatius de l'època de la Mancomunitat.

Dels elements que es troben a l'entorn del vi, el més vistós, el més voluminós i el més misteriós és el celler.

Els cellers són espais sempre amb un toc de misteri. En tots ells, la majoria de dies de l'any regna com un silenci contingut, com una tensió estàtica. Però durant els mesos de setembre, octubre o novembre (segons les contrades) es transformen en una mena d'envelats de festa major de poble, que al mateix temps tinguessin característiques de temples de Bacus, el déu romà de la vinya i del vi. Animació, sorolls, atmosfera de feina i d'alegria durant la verema. Remor de fons continguda i panteix mecànic de les bombes de trasbalsar, durant el mes i mig que dura la fermentació. Tensió silenciosa i presència real, encara que no vista, de les masses de vi, dins de les panxudes tines, la resta de l'any. I al soterrani, ordre de les tines, bótes i barrils arrenglerats, disposats sobre els seus setials, en naus fosques i llòbregues. Bombetes de llum flaca, que reflecteixen en la lluentor del vidre humit de milers i milers d'ampolles disposades en rimes d'envelliment dins de les caves d'enteranyinada volta la seva escassa potència lumínica... I una olor especial. Una olor difusa, de vi i d'emanacions alcohòliques i de fusta de roure, que contribueix a definir aquesta atmosfera entre especial i misteriosa, tan característica de tots els cellers.

Funció

La funció dels cellers és múltiple. Però té principalment quatre aspectes.

El primer, la recepció de la verema i tractament mecànic del raïm, per tal d'obtenir-ne el most o la pasta, que es posarà a fermentar. El segon, facilitar aquesta fermentació i aconseguir que s'efectuï en les millors condicions.

El tercer, els tractaments, criança i envelliment del vi, per tal de fer-ne sortir les virtuts i característiques que li donaran qualitat.

El quart –no sempre present–, l'embotellament d'aquest vi, ja sigui per continuar l'envelliment en ampolla, ja sigui per distribuir-lo tot seguit, comercialment, al mercat consumidor.

Llegim aquest paràgraf:

"Fes preparar tot el que cal per a la verema; netejar vaixells (bótes antigues), adobar corbelles o falçons, empeguntar tines i tot el que cal; quan plourà, fes preparar i adobar els coves coladors... Cull, en ésser temps, els raïms de mescladissa per a vi primerenc que han de beure els treballadors: reparteix en parts iguals, dins de tines, el raïm tots els dies ben net, per a vi sec: si cal, posa al most, arrop cuit de most llisquiu (el que cola sense premsar) a una part d'arrop per quaranta de most... Distribueix i posa en parts iguals el most de segona premsada, dins la seva tina corresponent..."

És la traducció, feta per Salvador Galmés, de fragments d'un text dedicat a

Tines d'envelliment al celler cooperatiu de Falset.

Interior del celler del Pinell de Brai. (pàgina 32) Són d'admirar els airosos arcs parabòlics que sostenen la coberta. Fou concebut per l'arquitecte Cèsar Martinell.

Les "Catedrals del Vi" són símbol de tota una època i concreció feliç d'unes esperances populars.

33

l'aparellatge necessari per fer vi, que recomana M. Porci Cató, escriptor llatí, en la seva obra "De agricolia", escrita als volts de l'any 170 abans de J.C.

¡Quantes eines, quant d'enginy, quanta observació i quanta intel·ligència humana aplicada contenen aquestes línies! No hi ha dubte que va ser dels romans i dels grecs que els nostres pagesos aprengueren les tècniques originals dels primers cellers.

Premses d'arbre, a l'estil romà, usades per a l'oli o bé per al vi, encara són visibles als nostres museus i potser encara n'hi ha alguna per descobrir en més d'un celler excavat sota terra de la Catalunya de muntanya, on ara ja no hi ha vinya ni es fa vi.

El cup, els trulls, les semals o portadores, amb els semalers per portar-les, l'operació de piar i els piadors, la de trascolar el vi, les premses de caragol, les bótes, els barralons i tants altres instruments han estat, i encara són, ara només com a relíquia històrica, les eines i instal·lacions usuals per fer el vi. Els cellers excavats sota terra, construïts amb voltes de plec de llibre, dotats de cups i trulls i proveïts de màquina d'aixafar i de premses verticals, ennoblits per unes venerables bótes o vaixells, algunes encara amb cèrcols corbats de fusta, i amb la perla amagada de la "bóta del racó" on s'envellia el ranci, fill d'una llegendària "mare" que venia encara del temps de la "guerra del francès", són testimoni del passat vinícola de Catalunya, que en un altre tipus de societat europea seria conservat o reconstruït amb amor, i en canvi, entre nosaltres, és sovint menyspreat, degradat i destruït per persones poc sensibles, que la manca de cultura i de consciència de poble fa indiferents i hostils a tots aquests testimonis muts dels esforços, costums i vivències dels nostres avantpassats.

Unes altres instal·lacions típiques de Catalunya eren els cellers dels comerciants de vins del segle XIX. Pel Penedès, a Vilafranca, i també a Valls, Reus i Tarragona, així com a la costa del Maresme, existien –i alguns encara en conserven les estructures essencials– els cellers-magatzems on, en altes tines de castanyer, avet o roure, es tipificava i tractava el vi, que després, disposat en bocois o en barrils, era exportat a Cuba o a Amèrica del Sud en els airosos velers que salpaven dels ports de la Costa. Sitges, Vilanova, Mataró, Tarragona, Salou i altres poblacions marítimes eren punts de sortida i arribada, on els carros de torn carregats amb bocois de transport, o els vagons de ferrocarril amb "foudres" o barrils, feien de llançadores entre els magatzems-celler i el port o l'estació. Aquests edificis, de diverses naus altes i acoblades, eren dignes d'admiració pel costellam de fusta format pels cavalls, bigues i llates que aguantaven les teulades. I també pel seu ambient bigarrat i divers, amb carros de torn, carros de vela carregats de barrils, bombes i filtres de la primera època de la tecnologia, de formes ingènues i delicioses, i amb una claror com difusa i opalescent solcada pels raigs solars que penetraven pels alts finestrals, situats enmig de les ventrudes i grandioses tines, fetes de dogues

La fermentació és un procés importantíssim en l'obtenció d'un bon vi. Cal que l'enologia hi digui la seva.

Tines de fermentació d'acer inoxidable.

llargues i fines, travades amb cèrcols de ferro, i ben assentades damunt dels seus setials amb volta d'obra vista. Però si hi ha una època gloriosa per als cellers, a Catalunya, és l'època que va des de 1903 (creació del primer Sindicat Agrícola de Pagesos al poble de Barberà) a 1923 (dictadura militar de Primo de Rivera). Homes com Josep M. Valls, Isidre Campllonch, Josep M. Rendé, Erasme Imbert, Josep Mª Barnadas, Manuel Raventós, i tants altres, uns des dels serveis tècnics agrícoles de la Mancomunitat, altres des de l'esfera privada, i uns tercers impulsant cooperatives i agermanant voluntats –Rendé a l'Espluga, J. Mª Barnadas a Alella, Barceló a Falset, Ribas al Vendrell, Batalla a l'Alió, Castellnou a Marçà, Espinós al Pinell de Brai, Serres i Fontanet a Gandesa, i tants i tants d'altres– van saber trobar l'impuls creador que de la mà d'uns grans i sensibles arquitectes, Cèsar Martinell, Domènec i Montaner, Domènec i Roura, Gallissà, Puig i Cadafalch i Rubió i Bellver, etc. –ompliren la nostra geografia vitivinícola d'autèntiques "catedrals del vi".

Cellers projectats segons les necessitats funcionals que la ciència enològica més avançada demanava a l'època, amb sales espaioses, disposició racional, aeració ben pensada i dependències útils, tenien al mateix temps la bellesa austera i elegant dels seus originals elements estructurals –arcades atrevides de maó vist i voltes de rajola vista–, que els fan un testimoni monumental del prestigi que la bona elaboració del vi tenia en aquell temps de fecunda creació per al nostre poble, en l'ambient rural vitivinícola de Catalunya.

Els cellers construïts en aquell temps i sota aquestes il·lusions –els pobles veien, en aquests grans edificis, un símbol de la redempció social que la Mancomunitat i el Cooperativisme havien de representar per als pagesos catalans–, no solament complien una missió tècnico-econòmica, sinó que, a més, educaven la sensibilitat popular a la bellesa, i posseïen un valor de crida propagandística i bandera desafiant, de cara a les classes socials enemigues del cooperativisme. És aquesta significació –com també la de la natural emulació entre pobles veïns– la que hem de cercar en la riquesa de detalls ornamentals de les façanes i en les ceràmiques i embelliments diversos, dels quals, potser, els més significatius són els motius al·legòrics sobre la vinya i el vi, obra d'en Xavier Nogués, que complementen la façana del bell celler del Pinell de Brai, projectat per l'arquitecte Cèsar Martinell. Ara, però, si bé hem de retrobar el mateix esperit de recerca i de creació que van tenir els nostres avantpassats de principis de segle, pel que fa als vins catalans, no l'hem de plasmar en nous edificis –ja ens serveixen els que tenim–, sinó en tecnologia i comercialització. Més que de cellers, els vins catalans actuals estan mancats d'escoles d'enologia, de plantes experimentals, de renovació de processos i de tècniques de vendes i comercialització. Aquests són els nous "cellers" que els catalans dels anys 1980 a 2000 hem de bastir per als nostres vins, amb la mateixa empenta i amb el mateix esperit que els nostres avantpassats dels anys 1900 a 1920 van bastir els seus. El benestar d'un gran nombre de famílies pageses de les nostres comarques, i la bellesa del nostre paisatge, ornamentat arreu per vinyes ufanoses i ben conreades, en depenen. Hem recorregut una bona part dels cellers de Catalunya. Hi ha un bon esperit de superació, per bé que molta desorientació encara sobre els camins que cal seguir en l'elaboració dels seus vins. En general, es confia massa encara en la venda del vi a la menuda, o bé en l'embotellat popular. Moltes cooperatives s'acontenten amb l'ideal de vol de perdiu, que suposa la venda al detall, els dissabtes i diumenges, dels seus vins, als ciutadans de quatre rodes, que hi van proveïts de garrafes, dipòsits de plàstic i d'altres atuells... ¡quina llàstima i quantes possibilitats perdudes d'obtenir bons vins i d'adinerar-los millor! Si no s'enlaira l'esperit, es corre el risc d'esdevenir mesquí, i la mesquinesa engendra incultura i misèria d'esperit. ¡Quants cellers de cooperatives hi ha encara a Catalunya, que els manca una bona emblanquinada, unes quantes capes de pintura a les màquines i instal·lacions, una neteja a fons i uns exteriors endreçats, nets i amb flors i arbres!

Tot això ho trobem a Alemanya, Suïssa, Itàlia, etc. No és cap inversió. ¿Per què no es fa? Perquè l'alenada d'aquestes cooperatives o és curta o no ha estat prou forta per vèncer la inèrcia i la inoperància d'una administració fins ara negativa. Si els homes d'aquestes cooperatives recobren la il·lusió, tornarà l'alegria als seus cellers.

Les parts essencials d'un celler modern

Allò més essencial d'un celler actual és la netedat i l'asèpsia, quasi de clínica, que hi ha de regnar. A part d'això, hi ha d'haver aquestes instal·lacions:

La recepció de verema

Hi ha diverses solucions mecàniques al problema de transport i descàrrega de la verema, de la vinya al celler. Normalment, però, la verema és desarrapada i aixafada. Màquines modernes s'ocupen d'aquestes funcions.

També tenen molt predicament els dipòsits d'escorregut que aconsegueixen una primera separació del most del propi pes de la verema. El raïm no es manipula tant i s'obtenen vins més aromàtics. Les premses són diverses. Hi ha les premses horitzontals i les verticals, que actuen per pressió d'èmbols. Hi ha les premses contínues, basades en un sistema helicoidal de pressió successiva. Hi ha les premses pneumàtiques; que tenen una ànima de cautxú, que s'infla i pressiona la verema contra les parets interiors ranurades d'una carcassa, etc. Les solucions tècniques són moltes i variades.

Les tines de fermentació

Les millors són d'acer inoxidable i amb sistema de refrigeració per tal de poder controlar la temperatura. També les de cairons vidrats i les revestides amb fibres acríliques o de materials semblants permeten de fer excel·lents fermentacions.

En tot cas, portelles, aixetes i colls de tina convé que siguin inoxidables o de materials revestits, per tal d'evitar la contaminació dels vins per ferro i coure, que els pot produir transtorns i malalties. La regulació de la temperatura de fermentació és fonamental.

Les eines de treball

Les instal·lacions frigorífiques per estabilitzar els vins, els filtres de tota mena per afinar-lo, els processos per embotellar en ambient estèril, els instruments complicats de control i anàlisi, són eines dels enòlegs d'avui que s'haurien de trobar a tot celler amb afany de superació. El domini d'aquesta nova tecnologia, no pas amb criteris de falsa ostentació, sinó amb estricte rigor funcional, és l'únic camí que portarà els vins catalans cap als primers llocs en aquesta cursa envers la qualitat, amb què tots els vins europeus es disputaran ben aviat el mercat de la Comunitat Econòmica Europea i de les altres zones consumidores mundials. Quedarem molt mal col·locats si no ens espavilem. Els nostres vins necessiten enòlegs que els facin més bons, i tècnics de vendes, que els adinerin millor.

Les caves d'envelliment

Però, per tal d'obtenir un bon negre, aromàtic, ric i profund, vellutat, tendre i elàstic, amb un ampli "bouquet" que ens entapissi el paladar i amb un final llarg, intens i de mil fragàncies, no val cap tecnologia. Cal, a més d'una matèria primera apta i controlada en tots els seus mil detalls, un envelliment acurat. I això vol dir: cava, roure, ampolla i anys.

Bótes de roure, bocois, barriques o barrils, tines o vaixells, anys i anys, trasbalsos, reomplertes i filtracions. I després embotellat, taps excel·lents i altra vegada a les caves, rimes i rimes d'ampolles estibades, controls sovintejats, anys i anys. I si hi ha hagut sort, si era una bona collita, el vi novell era l'indicat, la vinificació va ser ben conduïda i l'envelliment el que calia, tindrem un vi que s'assemblarà a aquell vi ideal que l'enòleg sempre cerca i mai no aconsegueix.

El títol d'aquell cèlebre quadre figuratiu d'en Sorolla, es podria parafrasejar, aplicant-lo als vins i dir: ¡I encara diuen que el bon vi és car!

El bon ús del vi

Reproducció parcial del motiu d'una rajola catalana del segle XVIII del Museu de Ceràmica de Montjuïc.

El vi i la salut, consideracions diverses

"Primum non nocere". "Abans de tot, que no sigui nociu". Exigeix la galènica –la ciència farmacèutica dels medicaments– a tota substància usada per curar.

Sembla raonable que aquesta qualitat, la de no ser nociu, l'exigim també a aquesta obra conjunta de la Natura i de l'Home que és el vi.

En dietètica, totes les qüestions tenen un doble punt de vista, el de l'objecte i el del subjecte. Això cal sempre tenir-ho en compte. Res del que diguem aquí, en defensa de l'objecte –en el nostre cas, els bons vins– no és d'aplicació automàtica a la totalitat dels subjectes –les persones–.

Ja se sap que hi ha persones que no toleren la més mínima quantitat d'alcohol, ni tan sols el vi. Per altra banda, els perills que representa per a un organisme normal l'absorció d'una quantitat excessiva d'alcohol són ben patents. Les morts a la carretera i els drames interns de moltes famílies en són testimonis que no ho deixen oblidar.

No sembla, però, que l'afecció i la degustació de bons vins, que al llarg de tot aquest llibre es predica, hagin d'ésser considerades com les causants principals de tots aquests mals.

"Tot és verí i res no és verí, només depèn de la dosi", va sentenciar a principis del segle XVI el cèlebre alquimista Paracels. I tenia raó. Qualsevol aliment, fins i tot el més innocu, pot causar –pres més enllà d'uns límits raonables– desequilibris fisiològics que alterin el bon funcionament de l'organisme. El vi no s'escapa pas d'aquesta regla.

El perill de l'abús del vi és degut al seu contingut d'alcohol. Examinem, doncs, l'acció tòxica de l'abús de l'alcohol.

Quan la ingestió d'alcohol es fa aïlladament de la ingestió d'altres aliments, i a grans dosis, la combustió de l'alcohol per l'organisme no es realitza en una gran part i aquest és absorbit com a alcohol pur per la mucosa gàstrica. Passa a la sang, actua com un tòxic del protoplasma de les cèl·lules, i s'ha d'eliminar pels ronyons o pels pulmons. L'augment de la concentració d'alcohol a la sang paralitza la vida cel·lular i provoca l'embriaguesa, començant per les cèl·lules cerebrals, de tal manera que el primer senyal és la pèrdua del domini propi volitiu i intel·lectual amb la qual cosa es perd la consciència que s'està abusant de l'alcohol, i no es fa cas, o no s'és sensible, als senyals d'alerta i de prevenció contra l'abús. Continua la ingestió d'alcohol, i el drama comença.

Més endavant, ve la pèrdua del domini muscular i del sentit de l'equilibri. Si l'embriaguesa s'intensifica, la paràlisi ateny els centres rectors de la vida orgànica que mantenen en funcionament el sistema cardíac i el circulatori. Ve la intoxicació aguda, que en el seu estadi més greu és el "delirium tremens" amb un evident perill de mort.

Però hi ha un altre perill greu, causat per l'alcohol. És la intoxicació crònica. Moltes persones, que no s'embriaguen, però que consumeixen diàriament fortes dosis d'alcohol que el seu organisme no pot neutralitzar, al cap dels anys presenten una intoxicació crònica, que es manifesta principalment per trastorns hepàtics ("cirrosi"), per trastorns mentals i per fenòmens de dependència. Així com les intoxicacions agudes són pròpies dels països nòrdics, on la gent s'embriaga els caps de setmana, però la resta de dies beu només aigua, les intoxicacions cròniques, que porten a l'alcoholisme, són més pròpies dels països llatins, on el nefast costum dels "carajillos", les "barreges", els "whiskies", els "gins tònics", els "combinats" i les "copetes" acumulen al llarg de cada dia quantitats considerables d'alcohol pur dins de l'organisme de molta gent.

¿Quins són els límits que l'organisme humà normal no pot sobrepassar sense perill en la ingestió d'alcohol?

Les recerques científiques més actuals ens indiquen que si bé aquest llindar varia d'un individu a l'altre, segons la constitució, el pes, l'estat físic, sobretot des del punt de vista hormonal i digestiu, segons les ingestions d'alcohol realitzades, segons com sigui consumit, si és en dejú o amb altres aliments, etc., es pot fixar, com a norma general, en uns 75 cc d'alcohol pur diaris per a les persones de sexe masculí i en uns 60 per a les persones de sexe femení, degut al seu pes, normalment inferior. Les dosis acceptades per l'Acadèmia de Medicina de París són d'1 gr. d'alcohol pur per kg de pes i per dia.

Si tenim en compte que la majoria de licors i begudes alcohòliques destil·lades estan preparades a concentracions d'uns 400 grs d'alcohol per litre (tenen uns 40° d'alcohol), deduirem que a cada copa de conyac, a cada "carajillo" a cada "gin tònic", a cada "long drink" o a cada taronjada reforçada amb vodka –que suposa uns 50 cc de beguda alcohòlica–, s'ingereixen uns 20 gr d'alcohol pur. Amb tres que se'n prenguin al dia –hi ha molta gent que ho sobrepassa–, ja s'arriba a la dosi perillosa.

(x) Cit. Eduard Kressman. "Le guide des vins et des vignobles de France".

Al cap de 6 o 8 anys, el fetge desfet. En el cas dels vins, el llindar per a una persona adulta que s'hagi abstingut de tota altra beguda alcohòlica es pot posar en la ingestió d'uns 350 cc de vi de 12° en cada una de les dues menjades. Això fa de 700 a 750 cc de vi al dia. Cal calcular un 15% menys per a les persones de sexe femení. Pocs degustadors autèntics, que ingereixen el vi per assaborir-lo, i no per beure-se'l, sobrepassen aquestes quantitats.

És precisament fomentant l'estimació als bons vins, als vins de classe, com més fàcilment, i amb més possibilitats d'èxit, podem aturar el terrible flagell de l'alcoholisme. I és evident que quan s'aprèn a "degustar" un bon vi ja per sempre es deixa de banda la quantitat, i s'engruixen les files dels partidaris de la qualitat. I quan s'aprèn a saber usar els recursos sensibles gustativo-olfactius del nostre paladar, ja no es cerca tant l'acció tònica i euforitzant pròpia de l'alcohol, sinó que s'esperen les percepcions riques, complexes i suggerents de les aromes, "bouquets" i gustos dels grans vins. És evident que, pres a les dosis que hem indicat, el vi no és nociu. És més: s'ha demostrat, mitjançant una experiència interessant, que en la composició del vi es troba alguna substància o es detecta una acció antialcohòlica.

A dos lots de les mateixes característiques de ratolins blancs els va ser subministrada, a un, una dosi de vi natural; a l'altre, l'alcohol pur obtingut de la destil·lació d'una dosi igual a l'anterior del mateix vi, portat al volum original, per dilució amb aigua. L'experiència va ser mortal per als del segon lot, mentre que els del primer lot, després de titubejar i presentar símptomes d'excitació, van poder eliminar l'excés d'alcohol i continuaren vivint amb plena normalitat (Prof. Masquilier de la Universitat de Bordeus). El Prof. R. Fabre va confirmar una experiència semblant amb conillets d'Índies. (x)

Tot porta a considerar que la causa principal de l'alcoholisme és l'abús de licors i begudes alcohòliques destil·lades, encara que s'ingereixin barrejades amb refrescos o líquids aquosos. És aquí on els poders públics han d'actuar, amb mesures que en restringeixin el consum. Voler involucrar els vins nobles, consumits i assaborits tal com els autèntics afeccionats ho fan, en tot aquest afer, indica o mala voluntat o falta d'objectivitat.

Però, a més, nombrosos testimonis mèdics i bromatològics –bromatologia és la ciència dels aliments– indiquen que el vi posseeix grans virtuts positives, degudes a la seva composició. És un aliment que aporta unes 7 calories per gram. És un gran coadjuvant dietètic, que estimula les secrecions gàstriques i ajuda a digerir. Afavoreix la ràpida absorció de moltes substàncies. És un medicament que aporta una variada gamma de vitamines. Se li ha demostrat un efecte clar anticolesterina. És un tranquil·litzant i un sedatiu, etc.

Però no és mogut per un sentit utilitari i terapèutic que l'amic dels bons vins s'ha de veure induït a penetrar en aquest món tan interessant, sinó seguint la crida tan humana de la recerca de la pròpia felicitat. Per tant, prou d'elogis al vi com a medicina i passem a considerar-lo com a allò que de debò és (o que hauria de ser, que de vins n'hi ha de tota mena): una obra d'art que podem degustar.

La degustació de vins, plaer intel·lectual

La consideració dels aliments i de les begudes com a elements que no són únicament examinats, tant des del punt de vista de la qualitat, com del de la quantitat, exclusivament en funció de les necessitats fisiològiques de gana i de set, és una de les característiques que separa l'home dels animals. L'home ha desenvolupat davant dels menjars i davant de les begudes tota una sèrie de comportaments, l'explicació dels quals és purament estètica, purament sensitiva. Són comportaments i hàbits totalment gratuïts des del punt de vista de les estrictes necessitats fisiològiques, però que són profundament humans, perquè radiquen en l'àrea de l'intel·lecte i en l'àrea de la personalitat i no radiquen únicament en l'àrea de la supervivència fisiològica. L'home és l'únic animal capaç de beure sense tenir set.

A partir de les sensacions gustatives, olfactives, tàctils, etc..., que les persones sensibles han percebut en aquestes begudes i en aquests aliments s'ha anat creant un plaer estètic que com totes les arts és exclusiu d'aquest animal tan especial que és la persona humana. I l'obtenció de begudes i d'aliments capaços de proporcionar en graus cada vegada més alts aquest plaer estètic ha originat unes activitats pròpiament humanes, arrelades totes elles en la més pregona antiguitat del comportament humà; la cuina, la pastisseria, els olis, els formatges, els vins, etc.

L'home és un animal "gourmet". Aquesta podria ser una definició que ens obrís la porta a la idea bàsica que ens interessa de fer ressaltar.

Ara bé, potser la modalitat més genuïnament intel·lectual d'aquest plaer estètic, obtingut complementant les sensacions olfactives, gustatives, tàctils i en general sensorials amb les percepcions i les imatges, generades a l'àrea conscient de la persona, s'obté amb la degustació de bons vins.

En la degustació d'un bon vi, el suport material és mínim. L'afeccionat als bons vins arriba a sublimar totalment l'acte de la degustació, i li dóna una finalitat per ell mateix, sense tenir cap relació amb la necessitat fisiològica que teòricament rau en el seu origen: la set. Fent una comparança, podríem dir que la degustació de vins és la música pura, la poesia pura, mentre que l'art de la gastronomia per exemple és l'òpera, o el teatre, ja que en aquests segons exemples d'art el plaer purament intel·lectual va acompanyat també d'uns suports materials –els aliments en un cas, i les tramoies i els arguments en els altres–, que van directament destinats a acontentar necessitats bàsiques materials de les persones. Aquesta vinculació amb la necessitat fisiològica del cos material humà no la tenim en la degustació de vins, que esdevé d'aquesta manera, per als iniciats, una font de plaer intel·lectual i sensitiu del més pur.

Per això ens sembla important afirmar que el qui estima els bons vins, el qui es considera afeccionat als bons vins, no ha de voler *beure'ls,* sinó *degustar-los.* Degustar un vi és molt diferent de beure'l, d'igual manera que comprendre una argumentació és molt diferent de simplement oir-la.

Degustar un vi és sotmetre'l a l'acció dels nostres sentits, i del nostre intel·lecte, per assajar de conèixer-lo, de penetrar-lo. És a dir, de fer-nos-en una idea intel·lectiva.

La degustació conscient d'un bon vi exigeix un esforç d'atenció i d'anàlisi intel·lectual de les sensacions que aquell vi ens aporta.

La degustació dels bons vins exigeix als afeccionats una participació activa, un serhi, un posar-s'hi. No es pot arribar a complaure's al màxim del plaer de la degustació sense aportar-hi alguna cosa de nosaltres mateixos, sense sentir-nos-hi compromesos personalment. Una actitud únicament receptiva, passiva, mancada d'interès, escèptica, vol dir ja sortir a la palestra derrotat, en aquest singular combat entre el degustador i el bon vi que se'ns ofereix, i que té per finalitat la conquesta d'una parcel·la de benestar a través d'un plaer humà, pur, senzill i honest. L'obtenció del màxim profit conscient, sensorialment i intel·lectualment, d'un bon vi, suposa, per tant, una actitud i una preparació per part del degustador.

Però de la mateixa manera que es parla de música i de tècniques del so, i es parla de pintura i de tècniques de la perspectiva o de l'harmonització de colors, també la degustació necessita unes tècniques i uns mètodes. Avançar una mica de camí en unes i altres, serà l'objecte del proper capítol, i invitem el lector a seguir-nos.

L'art de saber degustar els vins

Una copa a punt de ser degustada. Cal aprendre a fer-ho per a gaudir-ne totalment.

Allò que cal saber

Així que ens iniciem amb una mica d'extensió en el vast camp dels vins existents, ens sobtarà una primera realitat: la gran varietat i complexitat dels gustos dels diferents vins.

La majoria de bevedors de vi no són degustadors, ni tan sols afeccionats actius; per tant, no tenen normalment la possibilitat de trobar-se amb l'ampli ventall de vins que se'ns ofereixen. Estan acostumats a un tipus únic o al vi d'una contrada determinada, i així, s'aconformen. Però si només traguessin el cap per la finestra i sortissin de la seva closca d'ou, veurien que el panorama dels vins de Catalunya, d'Espanya, d'Europa, del món, és enorme i divers, i també que el ventall de gustos i sensacions que vins de la mateixa contrada però elaborats amb tècniques diferents ens poden donar és complex i variat.

Aquests gustos i sensacions diferents, aquesta riquesa en aromes, aquesta complexitat múltiple del producte que anomenem vi, té l'origen en la seva composició química, també rica i variada. Actualment, per tècniques d'anàlisi físico-química, principalment per sistemes de cromatografia gas-líquid, s'han arribat a determinar i a identificar més de 300 elements –molècules químiques diferents–, com a components de mostres diverses de vins de variats orígens. Però és que contínuament se'n descobreixen de nous. I cada un d'ells pot aportar un gust i una aroma pròpia i peculiar. I encara, el que és més important, la presència o no d'alguns elements, i la quantia en què hi són presents, depenen d'uns factors tan aleatoris com són els metabolismes de dos sers vius, la planta, el cep, per una banda –que influeix per una sèrie de variants, tal com hem vist; el sòl, la temperatura, el clima, les hores d'insolació, la varietat, etc...– i els llevats que han dut a terme la fermentació d'aquell vi, que influeixen també en el seu metabolisme per unes variants nombroses– races, temperatura, acidesa, composició del most, riquesa en llevats, etc...–

A més hi ha les transformacions químiques sofertes per algunes d'aquestes molècules degudes a l'envelliment, segons si aquest és oxidatiu o reductor, etc... Tot això fa que l'anàlisi química per si sola, fins i tot si usa els aparells més sensibles i més sofisticats, no serveix per identificar i per penetrar totalment un vi.

Identifica els materials de l'estructura, però no arriba a determinar els materials que constitueixen els *detalls personals* d'aquell vi, i, amb aquests detalls, se'ls escapa allò que és essencial en la individualitat d'aquest vi.

Un exemple ens ho farà entendre millor. Imaginem que es volgués tenir un coneixement complet d'allò que és la catedral de Barcelona.

Doncs, bé, una anàlisi química o física dels constituents materials de la catedral seria una cosa com ara aquesta –a tall d'exemple–:

Catedral de Barcelona	Composició:	
Pedra de Montjuic	123.000	tones
Argamassa i ciment	5.000	tones
Fusta	900	tones
Vidre	350	tones
Plom	1,5	tones
Ferro	50	tones
etc.		

És evident que un hipotètic habitant de l'espai, mai, a la vista d'aquest resultat analític, no podria arribar a comprendre el que és la catedral de Barcelona. Se li escaparia allò que té de més essencial; els detalls arquitectònics i l'espiritualitat de les seves naus gòtiques.

La varietat de vins

Donem el nom de vins a begudes que, gustativament parlant, tenen molt pocs caràcters en comú. El vi és un producte natural amb una gran varietat de gustos i d'aromes.

La fórmula del vi no existeix. Existeix la individualitat en la composició de cada vi. La influència dels diferents factors, com són el clima, la regió, la comarca geogràfica, la composició geològica de les capes profundes del sòl, el drenatge del terreny, els elements de l'humus o terra fèrtil, les varietats i classes de vinyes, l'estat de maduresa dels raïms a l'hora de la collita, les tècniques diverses de vinificació, les races dels llevats, el sistema d'envelliment, les característiques de celler, els tractaments soferts, etc., permeten el poder parlar d'un gran nombre de tipus de vins.

Per cada tipus, existeixen unes normes de qualitat; per cada tipus, hi ha una gamma o ventall de valors que s'han de considerar aïlladament, a l'hora de comparar-lo.

Per tant, no degustarem contrastant-lo amb la mateixa referència ideal un Penedès jove, blanc i aromàtic, que un Terra Alta, negre amb cos i amb certa astringència; ni compararem un Priorat profund, aromàtic i carnós, amb els mateixos esquemes mentals amb què ens hem enfrontat a un Empordà rosat, amb nervi i elegant.

En l'aprenentatge de la tècnica del degustador, hi ha dos esculls importants.

L'un és precisament la dificultat de saber jutjar bé el vi, segons els esquemes que són propis d'aquell tipus de vi, i prescindint dels gustos personals del degustador.

L'altre, és la gran limitació de l'expressió verbal, comparada amb la riquesa i matisacions de les sensacions percebudes per un paladar educat i sensible. Saber exposar verbalment amb precisió les sensacions percebudes, és una de les qualitats més difícils d'adquirir, per part de qui aspiri a ser un bon amic dels grans vins.

Aquesta darrera qualitat, en sentit estricte, no és necessària, ja que un autèntic afeccionat –es podria pensar– en té prou en tenir-les ell aquestes sensacions i aquests plaers sensorials, i no té cap necessitat d'exposar-los, de compartir-los verbalment amb l'altra gent. Però això s'ha demostrat que no és cert, perquè la persona humana és pregonament social, i els plaers i la felicitat estan mancats si no es poden comunicar, si no es poden expressar. Amb raó es diu que un dels miracles que fa el vi és "que fa de l'home, allò que aquest mai no hauria hagut de deixar de ser: l'amic de l'home".

Per tant, no es concep degustació o tast de bons vins sense comunicació verbal, sense expressió, sense conversa, ¡i quin tema millor de conversa, a l'entorn d'un bon vi, que el mateix vi que s'està degustant! Degustar vol dir, també, saber donar a conèixer als altres, mitjançant paraules i imatges intel·ligents, els resultats de la pròpia degustació, i, també, saber escoltar i interpretar les paraules i els símils dels altres per a contrastar-los amb les pròpies sensacions.

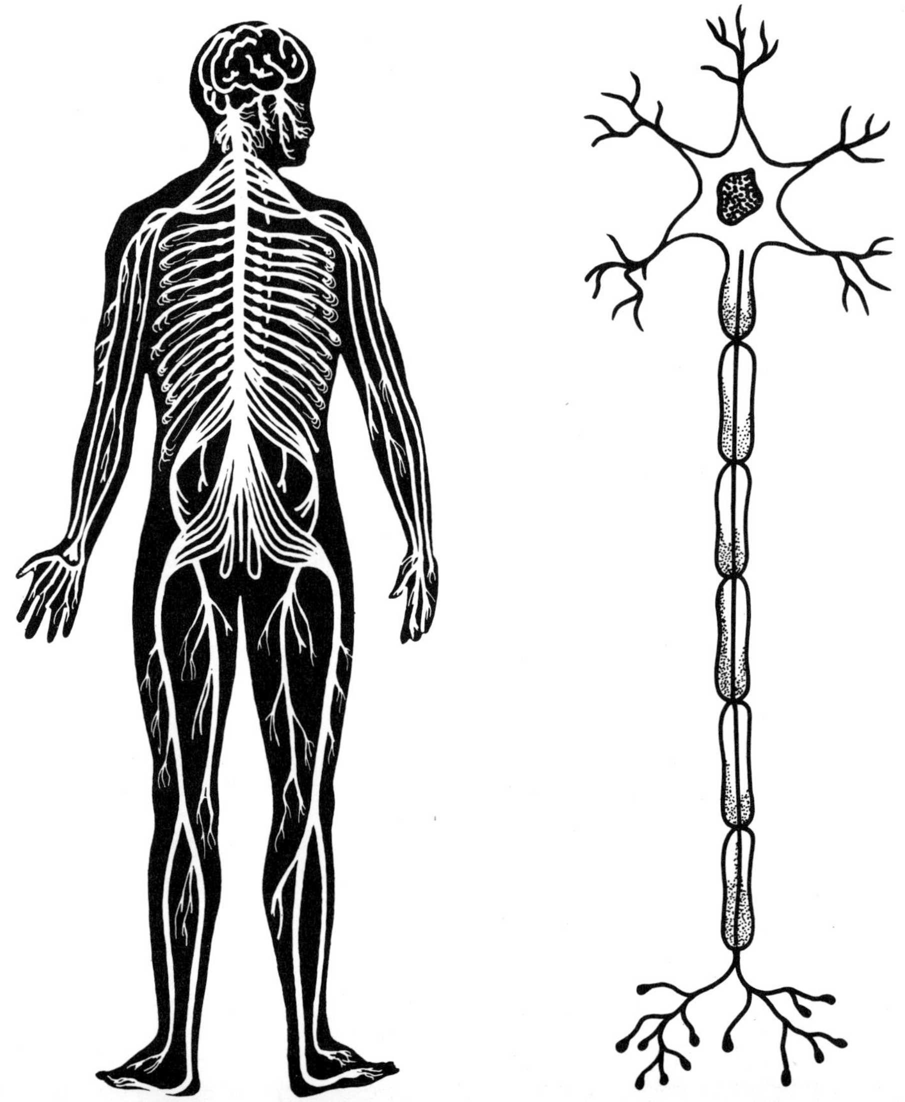

Esquema del sistema nerviós humà i representació ideal d'una neurona.

Els rudiments fisiològics de la degustació.

El teixit nerviós humà està format per unes cèl·lules especials anomenades *neurones*. De neurones n'hi ha de diferents especialitzacions, segons la funció que tinguin encomanada. Per exemple, tenim les *neurones sensitives,* que són les que transporten els senyals exteriors, detectats pels sentits, a la medul·la o al cervell; tenim les *neurones motores* que transporten les directrius provinents del cervell o de la medul·la, per estimular sigui la contracció o descontracció dels muscles, o activar o desactivar l'acció de les glàndules; tenim les *neurones d'associació* que fan anar i venir per vies complicades els missatges entre el cervell i la medul·la i altres parts del cos.

Les neurones, segons el seu emplaçament i la seva funció, tenen longituds que varien des d'un cm. a un metre, essent les més llargues les que enllacen el punt més baix de la medul·la espinal amb el dit gros del peu.

Els estímuls, les sensacions i la percepció.

Un estímul és un agent físic, químic o psíquic, que provoca una reacció del nostre sistema nerviós. Aquesta primera reacció, provocada per un estímul, és una estimulació. Aquesta és només la resposta dels òrgans sensorials específics, és a dir, podem parlar d'estimulacions gustatives, d'estimulacions olfactives, d'estimulacions visuals, etc., segons quins siguin els òrgans sensorials que hagin detectat els estímuls corresponents.

Però quan aquestes estimulacions d'origen divers, productores de sensacions, són integrades a un nivell superior –àrea conscient del cervell– produeixen una presa de consciència, la qual anomenem *percepció.* La *percepció* és la interpretació conscient d'una sèrie de sensacions.

Interpretar conscientment les sensacions vol un aprenentatge, un entrenament, una iniciació, vol un gruix de memòria de situacions anteriors acumulada per a poder comparar i fer referència.

Degustar un bon vi no és qüestió només de sensacions, sinó de percepcions, d'interpretar-lo conscientment. Veiem, doncs, com la degustació –la captació dels estímuls generats per un vi, i la seva percepció intel.lectiva– és una qüestió que pot posar en joc allò que com a persones tenim de més noble, el nostre intel.lecte, els nostres més alts nivells conscients. Degustar un vi, és acceptar un desafiament intel.lectual i sensorial.

L'anàlisi sensorial

Hem dit que la degustació d'un bon vi és la interpretació conscient d'una suma de sensacions diverses, que ens vénen, provinents dels estímuls, en forma simultània o en forma successiva.

Els qui simplement beuen vi, els consumidors corrents i vulgars, els no iniciats, perceben aquestes sensacions totes al mateix temps i formant un bloc.

El degustador ha de pretendre de fer una anàlisi sensorial, ha de tendir a fer una degustació analítica, la finalitat de la qual no és altra que la de *separar, ordenar* i finalment *interpretar* les diverses sensacions rebudes.

Aquest esforç conscient, aquesta aportació d'atenció ajuda al coneixement complet d'aquell vi, i per tant, a poder-ne gaudir més plenament.

Intervenció dels diferents sentits

El quadre adjunt (1), ens dóna una visió de conjunt molt clara, sobre la intervenció dels sentits en la degustació d'un vi.

(1) Adaptat de Sciencies et Techniques du vin. Tom I. J. Ribereau-Gayon, E. Peynaud et col.

Òrgan	Sentit i sensacions	Característiques percebudes	
Ulls	**Visió** Sensacions visuals	Color, limpidesa, fluïdesa, efervescència, intensitat, transparència	**ASPECTE**
Nas	**Olfacte** Sensacions olfactives (via nasal directa)	Aroma, "bouquet"	**OLOR**
Boca	**Olfacte** Sensacions olfactives (via retronasal)	Aroma de boca "Bouquet" intern	**GUST**
	Gust Sensacions gustatives	Sabor o gust pròpiament dit Persistència. Equilibri	
	Tacte Sensacions químiques Reacció de les mucoses	Astringència. Causticitat Picant. Irritació	
	Tacte Sensacions tàctils pròpiament dites **Tacte** Sensacions tèrmiques	Consistència. Fluïdesa Untuositat. Cos Temperatura	**COS**

Les sensacions que procedeixen dels estímuls generats per un vi provenen d'estímuls visuals, olfactius, gustatius i tàctils, i aquests poden ser tèrmics, irritants, químics o pròpiament tàctils.

Abans d'entrar en l'examen particularitzat de cada tipus de sensacions, dues coses ens semblen interessants a remarcar; la importància decisiva de l'olfacte, en la degustació, perquè intervé com a protagonista de primera fila en dues percepcions principalíssimes: l'olor i el gust, i també el paper important de les sensacions de tacte, que intervenen en el gust, i en la percepció de la corporeïtat, de la carnadura, d'un vi. Per contra, el paper del sentit del gust, que sembla el més important en la degustació, no és tan primordial.

De la importància que té l'olfacte, ens en pot donar una mostra el fet conegut de tothom que, quan estem refredats –és a dir, quan tenim inflamades les mucoses olfactives, o quan ens pincem el nas (ho fèiem quan érem petits per a empassar-nos l'oli de fetge de bacallà)– pràcticament no notem el gust dels aliments o de les begudes, i és que en allò que anomenem gust hi ha un component principalíssim de sensacions olfactives retronasals o internes.

Les sensacions visuals

Ordenant-los en el temps, la vista ha de ser el primer sentit implicat en la degustació d'un vi. Les sensacions visuals en proporcionen dades sobre la coloració (intensitat, homogeneïtat), sobre la limpidesa (terbolesa, brillantor, transparència). Però també la vista ens dóna altres informacions: sobre la *fluïdesa,* segons l'adherència de *llàgrimes* a les parets de la copa, sobre el despreniment de carbònic, sobre l'existència d'essències o cossos grassos estranys, segons si es formen llunes per refracció a la superfície, etc...

Segons la coloració i segons l'aspecte –la "robe" en diuen els francesos– podem jutjar característiques tan importants com l'edat d'aquell vi–, els vins negres envellits tendeixen als tons grocs i ataronjats, als tons de teula, mentre que els joves van més cap als tons moradencs i vermells vius– –com el seu estat sanitari–; si està tèrbol o té núvols de polsim, probablement és víctima d'una infecció bacteriana, o simplement, és molt novell i no ha estat ben clarificat– com la més o menys oxidació d'un vi blanc, segons si tendeix als tons daurats i maderitzats, o bé té tons transparents amb reflexos verdosos, etc...

Degustar a cegues és molt difícil, i a les fosques, degustadors experts és fàcil que es confonguin entre, per exemple, un blanc sec poc àcid, un rosat i un negre lleuger amb poc taní.

Les sensacions químiques, tàctils i tèrmiques

Mentre que les mans humanes tenen aproximadament fins a dues-centes terminacions nervioses tàctils per cm², els llavis, la llengua i les parts internes del nas i del paladar són el doble de sensibles al tacte que les mans. Per això, si quan agafant un grapat de sorra amb les mans, sense mirar-lo, només amb el tacte i deixant-lo escolar entre els dits, podem percebre'n la densitat, textura, humitat, temperatura, així com les dimensions i consistència de les seves partícules, imaginem la sèrie d'informacions que un glop d'un bon vi, dins de la cavitat bucal d'un degustador expert, pot arribar a donar. Per exemple, les sensacions de picant, d'astringència, de causticitat, de cremor, etc., són més químiques que gustatives. La sensació típica que fa l'alcohol a la boca, alhora càustic i cremant, és una sensació tàctil. L'astringència de certs vins carregats de tanins és perquè aquests compostos químics irriten les mucoses internes de la boca.

La sedositat, el vellut, la carnositat, el volum, la untuositat, certs gustos metàl·lics, etc..., són més tacte que gust. És a dir, ens arriben al cervell per vies nervioses diferents que les sensacions gustatives. Igualment podem considerar com a exemple de sensacions tàctils les sensacions tèrmiques. Per elles tenim noció sobre l'escalfor o la fredor dels aliments o de les begudes. Remarcarem aquí que, en els vins, les sensacions tèrmiques han d'ajudar a la percepció del conjunt de les altres sensacions –cas dels vins negres servits "chambrés", és a dir, a uns 18 o 20° de temperatura–, i no les han de paralitzar, cas dels vins blancs servits massa freds, que ens amaguen totes les altres característiques sàpides del vi.

Les sensacions olfactives

Són les més importants, de cara a tenir una bona percepció d'un vi. L'home, a diferència de certs animals, té el sentit de l'olfacte afeblit i esmussat.

Així com és corrent educar la vista amb el dibuix i la pintura o l'oïda amb la música, no és corrent l'educació de l'olfacte. I això que la subtilitat de l'olfacte permet d'obtenir sensacions exaltants i belles tant com puguin ser-ho les de la música i la pintura.

Recordem, només, la bellesa del perfum d'un camp de fenc acabat de segar, o l'olor de les fulles mortes que els pagesos cremen a la tardor. L'olor de la terra humida recentment llaurada, o bé les sensacions olfactives d'un pom de flors ben combinat, i evidentment la riquesa i la profunditat del "bouquet" d'un bon vi negre ben envellit.

L'òrgan de l'olfacte es troba en la part superior interna del nas. El nas és només un conducte, un embut. La mucosa olfactiva es troba a l'interior del crani. Aquest és el nas de debò. Aquesta fossa nasal interior està com entapissada per tres cornets enmig dels quals es troba la *Pituïtària* que és el nom que els fisiòlegs donen a un òrgan en forma de placa, de color groc, emplaçada dins d'una mena d'escletxa carnosa, i d'uns 2,5 cm^2 de superfície. És el vertader òrgan de l'olfacte.

La *Pituïtària* té la seva superfície plena de fines prolongacions de neurones, o cilis olfactius.

Aquesta disposició fisiològica ens explica per què, quan ensumem, notem més olors. En efecte, en ensumar, forcem l'obertura de l'escletxa carnosa que protegeix la Pituïtària, i aquesta queda al descobert, augmentant així la seva sensibilitat. Quan agafem un refredat de nas, tots aquests teixits se'ns inflamen, i tot queda com esmorteït, la Pituïtàra resclosa, i per tant, sense sensibilitat olfactiva.

Els estímuls olfactius són molècules químiques, partícules materials petitíssimes, que incideixen damunt de la Pituïtària. Cada tipus de partícula hi produeix una sensació diferent, d'aquí l'extrema sensibilitat de l'olfacte i la riquesa de registres diferents que és capaç de detectar.

En aquest sentit, és molt més sensible que el gust, i la majoria dels que anomenem gustos dels aliments són sensacions

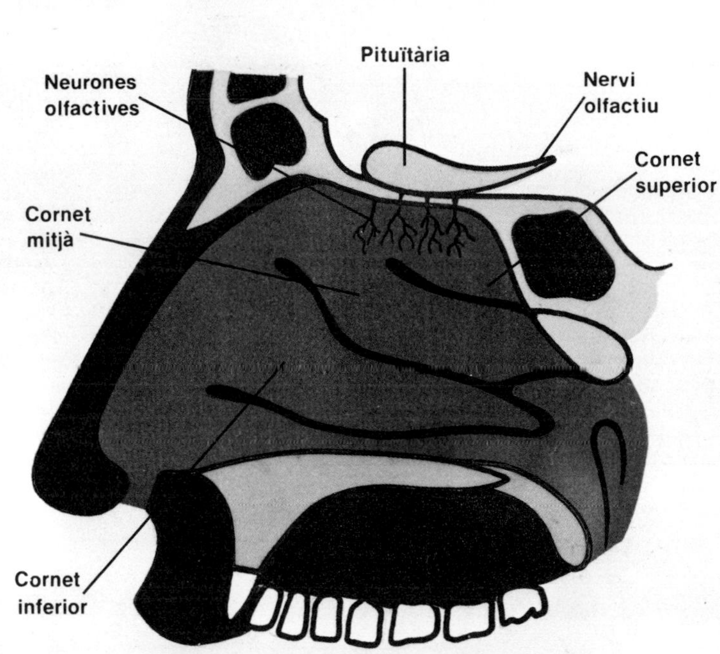

Sentit de l'olfacte en l'home

olfactives que ens arribem a la Pituïtària per la via retronasal, des de l'interior de la cavitat bucal.

S'ha intentat, inútilment, de classificar el vast món de les olors. Però és molt difícil perquè les barreges d'olors no es deixen analitzar sensorialment. Una amb altres s'anul·len i es superposen. Potser l'intent més reeixit és el que vol classificar les aromes que es poden trobar en un vi en 9 tipus o famílies diferents:

Olors Animals, Balsàmiques, Fustoses, Químiques, Especiades, Empireumàtiques, Florals, Fruitades i Vegetals.

Dins de cada tipus o família, però, la gamma és molt extensa, i un degustador expert, per exemple, en un vi on detecti aromes fruitades, et pot parlar de tons de préssec madur, d'aromes de maduixa, i notes que li recorden el plàtan.

De totes maneres, una degustació atenta i ben feta permet sempre de determinar les notes dominants i, també, les notes desagradables.

En el món dels afeccionats als vins, cal no confondre l'aroma amb el "bouquet".

Es parla d'aroma referint-nos sempre a vins joves, a vins no envellits ni criats. Generalment les aromes no són tan complexes ni tan riques com els "bouquets". Els vins joves tenen les *aromes primàries* que són les que provenen de la varietat de raïm, i que s'acostumen a detectar fàcilment –l'aroma del macabeu, l'aroma de la garnatxa, etc–. Són les que donen personalitat a aquell vi, sobretot en els vins blancs joves. També tenen les *aromes secundàries* que són les produïdes pels *llevats* i que s'adquireixen en la fermentació, i per extensió de la criança. Hem de tenir en compte, també, les aromes o olors *adquirits* o *afegits,* per negligència o per mala elaboració, com poden ser l'olor de sulfurós, olors de florit, de goma, olors metàl·liques, d'essències artificials, etc... Es parla de "bouquet" referint-nos sempre a vins envellits, a vins de criança, i de preferència negres.

No és correcte dir d'un vi jove que té "bouquet" ja que l'aroma pròpia dels vins esdevé "bouquet" amb un envelliment reeixit d'aquell vi.

Els "bouquets" dels vins es formen i s'expandeixen dins de les barriques de criança i, sobretot, dins de les ampolles posades a envellir a la cava. Però només en el cas que el vi contingut sigui bo per a envellir, perquè, si el vi que posem a envellir és ordinari, amb una llarga conservació més aviat ens perdrà la frescor i l'aroma que potser eren els seus millors atributs, no ens adquirirà cap "bouquet" i quedarà un vi pobre, sense suc ni bruc.

L'aparició dels "bouquets" més rics i complexos s'obté envellint vins ben preparats i seleccionats, en ampolles, després d'haver-los envellit en barriques.

Es creu que la riquesa d'un "bouquet" ve donada per la presència de substàncies odorífiques molt delicades i fàcilment oxidables, que tenen la seva olor agradable en la forma reduïda, és a dir, sense oxidar, i que desapareixen i es destrueixen en contacte amb l'oxigen.

Les sensacions gustatives

Els estímuls gustatius consisteixen en molècules sàpides que es posen en contacte amb els receptors del sentit del gust.

Els òrgans receptors del gust –neurones nervioses amb terminacions especialitzades– només es troben a la llengua, i enlloc més de la cavitat bucal. Les neurones de les galtes, del paladar i dels llavis no perceben cap gust. Els òrgans receptors del gust són les *papil·les gustatives.* N'hi ha de quatre tipus, irregularment repartides per tota la superfície superior i inferior de la llengua. En el cervell, el centre perceptor de les sensacions gustatives es troba emplaçat prop dels centres motors de la masticació i deglució, per això la percepció del gust va estretament relacionada amb l'excercici d'aquestes funcions.

Només podem percebre quatre gustos: *el dolç, l'amarg, el salat* i *l'àcid.* Totes les altres sensacions, que correntment anomenem gustos– gust de xocolata, gust de nata, gust de maduixa, etc.– són en realitat sensacions produïdes per la combinació d'aquests quatre gustos fonamentals, amb sensacions olfactives i tàctils dins de la boca.

Quan es degusta una substància, en la qual els quatre gustos elementals existeixen barrejats, aquests no es detecten al mateix temps. El llindar del temps necessari per a l'excitació sensitiva és diferent per a cada un d'ells.

El dolç apareix tot seguit, l'amarg és lent a desplegar-se, va augmentant, es percep clarament, després de la deglució. Els altres dos, més o menys intercalats. Per això, en la degustació d'un vi, les primeres impressions són diferents de les posteriors.

La causa d'aquest fenomen és que els diferents gustos no es noten pas en les mateixes zones de la llengua, cosa que indica que les papil·les gustatives especialitzades en la percepció de cada gust elemental estan distribuïdes per zones diferents de la superfície de la llengua.

El sabor dolç es nota de preferència a la zona de la punta de la llengua. El gust àcid, en els laterals i, fins i tot, en el revers de la llengua. El sabor salat en les zones superficials i laterals i no a la part central. El gust amarg, únicament a la part posterior, que no és estimulada fins que hom s'empassa el líquid o l'aliment. Cal saber també que una gran part de la llengua és insensible a qualsevol gust.

Aquestes afirmacions –cal saber que les fronteres entre les zones no són ni molt menys nítides i precises, i poden variar segons les persones– són fàcilment comprovables amb l'ajuda d'un comptagotes i d'unes solucions aquoses de substàncies que tinguin els quatre gustos elementals.

En el vi es troben els quatre gustos elementals. Els més definidors són l'àcid i el dolç. Encara que el contingut de sals minerals del vi és considerable, i produeix un gust salat marcat, generalment queda ocultat pels altres dos. Per altra banda, un cert gust amargant, acompanyat d'una discreta astringència, pot ser un factor important de qualitat en els vins negres.

Cada persona té una sensibilitat especial, més o menys afinada, per cada gust, que es pot millorar amb exercicis.

És molt important apreciar l'*evolució del gust* en fer una degustació. Ens hi pot ajudar el diferenciar les tres etapes següents:

L'atac — l'evolució — el darrer gust.

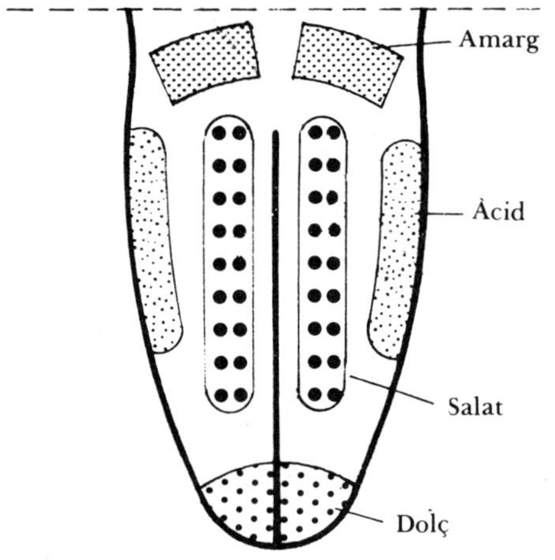

Quan es degusta un vi, l'atac és sempre agradable. Una sensació molla, dolcenca, deguda sobretot al contingut d'alcohol.

A poc a poc, els altres gustos i aromes que van apareixent oculten els de l'atac i es van fent complexos, a mesura que el glop es va fent passar pel damunt de la llengua, i a mesura que els moviments d'aquesta provoquen canvis de pressió dins de la cavitat bucal que condueixen estímuls olfactius a la Pituïtària per la via interna. És l'etapa de l'evolució, que cal perllongar uns instants.

El *darrer gust,* o *fi de glop,* en el qual dominen l'àcid i l'amarg, pot deixar una impressió menys agradable, després de 8 o 10 segons de la deglució. Només els vins de gran qualitat conserven un temps llarg el seu valor a la boca.

Allò que cal aprendre de fer

La degustació professional d'un vi és al mateix temps examen i diagnòstic. Necessita una gran concentració mental.

Les fases de la degustació

La fase visual

La copa transparent i nítida, agafada pel peu o per la tija, i plena només en el 60% de la seva capacitat real, és el problema objectiu de la degustació conscient.

Una atenció ben curiosa, una ment clara i un ànim actiu, així com un nas i una boca en excel·lents condicions, són els preliminars subjectius per a la realització d'una bona degustació. Comencem, doncs, amb la primera fase i, des d'ara, apliquem a totes les nostres accions el dispositiu de "càmera lenta". Fixem-nos-hi bé i posem-hi el temps que calgui.

Es recomana descompondre-la en les següents operacions:

Examen de la superfície del vi

Aquesta superfície l'hem de trobar sempre brillant. Podem trobar-la mat, com a polsosa i sovint això indica una certa infecció microbiològica d'aquell vi.

Podem notar-hi certs reflexos de colors, semblants a les llunes que el petroli fa a l'aigua; podria ser indici d'un tractament amb essències artificials o de contaminació amb matèries grasses.

Podem trobar-hi partícules petites de suro o de parafina provinents del tap, etc.

Cal no confondre un vi tèrbol amb un vi amb pòsits. La terbolesa indica generalment una malaltia microbiana d'aquell vi, mentre que un pòsit prové generalment de la insolubilitat d'alguns components del vi, i generalment no n'afecten la qualitat gustativa.

Examen de l'aspecte visual

Alcem la copa al nivell dels ulls, per tal d'apreciar la coloració lateral, i poder precisar el grau de limpidesa i de transparència. El color dels vins ve donat per la matèria colorant que contenen els raïms. Però evoluciona i canvia segons les condicions de criança i conservació dels vins.

Hi hem de distingir dos elements. Per una banda, la intensitat del color –clar, net, lleuger, intens, ric, profund– i per l'altra, el tint, la naturalesa, –tint vermellós, cirera, robí, moradenc, granat, de teula, etc.–

Examen de les "llàgrimes"

Mullem una o dues vegades, donant-hi un breu sentit de rotació, les parets interiors de la copa. En el moment de retornar-la a la posició vertical, podrem observar que s'ha format un lleuger cordó de líquid adherit al vidre a la part més alta aconseguida per aquest, del qual es desprenen unes grosses llàgrimes, més o menys consistents.

Aquest es un fenomen lligat a la viscositat de certs components del vi, la intensitat del qual ens pot orientar sobre la riquesa en glicerina, alcohol i sucre d'aquell vi. Com més consistents i perdurables siguin les "llàgrimes", més cos, volum i fortalesa podem esperar d'aquell vi.

Examen de l'efervescència

En el cas particular dels vins efervescents –els Caves–, és convenient fixar-nos en la intensitat, la durada i la finor del despreniment gasós.

Però ens podem trobar també amb lleus mostres d'efervescència, en el cas d'exàmens de vins molt novells, que encara no hagin acabat totalment la fermentació. En aquest cas, parlarem d'un vi "pétillant" o d'un vi "perlat" i és millor no usar el terme "picant" perquè aquest es pot confondre amb el terme "picat" que s'aplica als vins afectats per una infecció de bactèries acètiques.

La fase olfactiva

És convenient de desenvolupar-la en tres temps.

Primera "ensumada"

Sense moure el vi, el degustador, després d'expirar l'aire del pulmons, apropa la copa al nas, i ensuma amb un cert vigor.

L'aire que està en contacte amb la superfície del vi penetra, doncs, dins de les fosses nasals, juntament amb les aromes i els perfums més delicats i més subtils. Les sensacions, si el vi és bo, són extraordinàries.

Segona "ensumada"

S'ha de procedir igual, però desprès de donar un moviment giratori al vi contingut a la copa, per obtenir un augment de superfície en contacte amb l'aire, i aconseguir així el deslliurament de les olors menys volàtils no alliberades a la primera operació.

Les aromes i les olors més denses i eventualment les defectuoses s'obtenen sotmetent el vi de la copa a una agitació forta "trencant" el disc de la superfície. Aquesta tècnica ens permetrà descobrir sensacions olfactives noves i diferents de les primeres.

Tercera "ensumada"

S'efectua després d'un repòs d'alguns minuts del vi. Es recomana fer-ho principalment quan en la segona "ensumada" hem notat sensacions olfactives noves i desconegudes. Així, podrem corroborar-les i apreciar-les plenament.

Després d'aquestes operacions, el degustador ja ha d'estar en condicions de jutjar i de descriure –més endavant ja parlarem del vocabulari– la natura, la intensitat, la persistència i la composició de les aromes, els perfums o olors defectuosos que percep en aquell vi.

La fase gustativa, o gusto-olfactiva

Arriba l'hora de la veritat. Cal apropar els nostres llavis a la copa i xarrupar un glop de vi. Alerta! ¡No ens l'empassem de seguida! Retinguem-lo i gaudim-ne. Deixem que ens digui tot el que ens ha de dir. Primer apreciem-ne *l'atac.* Vegem si la sensació agradable que ens dóna és duradora. Després, passegem-lo pel damunt de la llengua lentament. Deixem que impregni tot el nostre paladar. Assaborim-lo. Els moviments de les galtes internes i de la llengua portaran els seus efluvis al nostre òrgan olfatiu. Al mateix temps apreciarem les diferències en les intensitats i en les aparicions dels diferents gustos. Pensem que el vi, a fora, està normalment d'uns 15 a 20°, si no està refredat o escalfat artificialment, mentre que a l'interior de la boca el vi arriba a prop de 37°, que és la nostra temperatura corporal normal. Les aromes i el "bouquet" es potencien, per aquesta temperatura, però això requereix un cert temps. D'aquí la nostra recomanació de la lentitud. Degustar no és empassar-se el vi, sinó que és complaure-s'hi. Vivim-ne totalment l'*evolució* del seu gust. El *darrer gust,* o fi de glop, l'apreciem al final de la llengua just en el moment d'empassar-nos el glop. D'aquest darrer gust, quan és agradable, se'n valorarà molt la persistència. La persistència d'un vi és el conjunt de sensacions olfactives, gustatives i tàctils, que perduren perllongades, després d'haver engolit el glop de vi. En elles s'acostumen a trobar les excel·lències millors dels grans vins, i també els defectes dels vins mediocres o mancats.

Tanta importància s'ha donat a la persistència, en la valoració de la qualitat dels vins, que s'ha arribat a definir una unitat –la caudalia– que correspon a un segon de durada de les sensacions agradables i intenses de la persistència, després d'haver engolit el vi. Els degustadors professionals parlen de vins amb 7 o 8 caudalies de persistència, per exemple.

Hi ha altres tècniques, que permeten fer anàlisis sensorials molt acurades dels vins. Per exemple, fer barbotejar un corrent d'aire succionat a través dels llavis, per entremig del glop a l'interior de la boca. Així es produeix com una mena de petita destil·lació, que intensifica la percepció de certes aromes i olors.

També l'expulsió d'aire pel nas, quan es té la boca plena amb el glop de vi, intensifica la nitidesa amb què són apreciades les sensacions olfactives, però això són tècniques dels degustadors professionals, que tenen un interès relatiu per a l'afeccionat.

El vocabulari del degustador

L'expressió verbal de les sensacions percebudes, quan degustem un vi, és una necessitat imprescindible en la degustació professional, i és un atribut essencial, en tot afeccionat als vins, si vol compartir el seu plaer i la seva afecció amb els amics.

El valor d'un degustador no depèn únicament de la seva sensibilitat de paladar, ni de la seva capacitat d'anàlisi mental, i sensorial, sinó, sobretot, també de la seva aptitud per a traduir verbalment les seves impressions, en termes que indueixin els altres a imaginar-les. Tothom és capaç de dir que tal vi és bo i que tal altre no ho és. Però l'autèntic afeccionat ha de poder explicar, *per què* un vi és de qualitat, o *per què,* per contra, l'altre és mediocre o defectuós.

L'entrenament i l'hàbit de degustar amb companys que posseeixen aquest vocabulari ha arribat a establir lligams mentals entre la paraula i la sensació. Quan aquest entrenament manca, és realment difícil de fer-se entendre, perquè cal que per a tots els degustadors les paraules usades vuguin dir el mateix, i tinguin els mateixos significats. A Catalunya, encara, la terminologia és imprecisa i local. Cada comarca vinícola té termes verbals característics per a expressar qualitats o defectes del vi. En aquest camp, cal una labor recopiladora pacient, que ha d'anar avançant juntament amb una culturització col·lectiva dels catalans, en les coses del vi. L'augment de l'afecció pels vins a cada nostra, el coneixement aprofundit dels vins catalans pel nostre públic i l'acció decidida i acurada dels mitjans de difusió –ràdio, T.V., premsa–, parlant dels nostres vins i de les seves característiques, han de portar, no en tenim cap dubte, a resultats tangibles i concrets en l'enriquiment d'aquest camp del vocabulari de la nostra llengua.

Farem una petita aportació en aquest camp, proposant uns esquemes i uns mots, que no pretenem que siguin restrictius, sinó estimuladors i suggeridors de noves expressions i noves imatges, que la saba popular del nostre poble segurament sabrà trobar i recuperar en el fons riquíssim que els nostres antecessors varen deixar a la llengua catalana.

L'expressió dels caràcters referents a l'aspecte visual

Coloració

Per als vins blancs, que presenten tota una gamma de tonalitats, es fan servir els següents termes:

"Clar"

Usat com a sinònim de vi blanc, és viu a moltes comarques catalanes. Diuen: "Enguany ens haurem de vendre el vi clar aviat". També per a expressar una qualitat.

"Amb un tint verdós"

Es diu d'aquells vins que presenten un lleu reflex verd, quan la llum els toca plenament.

"Color de palla".

Per als vins que presenten aquesta característica.

"Color marfil"

Amb el to que posseeix el marfil o ivori.

"Incolor" i "Daurat"

Expressen qualitats del vi.

"Color esmorteït"

Quan li manca vivesa, quan no és brillant, etc...

"Color or vell"

Per a expressar el tint d'alguns vins blancs envellits i densos.

"Fosc o fosquejant"

Expressa més aviat un defecte.

"Grogós"

Expressa un defecte. Coloració massa acusada per a un vi blanc.

"Madeiritzat"

Que s'assembla als vins de Madeira, oxidats i de color ambre clar.

Per als vins rosats

S'anomenen vins rosats vins que presenten nivells d'*antocians* (matèries colorants naturals del vi) febles que els donen una lleugera coloració vermellosa. El seu aspecte pot variar dins de límits molt amplis.

"Color de pell de ceba"

Per a expressar la característica d'un rosat molt pàl·lid.

"Rosat cirera"

Expressa la tonalitat ataronjada de molts rosats.

"Rosat robí"

Quan posseeix tons més vermells.

"Color ull de perdiu"

Generalment dit dels rosats forts, intensos i una mica embrunits.

"Claret"

A la frontera entre els rosats i els negres generalment es refereix a un negre poc acolorit.

Vins negres

A diferència d'altres llengües, en català anomenem "negre" el tipus de vi intensament acolorit. Probablement degut que els vins tintats, antigament elaborats al nostre país, devien presentar coloracions intenses i acusades. De totes maneres, en el món dels vins, les paraules "negre" i "blanc" no expressen tant un color determinat sinó un tipus de vi, cada un d'ells amb un ampli ventall de coloracions.

"Color de porpra"

Vermell intens, amb tons violacis.

"Color dens"

Aplicat a la coloració, vol dir un color molt intens, molt pujat de to.

"Roig robí"

Quan es vol indicar la vivesa dels tons vermells.

"Color de teula"

La coloració típica dels negres envellits, amb tons ataronjats.

"Moratós"

Que presenta tons morats. Generalment indica joventut del vi.

"Color d'ambre" o de "ranci"

Aplicat als rancis, i també als vins licorosos. Daurat molt fosc.

"Color trencat"

Expressa un defecte, indicant una alteració profunda de la matèria colorant.

També **"color viola" "color de magrana" "color de vellut"**, etc.

Limpidesa

La presència de limpidesa i transparència, o bé la seva absència en els vins, s'acostuma a expressar amb aquests termes:

"Cristal·lí"
Molt brillant i transparent, amb reflexos.

"Tèrbol"
Amb partícules en suspensió. Sense claredat ni transparència.

"Amb pòsits"
Que té sediments. Aquests poden ser cristal·lins, en plaques, cotonosos, arenosos, en espirals, etc...

"Brillant"
Transparent, sense defectes.

"Clar"
Sense terboleses. Natural.

"Amb llunes"
Amb matèries grasses o essències que es dipositen a la superfície.

"Opalescent"
Com velat. Amb aspecte lletós.

La viscositat o consistència

Aquest component de l'aspecte dels vins s'expressa amb els següents termes:

"Fluid"
Es diu del vi lleuger, que no s'adhereix a les parets de la copa.

"Que fa llàgrimes"
Que és dens, que s'adhereix al vidre, viscós.

"Oliós"
Terme pejoratiu. Descriu un vi malalt i amb un greu defecte.

L'efervescència

"Vi perlat"
Molt lleugerament efervescent. Visualment quasi no es nota.

"Vi d'agulla" o "Vi espurnejant"
Vi perlat que, per agitació, desprèn carbònic. Correspon a un tipus reglamentat de vi, també.

"Vi tranquil"
Sense la més mínima efervescència.

"Vi escumós"
Amb despreniment de carbònic clarament visible, en forma de bombolles ascendents.

L'expressió dels caràcters referents a les sensacions olfactives.

Primerament, farem esment dels termes que orienten sobre la presència, absència, intensitat i qualitat de les característiques olfactives d'un vi.

Denoten absència els adjectius: **"nul"**, **"feble"**, **"neutre"**, **"desangelat"**, **"pobre"**, etc...

Contràriament indiquen riquesa aromàtica els següents: **"perfumat"**, **"aromàtic"**, **"amb bouquet"**, **"ric"**, **"flairant"** o **"fragant"**, etc.

La primera qualitat que es demana a una aroma d'un vi és la **"finor"**, que és una aroma agradable de fruita o de flors. Quan hi manca finor, parlarem d'una olor vulgar, vegetal, herbàcia, de vinassa, etc...

Si l'aroma o el **"bouquet"** d'aquell vi té una nota personal, característica de la zona o comarca, o bé de la varietat del cep que l'ha originat, si aquesta nota és agradable, parlarem d'un vi **"amb classe"**, **"amb personalitat"**, **"amb caràcter"**, **"d'un vi de raça"**, **"d'un vi amb noblesa"**.

D'altra banda, si aquesta característica és desagradable parlarem d'un vi **"banal"**, **"sense categoria"**, **"mediocre"**, d'un vi **"ordinari"**, **"que se li veu l'orella"**, **"que no enganya ningú"**, **"d'un vi desclassat"**, **"d'un vi impersonal"**, etc... Són les expressions equivalents al terme francès **"terroir"**.

La descripció de les característiques de les aromes o dels "bouquets", és molt més difícil. El món de les impressions olfactives o gusto-olfactives és tan vast i immens, que difícilment es pot sistematitzar. Recordem les 9 famílies o tipus d'olors en què els hem classificat. Per a la distinció de cada aroma o olor, hem de recórrer a la comparació amb la flor, la fruita o la matèria que més ens el recorda. Així, parlarem, per les aromes primàries: de **"macabeu"**, de **"parellada"**, de **"garnatxa"**, de **"moscatell"**, de **"sumoll"**, de **"carinyena"**, etc. (que són les varietats de cep), però encara hem de precisar més, i parlar d'aromes de **"til·ler"**, de **"préssec madur"**, de **"cirera"**, de **"maduixa"**, de **"mel"**, de **"codony"**, etc.

La cosa es complica quan el que s'ha de descriure és tota la complexitat del "bouquet" d'un bon vi envellit. Aleshores és quan la imaginació, la memòria olfactiva i la riquesa i domini de llenguatge ens poden ser de més utilitat. Les aromes de flors **"rosa"**, **"violeta"**, **"magnòlia"**, etc..., les olors vegetals, de **"pinassa"**, de **"bolets"**, de **"fenc"**, **"d'alfals fresc"**, de productes diversos, de **"mel"**, de **"codonyat"** o d'essències i espècies **"de canyella"**, de **"nou moscada"**, d'**"ametlla"**, **"d'avellana"**, de **"benjuí"**, de **"reïna de pi"**, i encara d'olors característiques, com **"de pa torrat"**, **"de fum"**, de **"pedra foguera"**, de **"cafè"**, de **"regalèssia"** de **"fusta de cedre"**, de **"sàndal"**, de **"fulles seques"**, de **"te"**, de **"poniol"**, **"de menta"**, de **"tòfona"**, de **"pell de cuir"**, **"de formatge"**, **"de molsa"**, etc., han estat trobats i descrits, per degustadors experts en diversos tipus de vins.

Cada afeccionat, segons la seva sensibilitat olfactiva i la seva habilitat i riquesa expressiva, ha de trobar els mitjans de descriure tota la riquesa de les aromes i perfums diversos que ens poden oferir els vins fins i ben elaborats.

Existeix, també, tota una sèrie d'adjectius per a descriure l'estat de conservació d'un vi. Quan trobem un vi sa, diem que és "**franc**", "**lleial**", "**net**", "**honrat**". L'olor dels vins alterats el podem definir amb els mots: "**dubtós**", "**picat**", "**de vinagre**", de "**florit**", "**de fusta**", **de** "**gerani**" de "**iogurt**", que corresponen cada un d'ells a malalties diverses que poden sofrir els vins.

També s'usen uns qualificatius que ens orienten sobre l'estat d'aireig i d'oxidació dels vins. Generalment denoten impressions olfactives. Parlarem de vins "**manipulats**", "**bullits**", "**fatigats**", "**molt treballats**", parlarem de vins "que han perdut la frescor", de vins "que han estat **apallissats**", de vins "**esventats**", per a tots aquells als quals una manipulació excessiva ha fet perdre la frescor aromàtica. Per a oxidacions més intenses, parlarem de vins "**madeiritzats**", (de Madeira), de "**vins enrancits**", de vins "**torrats**" o "**passats**", "**decrèpits**", "**massa envellits**", etc...

També és important poder expressar els defectes aromàtics dels vins, causats per mala elaboració, per conservacions deficients, o, simplement, per males varietats de ceps.

El més corrent és "**l'olor de sulfurós**" que es troba en molts vins corrents, principalment blancs. És una olor alhora picant, sufocant, i que fa esternudar, que a més oculta les aromes autèntiques dels vins.

També trobem pudors de "**mares de vi**", pudors "**d'ous podrits**", "**pudors d'alls**", "**pudors de podrit**", deguts a combinacions d'un excés de sulfurós amb les mares de la fermentació que s'han tingut massa temps en contacte amb el vi.

És corrent parlar d'un "**excés de roure**" per a indicar que aquell vi ha sofert un envelliment massa perllongat en roure; d'"**olor de dissolvent**" que poden adquirir alguns vins guardats en tines de plàstic; d'olors "**de goma**", produïts per les mànegues; olors de gustos "**metàl·lics o estíptics**" produïts per les aixetes d'aram i per les conduccions metàl·liques, "**olor de ciment**", "**de guix**", passats de recipients mal condicionats als vins que contenen, etc...

L'expressió dels caràcters referents als gustos dels vins.

Aquí hem pres la paraula "gustos" com aquell conjunt de sensacions gustatives, olfactives i tàctils que notem dins de la boca. Una riquesa de vocabulari per a descripció d'aquests "gustos" és allò que necessita adquirir amb més urgència un bon afeccionat, per anar penetrant amb eficàcia dins del món dels vins.

Uns esquemes inspirats en els que el Prof. E. Peynaud fa servir, ens seran molt útils per a bastir-nos un principi d'aquest vocabulari. El primer esquema ens il·lustra sobre els termes utilitzats, per a descriure l'equilibri o desequilibri entre els diversos components d'un vi.

L'eix central correspon als vins equilibrats, i als qualificatius que els poden ser aplicats, a mesura que ens vagin presentant més cos, riquesa i potència. Els altres eixos corresponen a vins desequilibrats en algun aspecte, amb els termes que expressen la gradació d'aquest desequilibri.

Si el desequilibri és a favor del gust dolç, el vi pot ser:	Un vi equilibrat pot ser:	Si el desequilibri tira cap al gust àcid, el vi pot ser:	Si el desequilibri tira cap al gust amarg, el vi pot ser:
Dolcenc **Tou** **Pla** **Pesat** **Xaropós**	**Lleuger** **Fi** **Sedós** **Vellutat** **Tendre** **Complet** **Rodó** **Ple** **Carnós** **Madur** **Gras**	**Magre** **Curt** **Cru** **Descarnat** **Mordent** **Tallant** **Àcid** **Verd**	**Dur** **Ferm** **Àrid** **Aspre** **Raspós** **Amarg** **Rugós** **Astringent**
De menys, a més dolçor	De menys a més cos, riquesa i potència.	De menys a més acidesa.	De menys a més amargor.

El segon esquema es basa en la influència de la riquesa alcohòlica, consignant també els termes que denoten certs desequilibris, a diferents nivells d'aquesta riquesa alcohòlica dels vins.

Un vi equilibrat amb grau alcohòlic creixent, pot ser:

gust dolç creixent		gustos àcids i amargs creixents
pla	**petit o fluix**	aspre
femení	**feble**	fresc
suau	**lleuger**	viu
fat	**vinós**	tànic
	càlid	amargós
pesat	**generós**	amb nervi
moll	**potent**	tònic
tou	**fort**	viril
gras	**espirituós**	amb foc
	alcoholat	ardent

Però no s'adapten pas a aquests esquemes totes les possibilitats expressives dels gustos dels vins. Parlem també de vins "bruts", de vins "secs", de vins "semisecs", segons l'absència o presència de sucres naturals sobretot tractant-se de vins escumosos. Parlem també de vins **"flexibles"**, de vins **"suaus"**, parlem de vins **"que sembla que els masteguis"**, de vins **"agressius"**, **"que punxen"**, de vins **"que t'entapissen el paladar"**, de vins **"que et treuen la pell"**. **De vins amb "gust de vi de premsa"**, quan són molt astringents; amb **"gust d'espardenya"**, quan són molt fustosos i herbacis, i recorden el gust de l'espart; amb **"gust de rapa"**, **"que semblen una llima"**. Parlem de vins **"pastosos"**, **"cremosos"**, quan tenen poca acidesa i són pesats i sense nervi. De vins **"que fan venir calor"**, de vins **que "t'omplen la boca"**, de vins **"que et fan pessigolles"**, de vins de **"cuixa de dona"**, de vins **"amb excés de roure"**, de vins que et fan fer **"pampallugues"**, de vins **"elegants"**, **"de bona família"**, de vins **"amb olor i gust de resclosit"**, de vins **"amb tota la plenitud"**, de vins **"que fan la cua de paó"** per a indicar que, dins la boca, obren tot l'ampli ventall dels seus encants i sensacions, que s'eixamplen, etc.

És corrent, també, de trobar vins embotellats amb **"gust de tap"** o de **"suro"**, **produït per un tap de mala qualitat. Vins amb gust de "fang o de llot"**, per haver estat rentades les ampolles amb aigües de bassa. També les copes, mal netejades o assecades amb draps no prou nets, poden comunicar **"gustos de drap"**, **"gustos sabonosos"**, de **"detergent"**, etc. També amb gustos de **"vernís"** o **de "pintura"**, causats per tenir desades les copes en armaris poc airejats o recentment vernissats o pintats, etc.

Cal saber, també, que els entesos assenyalen amb el nom de **"gust foxè"** el sabor especial que presenten els vins provinents de les **"vitis"** autòctones nord-americanes. El qualificatiu ve de la paraula **"fox"** anglesa, que vol dir, **"guineu, rabosa, guilla"**, perquè l'olor i el gust d'aquests vins els recorda l'olor d'aquestes salvatgines boscanes. És un gust bastant desagradable.

Totes aquestes expressions, vives i recollides per l'autor en múltiples converses amb gent del món del vi, denoten una imaginació mediterrània molt pròpia del nostre poble, i que entronca amb una antiga i noble tradició catalana. Vegem, sinó, aquesta cita de l'obra de Francesc Eiximenis, escriptor català nascut en 1340, que en el seu llibre "Com usar bé de beure e menjar", citant Ovidi, posa en boca de Bacus, el déu del vi, la següent definició de com ha de ser, i com no ha de ser, el vi, i ens diu: "que el vi ha de ser fi, fresc, fred, fort, flairant o fragant, formigalejant o saltant, venós o rajant, e que no sia flac, ne fat, filat, fumat, florit, ferreny, mudat, grogeny ne verdaç, me melat ne guixat, ne mesclat, ne fusteny'

¡Com ens fan pensar, tota la sèrie d'adjectius positius, en alguns vins catalans! ¡Els blancs del Penedès, els rosats de l'Empordà, els vins d'Alella, quan estan ben elaborats, són avui encara tal com ens els descriu en Francesc Eiximenis des del llunyà 1370! ¡Fixem-nos, també, de quina manera descriu els defectes que cal evitar, quina precisió i quina riquesa de llenguatge!

També val la pena d'aportar aquí la definició que Miquel Àngel, aquell formidable prototipus d'home universal del Renaixement, va fer quan li varen demanar que donés la seva opinió sobre un vi de la regió de Toscana que li donaren a tastar. I ell va dir: després d'assaborir-lo lentament:

"¡Aquest vi besa, pega, mossega, empeny i punxa!"

Fixem-nos en quin prodigi d'anàlisis de sensacions, i en com queden reflectits, en aquesta definició genial, els tres estadis bàsics de la degustació: l'atac; l'evolució del gust; i la fi de glop o gust darrer. És evident que Miquel Àngel també deuria ser genial com a degustador de vins.

L'esperit creatiu propi de la persona humana té aquí un ampli camp per córrer, però potser és aquesta una de les activitats on és més evident la pobresa de recursos de l'expressió verbal –per més rica i imaginativa que aquesta sigui– enfront del poder desbordant en matisacions i riquesa que tenen les sensacions percebudes; que la combinació harmoniosa de sensibilitat, intel·ligència i un mínim domini d'unes tècniques, i una formació adequada, fan possibles als autèntics afeccionats als vins.

El concepte de la "qualitat" en els vins

Als bons vins, se'ls ha d'exigir sempre qualitat. Però caldria matisar aquest concepte.

És evident que hi ha uns fonaments, sense els quals no es pot tenir qualitat. Tots els bons vins han de tenir ben clars aquests fonaments. Podríem dir que són a) Cap defecte molt acusat. b) Personalitat. c) Honradesa, entesa com a falta de manipulacions estranyes, d) Un mínim de característiques positives, com poden ser aromes, aspecte agradable, gust franc, etc...

Però la qualitat no la constitueixen aquests fonaments. Cal bastir-la al seu damunt. I en els grans vins la "qualitat" va lligada a l'obtenció d'una harmonia, d'un equilibri entre les característiques aportades per cada un dels components d'aquell vi.

De cap manera la qualitat d'un vi no va lligada a la taxa, al nivell, que aquell vi pugui contenir d'un determinat component, sinó a la relació harmònica entre uns i altres.

Entre el nostre ambient rural i comercial, i certament també entre els consumidors populars de vi de Catalunya, es manté el fals concepte que un vi té més qualitat –és més bo, diuen– com més grau alcohòlic té. Això és fals, i caldria lluitar en contra d'aquesta creença. Valorar econòmicament el vi a l'engròs basant-se exclusivament en el grau, prescindint d'altres característiques –finor, aroma, cos, aspecte, sabor, etc.– és el nefast costum que ha impedit que en l'elaboració dels vins de les nostres contrades hi hagués el necessari esperit d'emulació que és el que fa incrementar la qualitat.

Són diverses les relacions d'equilibris que s'han de donar en els vins, perquè puguin ser considerats de qualitat.

Equilibri entre substàncies aromàtiques i elements sàpids. Entre gustos dolços i agradables i sabors àcids i amargs. Entre potència alcohòlica i acidesa, de les aromes entre si. Entre el cos i la finor, entre el dolç i el nervi, etc.

Però l'equilibri fonamental és el que s'ha d'establir entre el gust dolç i la suma de gustos àcids i amargs. Podríem expressar així aquest equilibri:

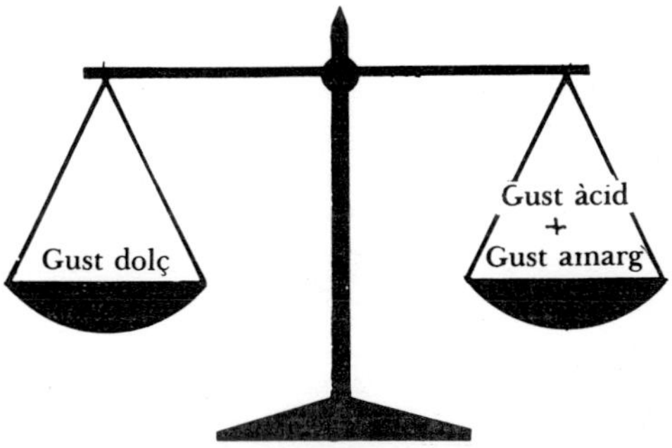

En els vins anomenats secs, també existeixen els gustos dolços, que són deguts exclusivament a l'alcohol. Aquests han d'equilibrar perfectament la suma dels altres gustos. Quan aquest equilibri està descompensat molt accentuadament vers un cantó de la igualtat, difícilment es pot parlar d'un vi de qualitat, encara que tingui un grau alcohòlic alt.

Cada tipus de ví té el seu propi equilibri, que li defineix la qualitat.

En els vins dolços de postre, cal considerar també l'equilibri entre el sucre i l'alcohol, tots dos components amb gust dolç. Com més sucre, cal més alcohol, sinó els vins esdevenen tous, fats, aplanats. Per això, els vins dolços poden suportar acideses molt altes. És molt important també un equilibri i una harmonia entre els components aromàtics. Malament quan en un vi predomina molt marcadament l'aroma de roure, o d'herba, o de poma. Difícilment podrem parlar d'una gran qualitat aromàtica.

La creació de la pròpia destresa i sensibilitat

D'igual manera que per aconseguir agilitat i força muscular ens cal fer exercici, i que per aprendre a tocar el piano calen hores i hores de pràctica, que ningú no pot fer a compte nostre; també per a gaudir plenament dins del món dels bons vins ens cal anar creant, per exercicis i amb pràctiques, la nostra pròpia destresa i anar afinant la nostra sensibilitat.

Hi ha, però, un avantatge fonamental sobre els exemples citats. Les pràctiques, per a l'afeccionat als vins, són agradables, planeres, fàcils de fer i d'allargar, amb múltiples temptacions de repetir-les. No cal fer cap suada ni quedar esgotats. No cal cremar-se les celles, ni matar-se els dits fent acords i arpegis. Es tracta només de no perdre cap ocasió, en els nostres viatges, vacances, reunions amb amics, o estones de tranquil·litat, per a apropar al nas i a la boca una copa de bon vi, i deixar-nos endur per l'enjòlit, de penetrar-lo, de descobrir-lo, d'entendre'l i de recrear-nos-hi. En una paraula, de degustar-lo.

Saber conversar de vins

Aquestes pràctiques són doblement agradables si es fan amb amics. Comparar dos bons vins un cap al tard d'hivern, al voltant d'una taula, i prop de la llar de foc encesa, és un plaer excels. I, si, de més a més, pots conversar amb un bon amic o amiga; si tens un tall de bon formatge a mà, o un grapat d'avellanes, d'ametlles i de nous, i pots veure el camp per la finestra, quasi, quasi, ja entra en la zona dels plaers prohibits. Us encoratjo a comprovar-ho, si teniu un bon vi i un bon amic o amiga al vostre abast.

I un motiu de conversa pot ser comentar el vi que es degusta. Intercanviar sensacions, intentar definir-lo. Comparar un i altre.

Transcriurem a continuació unes velles anotacions corresponents a breus descripcions d'alguns vins degustats per l'autor, que poden donar una orientació sobre com es pot estructurar una conversa comparativa sobre vins.

Primer exemple

Es tractava d'un Medoc, collita 1967, blanc. Els judicis que va merèixer foren:

"Es pot esperar més, d'un Medoc. Color massa fosc. Olor amb un cert caràcter. S'hi nota l'aroma del cep Chardonay. Atac moderat, no dolent del tot, però després magreja. És astringent i dur. No té l'amplada que li cal. No és prou tendre. Massa cos. El 1967, per als Medoc, no és cap bon any".

Segon exemple

Es tractava d'un Pomerol, negre, de 1964.

"Color vell, amb tons de teula, intens. Olor, amb un lleu defecte, ¿potser un inici d'acidesa volàtil? Una nota afruitada i madura agradable. Atac gran, intens, potent. Omple la boca i s'eixampla a dins, amb un bon final, que s'allarga... És un 64".

Tercer exemple

Es tractava d'un "Hospices de Beaune" de la Côte d'Or, de 1972.

"Color clara, roja i brillant. Un 'bouquet' floral, fi, però no massa intens. Una mica d'olor de fusta vella. Atac àgil, una mica rústic. Té taní que el fa un xic amargant a la fi. Deu haver rebut un punt massa de vi de premsa. Un any més de botella, no li hauria fet cap nosa."

Una conversa sobre vins, amb un amic ponderat i entès, pot ser una delícia.

A Catalunya podem trobar vins excel·lents, vins ben envellits i ben elaborats, provinents de les diverses zones vitícoles que tenim, que esperen, només, el públic entès, l'afeccionat format, capaç d'entendre'ls i de valorar-los justament. ¡Allisteuvos a aquest exèrcit creixent dels amics dels bons vins! El vostre únic deure serà parlarne, dels vins; escampar-ne les excel·lències o els defectes, opinar-ne, dir-hi la vostra. D'aquesta manera el vostre cercle de relacions es veurà colpit per la curiositat d'entrar també en aquest món, i haureu fet més adeptes. I en definitiva, ¡haurem fet una bona tasca!

L'art de saber recrear-se amb els vins

Una escena parcial d'un plafó de ceràmica catalana del segle XVIII. Hi podeu apreciar uns criats servint vi, valent-se d'uns barrilets amb broc de vidre. Les copes presenten la típica forma catalana. (Museu de Ceràmica de Montjuïc).

Les delícies dels bons vins

Diuen de Sir Alexander Flemming, descobridor de la Penicil·lina i un dels més grans benefactors de la humanitat –a més de ser un home senzill, simpàtic i obert– que, en el curs d'una visita seva a la Borgonya, i després de degustar amb complaença i delectació una ampolla de bon vi, va dir: "La penicil·lina cura els humans, però un bon vi els fa feliços!".

Amb aquest mateix esperit, afirmem que saber degustar vins, i saber-los entendre, porta els humans que han sabut formar i preparar la seva sensibilitat per a fer-ho a trobar moments d'autèntica delícia.

Allò que cal saber

S'ha fet córrer molta tinta, en molts tractats de gastronomia i de vins, sobre tot un seguit de normes i de regles, referents a com s'ha de servir el vi. Que si s'ha de decantar, que si s'ha d'obrir l'ampolla tantes hores abans, que si s'han d'escalfar les copes, que si el vi blanc ha d'anar amb copes verdes... etc. No en som gens partidaris, i ens sembla que tota aquesta carcassa de normes s'ha mitificat massa. Totes les regles i normes són per a ser trencades quan convé. Recordem la cita evangèlica "El dissabte s'ha fet per a l'home, i no l'home per al dissabte". Però és evident que cal conèixer-les, perquè només així tindrem l'autoritat moral que ens fa falta per a prescindir-ne quan ho creguem convenient. D'altra banda, és evident que un vi ordinari i mediocre, o un vi defectuós, no es transforma en un bon vi per més que se serveixi segons aquestes regles. Però un vi de classe, un vi amb noblesa, el podem fruir molt més si el tractem d'acord amb tot allò que el costum i la tradició han anat seleccionant per tal de multiplicar-ne les excel·lències, a l'hora de degustar-lo.

Intentarem exposar algunes d'aquestes normes, més amb l'ànim de divulgar-les, que no pas d'obligar a ajustar-s'hi, cosa que deixem a la llibertat de consciència de l'afeccionat als vins.

La temperatura a la qual s'han de servir els vins

L'olfacte és estimulat pels vapors que es desprenen del vi. Els negres, desprenen vapors formats per molècules olfactives d'una composició química i d'un pes molecular més elevat que els blancs i rosats; per tant, aquestes molècules es desprenen millor a temperatures més elevades com més solidesa, cos i consistència té un vi. Un negre lleuger, un rosat, un blanc, poden desprendre la seva aroma a temperatures fredes. Un bon negre de criança necessita temperatures més elevades, perquè, endutes pels vapors alcohòlics que es volatilitzen de la seva superfície, les seves molècules aromàtiques puguin obsequiar-nos amb el seu "bouquet".

La temperatura de 37°, que és la temperatura ambient a dins de la cavitat bucal, és la ideal, però abans es recomana de tenir el vi a 18 o 20° centígrads, per tal que, amb uns segons, es posi a 37° un cop a dins de la boca. Si el tinguéssim a l'exterior a més temperatura, s'evaporaria ja massa alcohol, i això ens ocultaria el "bouquet".

La temperatura usual a la qual se serveixen els vins negres, com hem dit, és la de 18° a 20° centígrads. Aquí hem d'anar alerta, perquè, molts, seguint la moda francesa, que diu de servir-los "chambrés", és a dir, a la temperatura de l'habitació, no tenen en compte que, ara, amb la calefacció central i els aires acondicionats, la temperatura de l'habitació a l'hivern és moltes vegades més alta (24 o 25°), cosa que perjudica els grans vins. L'expressió francesa "chambré", es va originar al segle XVIII, quan les habitacions s'havien d'escalfar amb brasers i amb escalfapanxes, i difícilment passaven de 18 o 20°. Un vi que no pugui oferir-nos un "bouquet" fi, no patirà massa si el servim refrigerat. Amb més raó, si està també mancat de sabor, ja que les papil·les gustatives esdevenen insensibles, amagades com estan les seves sensacions per la major intensitat de la sensació tàctil de fred.

Quan un negre ens el serveixen lleugerament massa fred, el podem anar escalfant gradualment, envoltant la copa amb els palmells de les mans. Sabrem quan estarà al seu punt anant fent flairades successives per a comprovar si la cessió aromàtica va adquirint més intensitat.

Els blancs, els rosats i els escumosos s'han de servir frescos, però no glaçats. Mai la fredor excessiva no ha d'amagar les aromes fines d'un vi. Els blancs del Penedès, d'Alella, i del camp de Tarragona, els rosats de l'Empordà i de l'Alt Camp i de la Conca de Barberà ens donaran de si allò que tenen de millor, servits entre 6° i 10° de temperatura. Mai, més glaçats.

El millor sistema per mantenir-los a aquesta temperatura és servir-los dins d'un cubell, submergint l'ampolla en una barreja d'aigua i de glaçons; perquè s'ha de saber que una ampolla de vi treta de la nevera a 6°, per exemple, i posada damunt de la taula, en una habitació que està a 20°, tarda només 10 minuts a posar-se a 12° o 13°.

Per tota mena de vins, és bo deixar uns minuts l'ampolla oberta (5 o 10 minuts) abans de servir. D'aquesta manera, les substàncies aromàtiques impregnen l'aire dels voltants, i la sensació olfactiva és més intensa i pura. Igualment recomanem no tenir pressa a posar-nos el vi a la boca, quan ens el serveixen a la copa. Cal deixar que es formi una auréola d'aromes.

Quin tracte cal donar a les ampolles de vi

A diferència del que es diu de les mosses de l'ambient "canaille", i dels barris baixos, les ampolles de vi no volen un tracte brusc i violent, sinó que demanen un tracte delicat i suau, com el que agradava a les romàntiques jovenetes de principis de segle.

Intentarem indicar en què ha de consistir aquest tracte, a l'hora de servir una bona ampolla de vi a un grup d'amics.

La nostra relació amb l'ampolla escollida ja comença en el moment d'anar-la a cercar a la cava o al rebost. Una primera ullada a l'etiqueta, i un deixar-nos o no seduir per allò que aquesta ens suggereix; una mirada a la càpsula d'estany o al tap; si supura o està molt florit, mal indici; una observació minuciosa a contrallum, per saber si està tèrbola o és brillant, etc... i la decisió final. Escollir-ne una. Alerta! no la belluguem de la posició horitzontal amb què l'hem guardada. Si ha fet pòsits naturals, aquests no convé que es barregin ni que es dispersin. Disposem-la pausadament en una panera horitzontal, si és un negre de classe, o adrecem-la lentament i amb precaució si es tracta d'un blanc o d'un rosat. Ara ve tota la preparació amorosa. Aquella ampolla s'ha de posar a to. Ambientar-la fins que es posi a 18 o 20°, a la temperatura de l'habitació però de manera gradual, mai bruscament, com podria fer-se posant-la prop d'un radiador o d'una estufa; o bé refredant-la en un bany d'aigua i glaçons, si es tracta d'un rosat o d'un blanc joves. Mai posant-la al congelador a màxima potència. Aquest és el moment, també, de mostrar-la als nostres amics, i de presentar-la als seus futurs degustadors.

I arribem ara a una operació molt delicada. Com l'hem de destapar?

Primer cal coronar la càpsula, i per a fer-ho, hem de tallar-la per sota del sortint de vidre, que els brocs de les ampolles de vi tenen. L'objecte d'aquesta precaució és evitar tot contacte entre el vi sortit del broc en ser servit a les copes i els metalls o materials de què estan fetes les càpsules.

Ja tenim a la vista la superfície superior del tap. Ens ha d'aparèixer seca i neta, o com a màxim lleugerament florida, si ha estat guardada en lloc humit, però no ha de traspuar, perquè si ho fes, no tindríem cap garantia que aquell vi sigui bo. Ara necessitem un instrument: el tirabuixó.

Més endavant, parlarem de les característiques que aquest cal que tingui, però ara direm que, amb decisió i sense dubtes, cal clavar-lo al suro tou al bell mig del broc de l'ampolla.

Pensem que no és un instrument perforador, sinó un instrument extractor. En clavar-lo, no s'ha de fer pressió cap endins, per tal d'evitar que el tap se'ns escoli cap a l'interior de l'ampolla, en lloc de conduir-lo cap a l'exterior. Quan el tinguem ben clavat –millor no acabar de perforar del tot el tap, per a evitar de fer caure partícules de suro al vi–, extreure lentament, evitant estrèpits sonors, propis de gent inexperta.

No cal dir que si tenim l'ampolla disposada en una panera horitzontal tota l'operació de destapar-la s'ha de fer sense moure-la d'aquesta posició; i no caure en la incongruència que hem vist fer a més d'un bon restaurant, d'obrir l'ampolla, posant-la bruscament en posició vertical, i un cop oberta, tornar-la a dipositar en posició horitzontal a la panera de servir. ¡Ignorància!

Una altra aberració que és corrent de veure en els nostres abundants restaurants "d'afarta-clients-tant-se-me'n-dóna-com" és la de fer penetrar el tirabuixó dins del tap, no fent girar el tirabuixó amb la mà, mentre es manté quieta l'ampolla, sinó al revés, és a dir, obligant l'ampolla a dansar una mena de vals amb giragonses, capaç de

A les pàgines anteriors veiem, a l'esquerra, ampolles catalanes antigues de vidre bufat i un gerro d'aram. Sense els bons artesans del vidre no hauria estat possible l'adveniment dels vins de qualitat (Museu del vidre, de Peralada).
A la dreta, la borgonyesa, la Rin, i la bordelesa, que són els models d'ampolla que han esdevingut clàssics per als vins de qualitat a Catalunya.

marejar i d'alterar el vi més fort i corpulent. Més ignorància!

Bé, ja tenim el tap a fora. Examinem-lo, ha de ser llarg, de bona qualitat, ha de presentar la cara interna –la que està en contacte amb el vi– impregnada, però sense pòsits ni cristalls, i si l'olorem discretament, ja ens pot orientar sobre la qualitat del vi. No ens descuidem d'eixugar amb un tovalló, o amb el mateix tap, si no en tenim cap a mà, el broc de l'ampolla. Moltes vegades, la pols i el florit de la cava s'hi enganxen, i poden comunicar gustos estranys de vi.

A l'ampolla que ja ha esta destapada se l'ha de deixar tranquil·la una estona, perquè es recuperi. Les aromes i els efluvis del vi que conté s'han d'acostumar a la nova situació, i, lentament, han d'anar traient el cap per damunt del broc de l'ampolla. Tinguem espera i deixem-los fer, que la nostra paciència es veurà recompensada. Ens entretindrem ara, abans d'entrar en l'operació de servir correctament els vins, a fer algunes consideracions referents als auxiliars que ens permeten gaudir dels vins: els tirabuixons, les copes, els taps, les ampolles, i també el porró.

Els tirabuixons

La imaginació i l'enginy dels fabricants ens permet d'escollir entre diversos tipus de tirabuixons.

Però només els clàssics es poden recomanar als afeccionats seriosos. Els clàssics, són aquells que, prescindint de quin sigui el sistema pel qual obtenen la força ascencional, tenen l'espiral de penetració feta a partir d'una agulla cilíndrica i fina, a la qual s'ha donat forma d'espiral regular. És a dir, els que tenen el seu eix de simetria en un espai buit entre les espires. No van tan bé –malgrat que són de la mena que se'n troben més–, aquells que tenen l'espiral obtinguda rebaixant gruix de metall, d'una barra gruixuda prèviament cilíndrica.

Es comprèn que l'adherència al suro

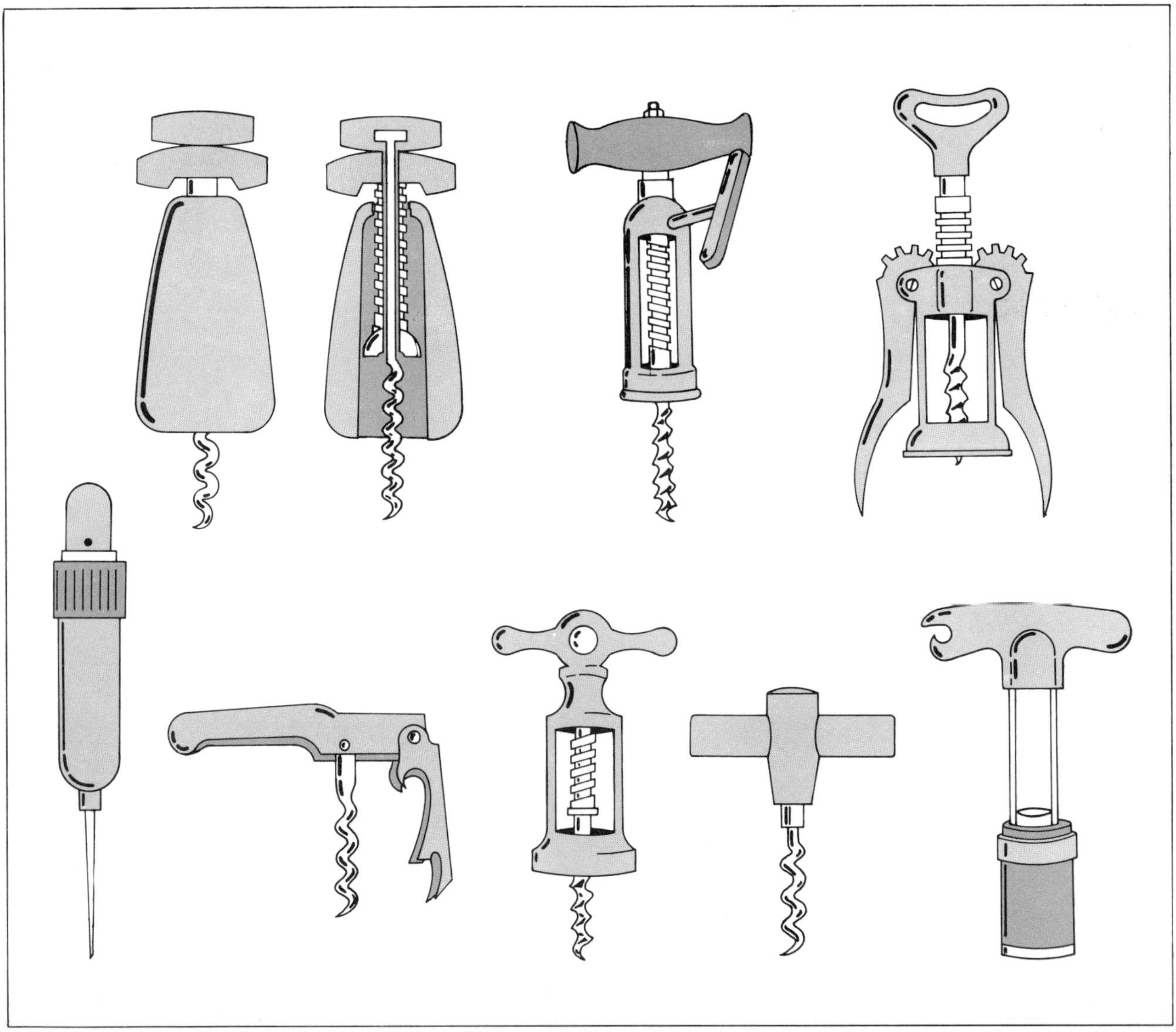

dels primers és molt més total que en els segons, que fàcilment actuen com a perforadors involuntaris del tap.

També són coneguts els tirabuixons basats en el principi de la bomba d'aire. Una agulla llarga i fina, perforada en el seu interior, travessa totalment el tap en sentit vertical, i pel conducte intern d'aquesta agulla s'envia aire a pressió, subministrat per un sistema de bomba d'èmbol, a l'espai de l'ampolla comprès entre el vi i la cara inferior del tap. A mesura que la pressió va augmentant, el tap va sortint.

No ens sembla un procediment recomanable, perquè això de fer penetrar aire a pressió damunt d'un vi delicat, a més de diluir considerablement les seves aromes, els fa fugir per la brusca diferència de pressió que es produeix, entre interior i exterior, en el moment de saltar el tap.

Un altre sistema, al qual, des del punt de vista de la possible alteració de la qualitat, no hi ha res a dir, és el dels tirabuixons formats per dues fines làmines metàl·liques en disposició paral·lela que s'introdueixen en posicions diametralment oposades, entre la superfície lateral del tap i la interna del vidre del coll de l'ampolla. Després, amb hàbils moviments de rotació, s'aconsegueix extreure el tap. Aquest sistema, però, a més de limitat, –no serveix per a ampolles de colls de diferent diàmetre–, és insegur i vol una considerable habilitat per part de l'usuari.

El porró

No podem parlar dels auxiliars que ens ajuden a complaure'ns del vi sense referirnos a aquest adminicle, tan familiar a casa nostra. Beure amb porró i, en general, beure a galet és còmode, útil i convenient, quan es tracta simplement de beure; però és un gran error quan es tracta d'assaborir, de degustar.

Per tant, reservem el porró i la boteta, per a les fontades a l'estiu, per als aplecs, o per al consum diari de vins d'estar per casa, o sense pretensions, però mai no ens passi pel magí fer-los servir per a vins de classe. Cap dels mecanismes subtils i delicats que tenim situats al paladar per a fruir sensorialment de les característiques d'un bon vi no podria actuar plenament si el beguéssim a galet. No es tracta d'empassar-nos el vi de pressa, sinó que es tracta de delectarnos amb calma, i de degustar-lo bé.

Les ampolles

Potser el recipient més antic dels que s'han usat per a contenir vi és el bot. Dues pells de cabra, ben assaonades i unides entre si, formen una mena de bossa, que s'omplia de vi i adquiria un volum turgent i arrodonit.

El pobles nòmades del temps dels patriarques bevien vins guardats en bots, amb gustos de reïnes i de cuir. La boteta de vi, encara en ús avui dia, n'és un apèndix actual.

Els egipcis, grecs i romans varen usar àmfores a tort i a dret. El comerç i el tràfic de vi es feia exclusivament amb àmfores. També s'hi feia l'envelliment, i per això eren tapades amb màstic i altres reïnes, però la porositat de la ceràmica no fa d'aquesta matèria la ideal per a envellir vins.

L'ús de la bota clàssica, formada per dogues corbades, unides als fons per cèrcols de castanyer, sembla que va ser introduït al món romà provinent dels pobles gals que habitaven l'actual territori de Provença i Llenguadoc.

Sempre, però, des dels temps dels egipcis i dels romans, passant pels bizantins, a l'Europa medieval, i sobretot a la refinada Venècia, s'han fet servir ampolles de vidre, més o menys fi, per a servir els vins. Dels acreditats forns de Murano, prop de la ciutat dels canals, o bé de les mans dels artesans de Praga, és fama que sortien obres dignes d'admiració. Però el descobriment de l'efecte que la conservació en una ampolla tapada amb suro té sobre la qualitat del vi és recent. Aquest descobriment tan important va ser degut a la confluència de tres factors. Primer, el mercat consumidor en auge creixent de riquesa i d'exigència de qualitat, de la societat aristocràtica–burgesa, de l'Anglaterra dels anys 1650 a 1750. Segon, l'existència de dos tipus de vi, que es disputaven els favors d'aquesta societat, els productes dels quals intentaven superar-se en la qualitat, de la mà dels negociants anglesos. Eren l'Oporto, del nord de Portugal, i el "New French Claret", provinent de l'actual zona de Bordeus. Tercer, les exportacions de taps de suro de Catalunya, que permetien tapar degudament les rudimentàries ampolles de vidre.

La interacció d'aquests factors va fer possible el descobriment per a la humanitat de la gran millora de qualitat intrínseca que l'envelliment, ben menat, és capaç de proporcionar a alguns vins. Fem un acte mental de reconeixement a tots aquells homes que, amb el seu rigor i el seu treball ben fet, ho van fer possible.

Les ampolles tipus garrafa, que al principi eren panxudes i curtes, van anar evolucionant fins a esdevenir cilíndriques per a facilitar així la seva estiba horitzontal per a la conservació al llarg del temps. Van ser els criadors d'Oporto els primers a fer estibes d'ampolles. Avui dia, a Catalunya, s'usen les ampolles de forma clàssica, que són les bordelesa, la borgonyesa i la Rin, i la de xampany, i a més alguna ampolla de fantasia, i no hi ha cap norma especial per a usar una o altra per segons el tipus de vi.

En general, els vins seriosos ens són presentats en ampolles clàssiques. Les ampolles de fantasia més aviat ens han de posar en guàrdia, perquè volen ser un subterfugi comercial per a compensar una qualitat insegura.

Els continguts que la tradició ha establert per a les ampolles de vins nobles són: 720 cc. per a les anomenades ampolles de 3/4, i 350 cc per a les anomenades ampolles 1/2. També, com a curiositat més que com a tipus comercial, existeix el "màgnum" amb una capacitat de 1,5 l. Les altres ampolles, o són vins d'ús diari –presentats en ampolles d'un litre– o són fantasies comercials.

Les copes

Les actuals copes i vasos de vidre tenen una gran família d'il·lustres antecessors. Els "kylix" grecs, els primers recipients especialitzats a fer beure bon vi, les tasses de ceràmica, els corns de bou, dels pobles germànics, les copes i calzes de metalls nobles, són els precedents d'aquests auxiliars tan importants de tota taula i de tot bon afeccionat als vins. No entrarem, però, en l'interessant capítol de la història de les copes, perquè se'n podria escriure un llibre, i ens limitarem a fer unes consideracions sobre les copes actuals.

Convé de fer públiques unes quantes idees bàsiques sobre les copes, perquè hem observat al nostre país una gran desorientació sobre aquest punt. Primer ens cal dir que un bon vi sempre s'ha de beure amb copa. El vas, guardem-lo per a beure l'aigua, el refresc, o la cervesa. Per al vi, reservem-hi la copa. Però, ¿com ha de ser, una copa per a degustar un vi com cal?

Heus aquí una pregunta, la resposta de la qual pot ser útil als propietaris de restaurants i hotels, a les mestresses de casa, i a les joves parelles, a punt de casar-se, que vulguin escollir, per a la seva llista d'obsequis de noces, una bona cristalleria, més amb ganes d'utilitzar-la que no pas només de lluir-la. Però, sobretot, serà útil a l'autèntic afeccionat als vins de vocació tardana, que es troba amb uns instruments a casa seva inadequats al rigor i exigència amb què s'ha pres la seva afecció enòfila. Li caldrà renovar l'instrumental.

La primera característica que han de tenir les copes és la de ser blanques i transparents.

Per tant, res de copes verdes ni de coloraines, res de copes amb talles de cristall, res de copes amb dibuixos de fantasia. Les copes han de perdre importància davant del vi, i en tota degustació el personatge central ha de ser el vi. La copa no ha de posar cap obstacle perquè els nostres sentits, principalment la vista, puguin rebre plenament tots els estímuls que del vi provinguin. La personalitat d'una copa ha de ser conseqüència de la seva finor, de la qualitat del vidre o cristall, i de la seva elegància de formes, dins de l'ortodòxia, però no de qualsevol altra fantasia, per més valuosa, com a obra artística, que aquesta sigui. No sabem d'on ha tret, tanta gent de casa nostra, el costum erroni de servir els vins blancs de l'Empordà, d'Alella i del Penedès en copes verdes. Recomanem als bons afeccionats que lluitin amb tenacitat contra aquest mal costum, i es neguin sempre que els sigui servit el vi en una copa que no sigui ben blanca i transparent, i més el vi blanc, del qual cal admirar precisament els reflexos daurats o verdosos i l'aspecte límpid i clar.

La segona característica és que han de tenir prou capacitat, perquè uns 60 cc de vi les ocupin només en les seves dues terceres parts.

Hi ha d'haver des de la superfície del vi fins a la vorera de la copa un espai suficient perquè les aromes i els "bouquets" quedin en certa manera continguts per les parets del vidre, i perquè es pugui fàcilment donar un sentit de rotació lent al contingut, sense que aquest es vessi.

La tercera condició és que tinguin un peu alt i fi. La mà i els dits no han de tocar més el cos de la copa. Sempre s'han de dirigir al peu. Aquesta és la principal missió del peu de la copa, precisament evitar que la mà ens pugui tapar o desnaturalitzar el color del vi, i alterar-ne l'aroma o la temperatura. Però si fem cas de les nostres observacions particulars, i contràriament al que es podria pensar, no deu ser gens natural agafar la copa pel peu, ja que moltes persones agafen matusserament el cos de la copa a tota mà. Els que fan això cometen la mateixa barrabassada que si, per a olorar una rosa, l'agafessin prement amb els dits els delicats pètals de la flor.

La quarta condició és que les copes han de tenir la boca d'un diàmetre menor que el de la seva base. És a dir, que han de tenir tendència a tancar-se. L'experiència ha demostrat que així s'obté una aroma més concentrada, ja que la inclinació de les parets obliga les molècules aromàtiques que es desprenen de la superfície a anar cap al centre de l'obertura i, a més, aquest tancament de la part superior permet agitar millor el contingut, sense perill de vessar-lo.

De totes maneres, la boca de la copa ortodoxa, tot i essent més estreta que la base, ha de ser prou espaiosa per permetre que el degustador hi pugui posar còmodament el nas. Posar-hi el nas és molt important, en qualsevol afer que ens afecti, però en la degustació de vins és essencial, i algunes copes que hem vist exageren tant el tancament de la boca que quasi no permeten de fer-ho.

I per fi hem de consignar aquí un defecte de les copes, en el qual poden caure les millors famílies: els "falsos gustos". Els detergents, les aigües massa clorades, els vernissos, pintures o materials dels armaris on es guarden, poden comunicar a les copes gustos estrafolaris, que sorprendran el millor degustador de vins. Però, sobretot, són els eixugamans o draps de neteja que s'usen per a assecar les copes després de rentar-les, els quals, mal esbandits, mal assecats, o simplement per haver abans eixugat coberts o plats encara impregnats per certs aliments (ous, peix, salses, etc.), comuniquen a les copes certes flaires pudents, que desgraciadament impregnen irremeiablement el vi. Val la pena, doncs, abans d'usar una copa, o abans de posar-les a la taula per als amics, de comprovar prèviament la seva total neutralitat olfactiva, condició imprescindible perquè hi lluei xin totes les presumibles subtilitats del "bouquet" d'un vi de classe.

Cada època ha donat la seva resposta a la necessitat humana d'apropar-se el vi al nas i a la boca. Copes catalanes del Museu del vidre de Peralada (segle XVIII).

El disseny d'aquestes copes les fa correctes per a la degustació de vins.

Compleixen totes les condicions necessàries:

- Cap obstacle visual per a la percepció de l'aspecte del vi.
- Capacitat suficient perquè uns 60 cc de vi les omplin només en unes dues terceres parts.
- Peu llarg i fi, perquè els dits de la mà el puguin agafar bé.
- Boca més estreta que la base del cos de la copa, perquè es concentrin les aromes o "bouquets" del vi.
- Però boca amb el diàmetre suficient perquè el nas del degustador pugui exercir bé la seva feina.

Les copes són l'instrumental del tastavins.

Els taps

Diuen que va ser Noè qui va descobrir el vi, però en tot cas va ser el tap de suro qui el fa fer bo, perquè només ell permet l'envelliment.

La prova de les grans virtuts del tap de suro s'ha pogut fer aquests darrers anys, quan algú ha intentat usar taps de plàstic i metàl·lics per a envellir vins. Resultat negatiu. Aquests procediments es poden usar per a vins destinats a ser consumits al cap d'unes setmanes màxim, o en vins corrents i d'ús diari, però, per a tots els altres vins, hem de seguir la tradició i continuar usant el suro.

El tap de suro és històricament una aportació catalana a la lluita de la humanitat per aconseguir més qualitat en els vins. A Catalunya va ser on, per primera vegada, es va usar el tap de suro per a tapar ampolles. L'ofici de taper, amb les seves eines específiques i la seva organització gremial, ben típica de les comarques de la Selva, el Gironès i l'Empordà, és fruit d'una demanda comercial i d'una font de matèries primeres. La demanda comercial, la constituïen tots aquells que tenien la necessitat de tapar ampolles o altres recipients; la matèria primera, eren i són, encara, les

llenques d'escorça tretes dels boscos d'alzina surera, propis d'aquelles contrades.

Una bella llegenda diu que dom Pérignon, el cèlebre monjo d'Hautvilliers, descobridor del xampany, havia fet abans una estada al monestir de Sant Pere de Roda, a l'alt Empordà, on va aprendre l'ús del tap de suro, sense el qual és impossible fer el daurat vi escumós.

A Europa, l'ús regular del tap de suro no el trobem fins al segle XVII. Anteriorment, per a tapar els recipients de vi, s'usaven taps de fusta forrats de draps, d'arpillera o de boga, que no aconseguien mai de ser, alhora, barrera, pulmó i filtre, com és el tap de suro. Per als grans vins, que s'han de conservar molt de temps, són imprescindibles taps llargs, nous i de suro de primera qualitat. La qualitat del suro, no la marca l'aspecte extern –que és secundari–, sinó que la determina el "venatge", és a dir, la més o menys amplada d'entremig de les estries del suro, que corresponen a la joventut o vellesa segons les successives capes de creixement de l'escorça. Els taps per a vins que s'han de consumir joves, de "venatge" espaiat i ben elàstics i tous. Els taps per a vins que s'han de guardar temps, de "venatge" espès i de suro dur.

El servei dels vins

Repassats ja els principals elements que col·laboren a fer possible la degustació d'un bon vi, reprendrem la narració, al punt on l'havíem deixada en l'apartat referent al tracte que s'havia de donar a les ampolles.

Bé, tenim l'ampolla oberta; ¿com cal procedir ara?

Cas dels vins que no fan pòsits

En aquest cas, en el qual es troben la totalitat dels nostres blancs i rosats, i la majoria dels nostres negres, el procediment recomanat és molt senzill.

Si és un blanc o rosat, deixar l'ampolla dins del cubell amb glaçons, uns 5 o 10 minuts, i, si es tracta d'un negre, deixar-la oberta, també uns 5 o 10 minuts.

Netejat el broc, se serveix primer a una copa auxiliar, perquè amb el primer vi servit ens marxin les partícules de suro, de pols, etc..., que hagin pogut quedar al coll o a la superfície del vi, i seguidament es va repartint el vi entre els amics, tenint cura de no omplir les copes, sinó de deixar-les a les tres quartes parts de la seva capacitat. Ja només cal brindar discretament a la salut dels presents.

Cas dels vins que fan pòsit

Aquest és el cas d'alguns grans vins molt envellits, o també el d'alguns Priorats, o fins i tot d'Empordanesos, que per la seva riquesa en matèria colorant acostumen a fer un pòsit natural. També acostuma a ser el cas dels vins rancis.

Tenim dues opcions. La cistella inclinada de servir, o la decantació.

La cistella inclinada de servir, és aquell dispositiu que permet de mantenir l'ampolla en posició tendint a l'horitzontal, per tal que el possible pòsit que s'ha format en l'envelliment de les ampolles, a la cava, es mantingui reunit i no es dispersi, enterbolint el vi.

No cal que aquestes cistelles siguin precisament cistelles de vímet; poden ser de ferro, de ceràmica, de fusta, etc..., però s'anomenen cistelles o paneres de servir els vins. En omplir les copes amb la cistella, hem de tenir en compte de no inclinar-la massa per a evitar el pas del solatge a les copes. L'altre procediment –que té partidaris i detractors– és la decantació.

S'entén per decantació l'acte de trasbalsar el vi contingut en l'ampolla que ha estat envellida a la cava, i que presenta el solatge, a una altra ampolla–, d'aquelles artístiques, de forma elegant i amb tap esmerilat, que servirà exclusivament per a lluir a la taula i servir el vi.

En fer aquest trasbals, el pòsit ha de quedar retingut a l'ampolla original, i passar a l'ampolla de servir només el vi clarificat.

La decantació és defensada per molts afeccionats, com una operació que, amb l'aeració i el brusc contacte amb l'oxigen que suposa per a un vi que ha estat un temps llarg en una atmosfera empobrida d'aquest element, se n'afavoreix el "bouquet".

La nostra opinió és que, en tot cas, aquesta no és una qüestió demostrable. Per a nosaltres, es tracta més que res d'una cerimònia de bon to, una mica esnob, i que, a més de permetre eliminar el solatge del vi, és molt espectacular si es fa, observant la transparència del coll de l'ampolla per on raja el vi, a la llum d'una espelma, per tal d'evitar el pas dels pòsits, fent, al moment oportú, un enèrgic moviment de mà.

Ens cal dir aquí, encara una altra vegada, que els pòsits i solatges naturals del vi no són cap desgràcia, sinó, més aviat al contrari, són conseqüència de l'afinament dels vins produït per una llarga criança en ampolla.

Una altra cosa són els pòsits conseqüència de malalties del vi, que es distingeixen fàcilment, perquè són floculosos, i clars, i no cristal·lins o en escames com són els naturals, però aquests només es presenten en casos escadussers essent els simplements naturals els més corrents.

El suro, un noble material aliat dels bons vins.

Saber treure partit d'un restaurant

Un restaurant no és cap oficina burocràtica i reglamentada, encarregada de distribuir aliments i begudes confeccionats. Si en volem treure partit, hem d'entrar-hi amb el ferm propòsit d'humanitzar al màxim la relació entre nosaltres i les persones que ens hagin d'atendre.

Les bones decisions són les que es prenen fonamentades en un abundant coixí d'informació. Fem, doncs, que el cambrer –o millor la mestressa– ens parli amb abundància. La informació s'obté fent parlar la gent, i la gent se la fa parlar preguntant amb habilitat i simpatia. Si el "contacte" ha tingut tant d'èxit que us és possible d'entrar a la cuina, i dialogar amb el cuiner o amb la cuinera, i sabeu, amb una sàvia dosificació d'elogis i de demostracions verbals mig insinuades de la vostra sensibilitat i competència en la matèria, despertar el seu desig d'emulació professional, o simplement, tan sols que li aparegueu com un client particularitzat –¡deu ser molt trist, per als bons cuiners, d'haver d'alimentar els estómacs de persones a qui no han vist la cara!– ja teniu el 80% de l'afer salvat.

El millor lloc per a escollir el menú és dins de la cuina. Veurem si la mitjana de vedella és realment fresca; si el farcit dels canalons és de la primera volada, o és ja reenganxat; veurem si les salses i les picades són com han de ser. És clar que tot això, l'hàbit i el costum, us ha d'ensinistrar a copsar-ho d'una ullada, a intuir-ho gairebé, mentre que en realitat estem, per exemple, elogiant la mestressa que fa de cuinera per l'acolorit i la frescor de les seves galtes, o bé estem felicitant el cuiner, per la bona olor que fa l'olla que té al foc.

Però cobriu sempre la retirada. ¡Déu ens guard d'un ja està fet! No us precipiteu. La virtut més apreciada d'un afeccionat als vins i als menjars, que entri en un restaurant per primera vegada, ha de ser la de saber-ne sortir. Si no us acaba de fer el pes la manera com les coses se us van presentant –cambrers secs i rabiüts, encarregats sense humor, cuiners bruts... retireu-vos sense fer soroll i... bon vent i barca nova!

Però als colpits de veritat per l'amor als bons vins, als afeccionats que "van per nota" en la seva carrera d'enòfils (amics del vi) els proposarem encara tota una altra tàctica, que ens sembla millor.

Es tracta d'actuar segons el principi logístic de la *prioritat del vi.*

És a dir, dirigir tota la nostra atenció i esforços, abans d'altra cosa, a escollir el vi, que serà l'eix sobre el qual girarà tot el nostre menú.

Si l'amable lector coneix la ciutat de Milà, i s'ha entretingut a anar a admirar la Santa Cena, de Leonardo da Vinci, potser quedarà sorprès en veure que aquesta obra d'art està exposada en un edifici sense massa pretensions i més aviat separat del centre de la ciutat, en una barriada modesta.

Però, quan s'és a dins, la visió d'aquella obra d'art, situada al fons d'una austera sala, ennobleix l'edifici i la barriada, amb la potència de la seva qualitat.

Amb els vins passa una cosa semblant.

La presència d'un gran vi transforma l'àpat més senzill en una gran festa. En canvi, és una mena d'insult acompanyar un gran plat amb un vi ordinari.

Doncs bé, si som conseqüents, el primer objectiu que ens hem de proposar en entrar a un restaurant per primera vegada no ha de ser visitar la cuina, sinó visitar la cava.

I això és important, perquè l'experiència ens diu que les informacions de més interès no estan gairebé mai consignades a la carta de vins.

Entrar a la cava, amb l'encarregat, o amb el "sommelier" entès, ens permetrà saber què són aquelles ampolles, plenes de pols i teranyines, d'aquell racó, o què són aquelles ampolles aflautades el contingut de les quals sembla que brilla tant, o simplement, descobrir-hi l'existència d'unes poques unitats de l'anyada que amb tant d'afany contingut anem buscant, que s'han anat quedant a les files del darrera del prestatge. Ah! ¡que se'n poden trobar, encara, de sorpreses, a les caves i als rebosts on es guarden els vins embotellats, als restaurants!

¡Molts d'ells, semblen encara tan verges per a fer-hi troballes, als ulls dels bons afeccionats, com ho eren fa 15 o 20 anys les golfes de les cases de pagès per als afeccionats a antiquaris! Bé, però suposem que ens és impossible visitar la cava dels restaurants, i hem d'escollir el vi basant-nos en la carta de vins que ens ofereix el cambrer o el "sommelier".

Prenguem-nos-ho amb calma. Reflexionem-hi. Pensem que un bon vi fa estades de 3 a 10 anys a l'ampolla. No li vindrà d'uns instants més. Parleu de vins amb el "sommelier", oïu el seu parer, cercioreu-vos de si els criteris amb què jutja els vins són els mateixos que els vostres, considereu si el seu consell pot ser interessat o no... i finalment feu el que us plagui, i escolliu l'ampolla que més us hagi convençut. Pregunteu sempre si hi ha alguna cosa interessant que no estigui consignada a la carta; circumstància molt corrent, perquè a la carta de vins només s'hi posa allò que hom té en existència per a vendre, mentre que els racons de cava antics –moltes vegades ignorats per algun propietari poc ordenat– no hi acostumen a constar.

Quan tingueu l'ampolla escollida, bastiu-hi el menú al voltant.

Un bon negre mereix ser servit amb tota cura.

Per unes cartes de vins més racionals

Un bon consell que donaríem als responsables dels restaurants amb el desig de superació, seria que aprofundissin més que no pas fins ara en totes les qüestions que fan referència als vins.

Una cava ben disposada –no cal que sigui subterrània, però sí que sigui fresca i fosca, unes existències ben equilibrades, i sobretot, una presència molt més completa, dels bons vins de les Denominacions d'Origen Catalanes. És una trista experiència la dificultat que hi ha a la majoria de restaurants amb una mica de cara i ulls de Catalunya per trobar una bona representació dels principals vins de les diverses contrades catalanes.

La majoria d'afeccionats als vins, quan viatgen, es deleixen per tastar els vins nobles de la zona; doncs bé, aquest desig normal i digne topa amb dificultats precisament allí on tot haurien de ser facilitats perquè es pogués acomplir. Incúria? Ignorància? Mala voluntat? No ho sabem, però cal reparar aquesta deficiència.

Un bon camí, seria disposar d'acord amb un nou ordre les cartes de vins dels restaurants de casa nostra. I aquest podria ser,:

a) Vins catalans
Emparats per Denominació d'Origen

Penedès	Marca	Anyada	Preus
Empordà			3/4 i 1/2
Priorats			

Alella
Tarragona
Terra Alta
Conca de Barberà
i d'altres...

b) Altres vins

Emparats per Denominació d'Origen

–Rioja
–Jumilla
–Carinyena
–etc...

Altres
Estrangers

–Borgonya
–Alsàcia
–Bordeus
–Rin
etc...

c) *Vins escumosos*

I això per als vins blancs, rosats i negres, per separat. D'aquesta manera, el client consumidor s'orientaria molt millor i, per tant, el gust i l'interès pels bons vins es veuria afavorit.

Tenir exposades les ampolles, per tal que el client pugui tocar-les físicament i llegir-ne l'etiqueta, seria també una bona promoció per als vins de casa nostra.

Les etiquetes dels vins

Segons aquell madrileny simpàtic i enginyós que era l'escriptor Ramón Gómez de la Serna, hi ha dues mirades furtives que es produeixen sempre al moment d'asseure's a la taula, per a un banquet; l'una al generós escot de la dama que t'ha tocat tenir al costat; l'altra a l'etiqueta de l'ampolla de vi que t'ha tocat tenir més a prop.

Ja cal que s'hi llueixin, doncs, els dissenyadors d'etiquetes de vins, perquè la competència d'alguns generosos escots sempre serà molt difícil de vèncer.

"El vestit no fa la cosa, tan se me'n dóna, de la presentació, si el vi és bo". Aquest pensament, que és molt corrent a casa nostra, és fals, perquè, a no ser que se sigui capaç de sentir les aromes del vi a través del vidre de l'ampolla –i encara no he trobat ningú capaç de fer-ho– ens hem d'acontentar amb l'etiqueta, que ens pot orientar sobre moltes coses referents al vi del qual pregona el nom i els responsables.

El degustador ha de veure en les etiquetes, més que una ornamentació i una fraseologia generalment barroca, una mena de "carnet d'identitat d'aquell vi". En efecte, a l'etiqueta hi ha de trobar el nom, aquella paraula o conjunt de paraules, que li han de servir en altres ocasions per a identificar aquell vi. És molt important que els noms dels vins catalans siguin noms catalans. És un senyal de pobresa espiritual i de baix mercantilisme batejar un vi de casa nostra amb noms com ara "Chateau les Grenouilles" o bé com ara "Torero furibundo". Aquestes coses denoten falta de serietat, i sense serietat no es pot fer mai un bon vi. Hi trobarà també el lloc de naixement. La localitat o contrada, d'on aquell vi és fill. Quan el vi és de casta noble, l'origen geogràfic –que suposa unes característiques determinades i fixes per a aquell vi– es pregona destacadament en l'etiqueta; tant és així, que per als vins emparats per denominacions d'origen el nom d'aquesta i fins i tot el distintiu o ensenya gràfica de la denominació consta a l'etiqueta.

També hi ha de trobar la data de naixement. És la xifra de l'any, a la tardor del qual es va fer la verema que originà aquell vi. És una indicació important, perquè d'una banda permet saber-ne l'edat, i per l'altra, com que no hi ha cap collita igual, permet d'identificar un determinat tipus de vi, corresponent a una determinada anyada.

Però als nostres vins, amb això de la data de naixement, els passa un fenomen semblant però invers al que passa a les bones senyores de casa nostra. Així com, aquestes, mai no volen aparèixer als documents públics amb edats superiors a quaranta anys, molts dels nostres vins llueixen artificialment venerables edats matussalèmiques.

¡Amb raó deia no sé qui que, potser, el millor lloc per a envellir un vi no era pas una cava o un celler, sinó un taller d'impressor! Cap vi que es vulgui acreditar no ha de permetre's aquestes lleugereses falsament comercials, que només condueixen al desprestigi. ¡Fins fa poc encara es podien trobar pels restaurants ampolles d'una denominació d'origen no catalana, amb etiquetes datades 1928! ¡També són ganes d'enganyar la gent!

Un altre mal costum, que conserven alguns elaboradors a casa nostra, és posar a les etiquetes uns enigmàtics "Embotellat el 3r any", "4t any" o "5è any". Aquesta expressió, si no s'acompanya de l'any autèntic de naixença, no vol dir res, ni orienta gens sobre la vertadera edat d'aquell vi.

Cal dir que, per als blancs i rosats joves, que s'han de beure dins de l'any següent de ser veremats, no s'acostuma a posar anyada, perquè ja tothom sobreentén que són vins de l'any. Però així i tot, s'hauria de posar. Unes altres indicacions, que l'afeccionat hauria de trobat en totes les etiquetes de vi noble, són el nom del pare i de la mare, tal com es troben en qualsevol carnet amb cara i ulls. El nom del pare, ja s'hi troba correntment. Ve a ser l'entitat que se'n responsabilitza. El celler, la firma, la Cooperativa, etc..., que l'ha engendrat, i que ha fet possible que arribés, embotellat, a les nostres mans.

En canvi, el nom de la mare –potser per una reminiscència de masclisme encara no del tot foragitat de les nostres pecadores ments llatines– no s'acostuma a trobar a les etiquetes de vins catalans, ni, val a dir-ho, dels vins llatins en general. En canvi, sí que es troba a les etiquetes dels vins centreeuropeus o anglo-saxons. Ens referim –ja ho haureu suposat– al nom de la varietat de raïm principal de la qual està fet aquell vi.

La nostra opinió és que farien santament els nostres elaboradors posant-ho a les seves etiquetes, perquè així es donaria una informació suplementària als afeccionats de debò.

Però, no només això ens ha d'indicar una etiqueta, sinó que de més a més moltes ens donen una sèrie de detalls, sobre les característiques del vi –negre, blanc, rosat, perlat, àcid, etc...–, i sobre el tipus d'educació i criança que ha rebut, en barriques de roure, en tines, a la cava, embotellat, etc... i encara, sobre les seves mesures numèriques personals, com es fa a les "vedettes" amb el perímetre de malucs, cintura i bust. Són la graduació alcohòlica que ha de constar obligatòriament, si el vi no és de Denominació d'Origen; el contingut de l'ampolla i el Nº de registre de la planta d'embotellat.

Per fi, en moltes etiquetes, trobarem també precioses indicacions, sobre la millor manera de degustar el vi, il·lustrantnos sobre si s'ha de prendre fresc o atemperat, o si és vàlid per a acompanyar marisc o caça. En fi, que val la pena sempre de llegir amb deteniment una etiqueta d'un vi, encara que la informació útil l'hàgim d'extreure generalment d'una enfarfegada palla, que certes vegades es remunta fins als temps històrics dels grecs i dels romans, que resulta –quina casualitat!– que quasi ja conreaven les vinyes d'aquella finca, i bevien els vins d'aquella marca determinada. ¡Per favor, senyors embotelladors de vins de classe, més serietat en els textos i informacions de les vostres etiquetes! No es tracta només de complir la legislació, sinó simplement de donar als vostres clients el tracte digne i verídic, al qual té dret tota persona normal.

Unes petites observacions sobre l'estètica de les etiquetes. Un excel·lent equip de vinicultors que poden tenir un gust exquisit per a tot allò que fa referència a la qualitat del seu vi poden tenir perfectament un equip de "marketing" o un responsable del disseny d'etiquetes d'un mal gust estètic considerable. El que menys importància té d'una etiqueta és la seva vistositat. Tot negociant de vins embotellats sap que cal fer etiquetes boniques i que cridin l'atenció, perquè el públic no iniciat i poc coneixedor agafi precisament les seves ampolles del prestatge del supermercat, o de la botiga de vins. L'experiència ens diu que el bon afeccionat, quan vegi una presentació amb molts daurats, escuts i faramalla, farà bé de malfiar-se'n, perquè la manera de vendre car un vi ben ordinari és aconseguint una etiqueta rica i elegant que sigui capaç d'atraure les mirades i les mans dels compradors. L'etiqueta com cal, ha de treure la seva elegància de la sobrietat, i la seva missió ha de ser informativa més que de motivació de vendes.

NOM
del
VI

Lloc de naixement
(indicar si és D.O.)

Escut de la D.O.
(si ho és)

ANY

Entitat elaboradora

Varietat de raïm principal (o varietats que el composen)
(Característiques del vi: criança, de qualitat, de taula, negre, blanc, rosat, dolç, especial, etc.)

Graduació
(Si no és D.O.)

Contingut — Nº embotellador

Els principals elements informatius d'una etiqueta.

Nota de l'autor –Redactades ja aquestes línies, recentment, per l'Ordre ministerial del 1r d'agost de 1979, s'ha regulat legalment l'ús de determinades expressions a les etiquetes dels vins. Si aquesta disposició es du a la pràctica, en un futur no gaire llunyà el consumidor estarà molt més orientat que no pas ara sobre la qualitat i personalitat del vi que, en cada cas, pregona una determinada etiqueta. Les expressions regulades són: Vi de Criança, distingint entre Criança, Criança en fusta, Criança en roure, Criança en ampolla, Criança d'anyada, entre d'altres. També és regulada l'expressió Vi Noble, així com Vi Vell, Reserva i Gran Reserva. Cada una d'aquestes designacions, per poder constar a l'etiqueta, ha de justificar-se amb una sèrie de requisits que aquell vi ha de complir. Teòricament, sobre el paper, s'haurà acabat l'anarquia actual que, en deixar totes aquestes qualificacions a l'albir dels embotelladors, perjudicava les firmes honestes i desorientava el consumidor.

Totes les concepcions artístiques i totes les escoles de disseny, les podem trobar representades en l'aspecte gràfic de les etiquetes de vins d'arreu del món. Allò ideal seria que les etiquetes dels vins catalans, sense perdre cap d'elles la seva personalitat, trobessin una subtil unitat mitjançant les característiques del disseny que les identifiqués i les singularitzés. Això és difícil, però no impossible, ja que els vins del Rin, els de Bordeus, els vins suïssos, generalment ho han aconseguit.

Heus aquí unes quantes etiquetes de vins de diversos països, de diferents dissenys, clàssiques i no tan clàssiques, que ens poden familiaritzar amb aquest aspecte del grafisme.

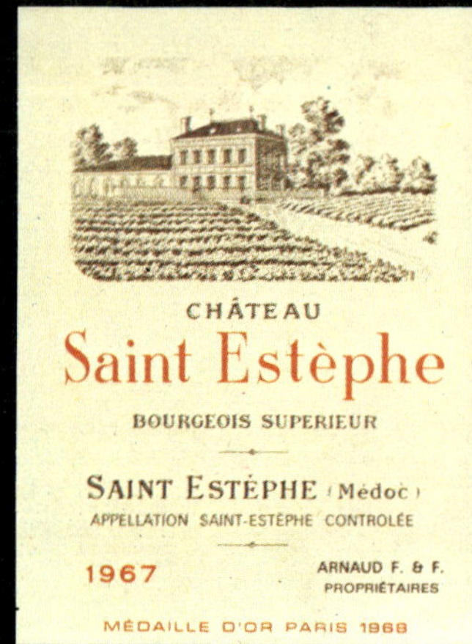

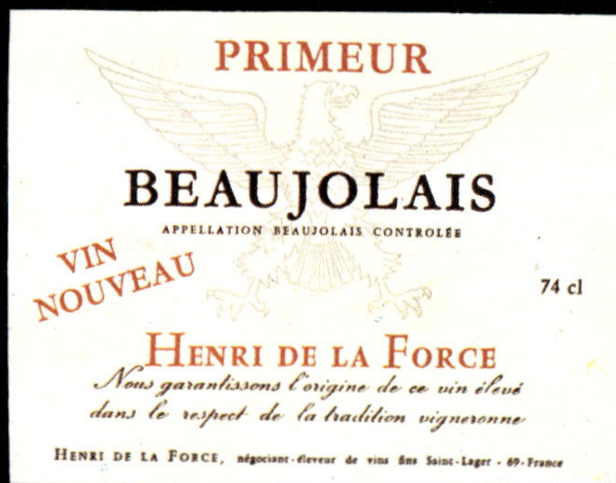

VBZ
ČSN: 567741
ŠMC: 19.— Kčs 1/1 lt
VELTLÍNSKE ZELENÉ
VINÁRSKE ZÁVODY, N. P., BRATISLAVA
ZÁVOD BRATISLAVA-RAČA
OTK

STERLING
VINEYARDS
Napa Valley
CABERNET SAUVIGNON
Grown, Produced and Bottled by Sterling Vineyards.
Calistoga-Napa Valley-California
alcohol 13% by volume

LIMITED 1977 VINTAGE
San Martín
CALIFORNIA
Sauvignon Blanc
This wine derives 62.9% of its volume from Sauvignon Blanc grapes from San Luis Obispo County, 19.3% from Sauvignon Blanc grapes from Santa Barbara County, 16% from Sauvignon Blanc grapes from Monterey County, and 1.8% from Malvasia Bianca grapes from Monterey County
Produced and bottled by San Martin Winery, San Martin, California
Alcohol 12 percent by volume

WEINGUT-WEINGROSSKELLEREI
Carl Reh · Leiwen / Mosel
1973er
Piesporter Michelsberg
Riesling - Kabinett
Amtliche Prüfungsnummer 3 907 029 227 74
MOSEL - SAAR - RUWER
QUALITÄTSWEIN MIT PRÄDIKAT

MOSEL · SAAR · RUWER
DUHR · CONRAD · FEHRES · TRIER · MOSEL
1966er
Piesporter Goldtroepfchen
naturrein
Wachstum Veit
Aus den Kellereien Duhr-Conrad-Fehres, Trier

Eisenhalder
H. Schlatter & Co., Weinbau + Kellerei, Hallau

APPELLATION ALSACE CONTROLÉE
Vin d'Alsace
HVH
DEPUIS 1639
GEWURZTRAMINER "HUGEL"
70cl
HUGEL ET FILS NÉGOCIANTS A RIQUEWIHR (HT-RHIN)
PRODUCE OF FRANCE

RHEINGAU
Erbacher Honigberg
Riesling
Eigene Abfüllung
Winzergenossenschaft e. G. m. b. H. Erbach / Rhg.

L'art de combinar vins i menjars

S'ha escrit molta tinta i s'han donat normes molt estrictes –sobretot sortides de l'esperit massa cartesià i amb tendència a les classificacions i correspondències burocràtiques del pensament gastronòmic francès– sobre quins plats casen amb uns determinats vins, i sobre quin vi s'ha de servir, perquè faci acord amb cada plat d'un menú.

Nosaltres, potser cedint una mica a aquella arrel libertària que diuen que tenim tots els catalans, som partidaris de trencar totes aquestes cadenes, i de tenir una única regla de conducta. La següent: Santa Llibertat! ¡Regar el plat que ens agradi amb el vi que ens plagui!

No es poden posar cotilles i limitacions al consum dels bons vins. No es pot espantar la Humanitat amb la por de fer el ridícul, perquè no encerti el vi que escau a un plat determinat. ¡No és lícit de posar obstacles psicològics i bastons a les rodes a l'acte generós i lúdic d'obrir una ampolla de vi!

Malgrat tot, ens veiem en l'obligació d'informar d'algunes observacions que l'experiència ha demostrat. Són aquestes:

L'aigua de mar afecta els vins negres i els fa agafar gust com de tinta (estíptic). Per tant, amb el marisc, que sempre conserva el regust d'aigua de mar, aniran millor els vins blancs. També els negres van malament amb la llimona que els apaga amb la seva acidesa; per tant, allí on hi hagi llimona, vins blancs. Les amanides –oli, vinagre, mostassa, espècies– no acostumen lligar bé amb cap mena de vi. Això només vol dir que el vi s'ha d'haver begut abans, amb l'aperitiu (un "cava" brut, un ranci sec). Quan hi intervenen les salses, aquestes predominen sobre els menjars. Per exemple, un bon negre envellit també va bé sobre una "bullabesa" de peix, si la salsa que l'acompanya és consistent, forta i sense llimona.

Un negre de classe pot patir davant d'un acompanyament de pèsols, faves o pastanagues, o bé davant d'un ànec amb peres o amb taronges (tot això més aviat de gust tirant a dolç); en canvi, aquí pot anar molt bé un blanc bastant generós i envellit, i fins i tot dolcet.

El destí dels grans negres són les carns, els rostits, les botifarres, els formatges i els pernils i embotits.

Tal com passa amb la decoració, dos principis han de guiar el gust personal de cadascú, en l'art de combinar vins i menjars. El principi de l'harmonia i el principi del contrast.

Per exemple. Amb algunes salses picants mexicanes, que anul·larien completament el cos d'un negre, potser escau millor la suavitat d'un blanc que en surt destacat precisament pel contrast. Sobre la qüestió de l'ordre en què han de ser servits els vins, s'accepta com a principi general el de "mantenir una progressió", de feble a fort.

No hi ha problema entre un blanc i un negre. Primer degustarem el blanc i després el negre. Tampoc no n'hi ha entre un negre corrent i un gran negre. Primer el normal, i després el de classe.

Però hi ha problema, quan hi ha diversos grans vins. Negres o blancs. Una solució, en aquests casos, és de servir els més joves primer. Però aquesta norma no és viable en tots el casos. Per exemple, un negre del Penedès envellit ha de ser servit abans d'un Priorat no tan envellit, perquè si ho fem al contrari, la potència del Priorat anul·laria la flexibilitat i tendresa del Penedès. Els vins amb cos, els reforçats i els dolços sempre al final encara que siguin més joves que els precedents.

Els escumosos de cava, dels quals a dreta llei només s'haurien de consumir els bruts i els secs –deixant els semisecs per a la massa no iniciada– es poden prendre com a aperitiu, com a beguda per a mitja tarda, amb avellanes, ametlles i nous, o com a acompanyament del plat fort del dinar. Però mai, com desgraciadament encara es fa, en molts restaurants de casa nostra, juntament amb les postres. Precisament la lleugeresa, fragància i frescor dels escumosos del Penedès són les qualitats menys indicades per a adjuntar a l'enfitat i pesadesa de paladar que els dolços de pastisseria sempre comporten.

Per acompanyar les postres, tenim els vins dolços, els generosos, les misteles, dels quals a Catalunya hi ha una llarga tradició.

Un esquema clàssic de servei de vins podria ser:

Un blanc sec amb l'entrant, un negre envellit amb el plat fort (o també un escumós de cava brut) i un blanc de cos, o dolç amb les postres (també un ranci).

Tot un bé de Déu de bons vins catalans ens estan esperant per a cobrir totes aquestes necessitats.

La ciència social de l'afeccionat als vins

La personalització del conjunt de coneixements sobre els vins, que fins ara hem anat exposant, i el progrés individual aconseguit amb l'assimilació d'altres coneixements i experiències provinents de fonts de documentació diferents, consultades com a conseqüència de l'interès i curiositat sobre el tema que en cada lector es desperti, formaran el cos viu d'aquesta ciència social, que és l'enofília o l'estimació als bons vins i a tot el món que els envolta. Les fites són sempre més enllà, i dels vins, com de tot, com més se'n sap, veus que se n'ignora més encara.

Però ens falta tractar el capítol més extens i més interessant, que és precisament el que es podria encapçalar amb el títol de "L'art de conèixer els vins". L'horitzó que se'ns ofereix és incomparable. Els milers i milers de vins diferents, cada un amb els seus trets característics i personals, que hi ha per tot el món, són una realitat de la qual mai una persona no podrà tenir un coneixement total. ¿On deu ser, aquesta ampolla ignorada, que potser està a punt d'arribar a la seva plenitud d'envelliment, i que per les seves característiques i la meva personal sensibilitat seria capaç de fer-me

Les zones temperades de la terra són les úniques aptes per al creixement de la vinya. A totes hi ha bons vins.
Assenyalem amb més intensitat les principals zones productores.

gaudir, tot degustant-la pausadament, com cap de les seves companyes no ho ha fet fins ara?

¿On tornarem a trobar una ampolla amb aquelles sensacions especials, que vàrem notar en un vi degustat, fa tres o quatre anys, un capvespre de tardor, a casa d'aquell amic?

¿Hi deu haver, en el món, alguna marca o tipus de vi, les sensacions del qual siguin totalment noves, i impensades per a mi?

No ho podem saber. Només ens queda el recurs de l'empirisme pacient, i d'anar provant sort, tot tastant i degustant i endinsant-nos en aquest món tan vast i complex dels vins, amb l'esperit que denota aquell lema tan bonic, que els romans van adaptar dels grecs: "Plus Ultra". És a dir: "Més enllà".

Ens sembla, no obstant, que d'aquest immens jardí inabastable, que constitueixen els vins fets amb noblesa, n'hem de tenir un coneixement una mica més directe, de la parcel·la que és més nostra, la dels vins catalans. Això, és el que intentarem fer, tot i ser conscients que hem d'abandonar, passatgerament, les satisfaccions que ens comportaria anar tractant successivament dels Borgonya, dels Rin, dels Bordeus, dels Riojas, dels Alsàcia, dels Chianti, dels Tokay, dels Vaud, dels Nappa Valley, dels Viña del Mar, dels Steellenboch, dels Chablis, i dels de tantes i tantes contrades del món, com dels Oporto, dels Marsala, dels Mendoza, dels Jerez, on homes germans nostres treballen i viuen, enmig de vinyes i voltats de cups, amb l'afany de fer i d'aconseguir uns vins cada any millors.

Deixem tota aquesta immensa feina, a la iniciativa del lector "vinicolaferit" (neologisme que a semblança de l'adjectiu "lletraferit" pot significar "persona ferida intel·lectualment pel coneixement dels vins"), i ens disposem a tractar, nosaltres, de la Catalunya vitícola.

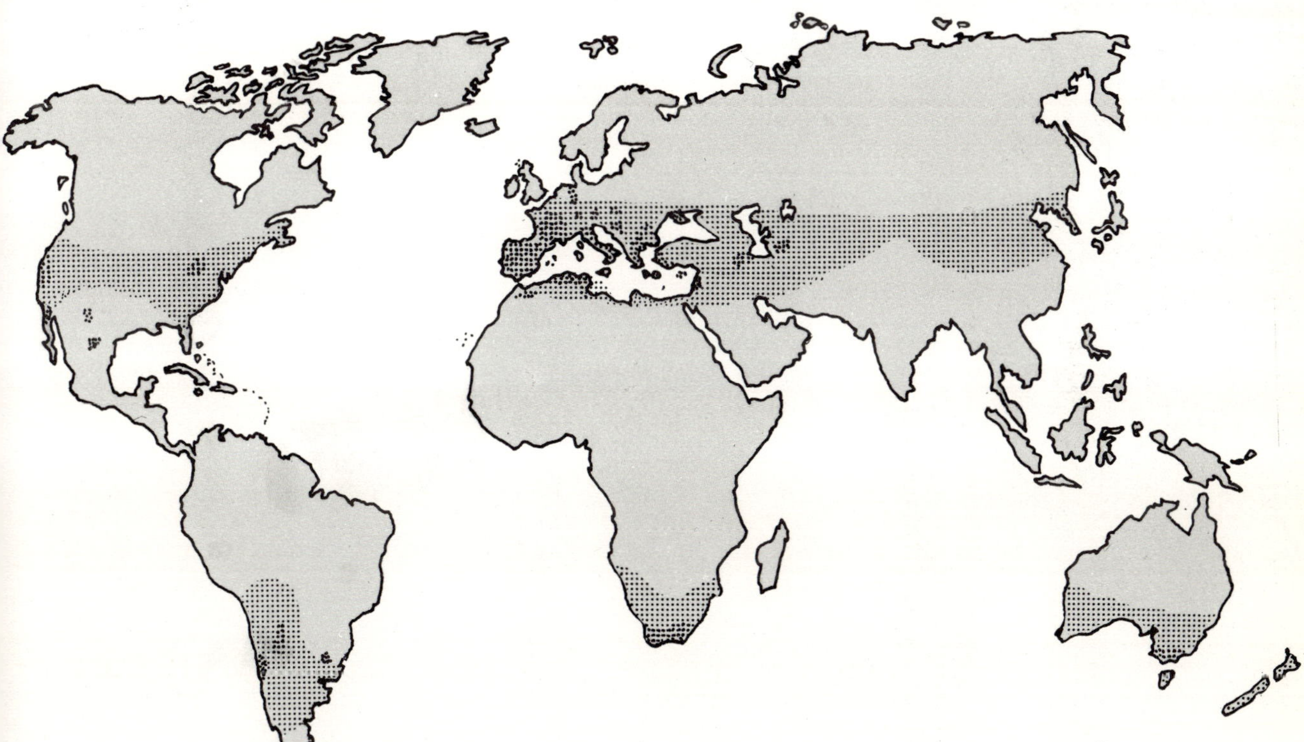

La Catalunya vitícola

Disposem-nos a obrir la porta al coneixement aprofundit dels vins de Catalunya.

Forrellat d'un celler del Segrià.

Breu resum històric de la vinya i el vi a Catalunya

Els antecedents històrics

Tot fa suposar que varen ser els grecs de Marsella, de Roses i d'Empúries els qui primer poblaren de vinya peces de terra catalanes. Però també podien haver-ho fet els fenicis i cartaginesos de Sagunt i Cartagena.

Arrelats i sarments de les varietats de vinyes pòntiques, procedents de les illes gregues i de les regions de Tir (actuals Líban i Israel), fets créixer a Catalunya, en les zones de l'entorn de les colònies gregues o cartagineses establertes a casa nostra, havien de donar els primers mosts i els primers vins catalans.

Però els grans vinyars, capaços de donar produccions considerables, no foren corrents fins molt més tard, en tota aquella costa mediterrània. I això va ser obra dels romans. Ciceró ens diu que a la zona de Narbona i del Rosselló, cap a 125 a de C., els naturals no estaven autoritzats a conrear la vinya; aquest privilegi estava reservat als romans. Una discriminació així no s'explicaria, si els indígenes haguessin tingut ja extensos vinyars en explotació abans de l'arribada dels romans a Catalunya.

La vinya i els vins, en no ser productes de primera necessitat, per a expandir-se i créixer, sempre necessiten una clientela. Perquè hi hagi pagesos que s'ocupin d'obtenir vins i de conrear la vinya, fa falta que una societat de gent rica i poderosa consumeixi els vins i pagui els costos que la seva producció comporta. Això és vàlid tant a les nostres èpoques com en l'antiguitat clàssica, i fins i tot en els reculats temps de les grans tribus nòmades que els primers llibres de la Bíblia ens descriuen. (El gran sacerdot Melquisedec ja ofrena vi –un producte preuat i de gran valor– en un sacrifici al Senyor).

La dominació romana de Catalunya va ser l'ambient social que va afavorir el creixement primer de la vinya a casa nostra. Des de l'Empordà fins al camp de Tarragona, passant pel Maresme, i el Pla de Barcelona, amb zones aïllades, més interiors, i la vinya creixia pertot arreu. Era una vinya diferent, amb varietats avui perdudes, amb ceps en general en forma de parra, però que es plantaven amb una voluntat de producció i de comerç, més que per a tenir-los únicament per al consum local i familiar. Els voltants de Tàrraco eren el focus on el conreu de la vinya i l'obtenció de vins eren més intensos, perquè, a més de la importància del consum local, s'hi embarcaven les nombroses àmfores plenes de vi, destinades a Roma, la gran ciutat tentacular i el gran mercat consumidor d'aquells temps.

En efecte, Roma, que en els primers temps de la República era eminentment exportadora de vi a les seves colònies, i que traficava amb els hispans, els gals i els germànics, seguint els passos dels grecs, pagant amb àmfores de vi l'estany, l'ambre o els esclaus que aquests pobles li proporcionaven, va passar, en temps de l'Imperi, a ser un gran mercat importador. De tot Itàlia, de Grècia i de la Gàl·lia, d'Hispània i d'Egipte i Síria arribaven vaixells a Roma, carregats d'àmfores i bótes que contenien vi. Des de Tàrraco, se n'expedien grans quantitats com també d'oli, que era summament apreciat pels exigents paladars de les classes altes de Roma.

Però, si bé el vi que es distribuïa gratuïtament a Roma, els jorns de glòria en què un general vencedor celebrava el seu triomf, o bé el que es consumia en les tavernes populars, podem suposar que era més o menys semblant al nostre, aquells vins que els romans consideraven més luxosos i que eren citats i lloats pels seus escriptors i poetes eren beuratges molt diferents als que avui coneixem com a grans vins.

Les barreges de mel, de panses i raïms secs, al vi novell en fermentació, donaven uns vins pesats, xaroposos i llisquents. També era corrent el "vi cuit", és a dir escalfat i evaporat, per a fer-lo més viscós i concentrat. Era costum d'espessir-los amb reïna de pi; i encara –aberració màxima– afegir-hi sal, o barrejar-hi aigua de mar. Molts d'ells eren xarops espessos que no és estrany que necessitessin ser barrejats amb aigua, per a poder-se beure com a refresc.

També escalfar els vins, ja macerats prèviament amb espècies, fulles, escorces, regalèssia, plantes diverses, mirra, encens, etc..., i el fer-ho en recipients de plom, que creien els romans que anava millor per als vins que l'aram o el ferro, produïa greus intoxicacions per òxids de plom, entre les famílies consumidores habituals d'aquests vins.

El saturnisme –intoxicació pel plom–, que té un efecte negatiu sobre la fecunditat masculina, era corrent en les grans famílies patrícies romanes, particularment en la dels Antonins, d'aquí la necessitat d'instaurar el sistema de l'Adopció, per a assegurar la successió familiar de la dignitat imperial. (x)

Podem suposar que la societat provinciana de Tàrraco, i de les altres ciutats,

(x) Histoire de la vigne et le vin –Henri Enjalbert– Ed. Bordas.

imitava aquests costums, i que els agradables i frescos vins produïts per les vinyes del país eren manipulats, treballats i transformats, pels atrevits taverners de l'època, en aquests beuratges sofisticats i xaroposos que eren moda en aquell temps. No sempre els temps antics foren millors. Podem anar amb el cap ben alt, els catalans actuals, perquè degustem uns vins molt més agradables que els nostres compatriotes del temps dels romans.

Cinc segles de calamitats

Els segles que van des del IV al IX es poden qualificar de calamitosos per a la vinya i el vi a Catalunya. L'obra monumental que els grecs i els romans van fer, en el domini de la implantació de la vinya, per tota la conca mediterrània i, encara, per tota l'Europa Occidental de clima benigne, se'n va anar en orris. Primer per les invasions bàrbares, de pobles guerrers no habituats a conrear vinyes ni a apreciar vins, després pel desballestament de l'estructura de la societat hispano-romana, amb l'aparició del feudalisme primitiu i rude, després per la invasió musulmana, que tot i essent tolerant amb la població cristiana preexistent no podia veure amb bons ulls ni la vinya ni el vi, taxativament prohibits per l'Alcorà. La conseqüència va ser que l'extens vinyar català va desaparèixer.

A tot Europa passava una cosa semblant. Els huns i els pobles germànics ho arrasaven i destruïen tot; els àrabs, pel Sud, a més d'arrasar i destruir les vinyes d'Hispània, per motius religiosos, n'impedien la replantació. És cert que mai no va desaparèixer del tot la vinya. A Itàlia, a Bizanci, a Grècia el seu conreu continuava amb més o menys èxit.

Fins i tot a Xerez, els fins poetes hispano-aràbigs, segurament escèptics o tolerants en matèria religiosa, lloen i canten els "vins daurats" de l'"Al Andalús". Però els redreçaments puritans de les invasions dels almohades i dels almoràvites van acabar de consumar la total pèrdua de les vinyes antigues. A Catalunya mateix, en les parts més romanitzades, segur que durant els segles V, VI, VII, algunes romanalles de vinyes antigues quedaven, però eren fenòmens esparsos i únics, relíquies marginals, d'una situació general, caracteritzada per la violència, la inseguretat i la més estricta economia de subsistència. Només la conversió dels visigots al Cristianisme, i l'establiment a Narbona primer i a Barcelona després de la Cort reial visigòtica, fan presumir l'existència de vinyes, encara que només fos per atendre les cerimònies litúrgiques que es celebraven a les primitives catedrals d'aquestes poblacions. A l'Empordà, Sant Pere de Roda, impressionant monestir que data del segle VII, relacionat culturalment amb Roma, des de temps molt primitius, centrava una zona vitícola, potser hereva directa ja de la que els primers colonitzadors grecs portaren a Empúries, però, com altres àrees petites i limitades, actuava només com a llavor en germinació d'un futur esplendor vitícola, que temps a venir havia de conèixer Catalunya.

La lenta recuperació

Cap als segles IX, X i XI comença a recuperar-se terreny, a Catalunya, pels afers de la vinya i del vi. A Europa, feia ja més de 150 o 200 anys que l'organització social carolíngia i el renaixement cultural que l'Església va aportar havien expandit la vinya, precisament en les terres europees interiors, llunyanes del Mediterrani. Però la dificultat del transport terrestre, i la inestabilitat dels vins europeus de poc grau, que difícilment els fa aguantar fins a la tardor següent a la què han estat veremats, feren que no s'establissin, en aquells temps de l'Alta Edat Mitjana, grans corrents comercials sostinguts pel vi, i que aquest quedés exclusivament com a producte de consum local. La perillositat de les costes i el domini sarraí del mar varen allunyar la vinya dels terrenys més aptes, i s'hagué de refugiar en zones interiors i de muntanya.

A Catalunya, és a les estretes i boscoses valls pirinenques per on comença la repoblació de vinya.

Uns homes immigrats del Nord –Ramon d'Abadal anomena les seves procedències (x)– gavatxos i gascons, cerdans, gent del vessant nord del Pirineu, i de les terres de Septimània, s'ajunten als "hispani" preexistents; i afavorits per la fórmula jurídica de l'"aprisió" –per la qual un senyor, amo de la terra, en cedia els fruits a l'home que l'artigava, la plantava i la conreava, a canvi d'unes prestacions personals i d'una dependència o vassallatge– varen transformar les espesses mates boscoses, implantant-t'hi ara aquí, ara allà, clarianes conreades, de les quals moltes eren vinyes.

Els nuclis ordenadors d'aquestes vinyes disperses, així com també els centres irradiadors de la ciència enològica d'aquests primers temps medievals, eren els monestirs. Per tot el pre-pirineu català, des de Gerri de la Sal, fins a Sant Pere de Vilabertran, passant per Sant Pere de Bages i Sant Miquel de Cuixà, les fundacions i establiments de monestirs van acompanyades en la documentació escrita que ens ha arribat de donacions de nombroses vinyes, i també d'inventaris amb atuells enològics.

A mesura que els cristians recuperen terreny de Catalunya, cada vegada les terres més càlides van essent preferides per a l'establiment de la vinya. Les petites corts feudals dels primers comtes catalans, i, sobretot, l'acció colonitzadora dels grans bisbes i abats des dels seus monestirs, juntament amb el prestigi que –per contrast amb els sarraïns– entre els cristians tenia el vi, van fer que lentament el vi passés de ser només una beguda exòtica i únicament litúrgica a ser una beguda apreciada, ben pagada i amb demanda popular creixent.

És en aquest context que apareixen a Catalunya dos vinyars importants. La plana de Vic i el Pla de Bages. A una i altra zona, s'hi desenvolupa els segles XI i XII la vinya, no solament per a atendre el consum local, sinó per tal d'obtenir vi i exportar-lo com a mercaderia.

El prof. Vilà Valentí (x) ha estudiat a fons aquest procés, centrat en el Monestir de Sant Benet de Bages, al voltant del qual, des de l'any 960, es va creant una extensa zona de vinya. El vi del Bages, de més cos i més sedós que els aspres i àcids vins de les comarques del nord, havia de tenir un gran predicament entre els habitants de les ciutats pirenaiques, i això féu que les primitives poblacions de Navarcles, Artés, Cabrianes i tota la faixa oriental del Pla de Bages es convertissin en un important centre vitícola. Hem de creure que coetàniament, a la conca de Tremp, a la Plana de Vic, i també a l'Empordà interior i més tard al Vallès (al voltant del Monestir de Sant Cugat), apareixien també vinyars importants.

Rècules de mules amb bots de pell turgents de vi i amb tosques botes de fusta enfilaven, colls amunt, els camins de muntanya, que portaven aquests primers vins catalans, elaborats amb finalitat comercial, cap a les fires i mercats de les poblacions de muntanya. El vinyar de la Plana de Vic és citat encara el 1659, per Pere de Marca, quan diu que a les viles de la part nord del Pirineu, malgrat no collir-s'hi ni un raïm, s'hi beu el "millor vi del reialme" que és el que hi ve de la Plana de Vic, però avui dia la duresa climàtica de la comarca ha fet que la vinya desaparegués. Al Pla de Bages, a la Conca de Tremp, perdura encara, sobretot a Artés i a Salelles, la tradició enològica tan pregonament iniciada, però els seus mercats són ara uns altres.

Les Valls del Segre i dels Nogueres –Pallaresa i Ribagorça–, així com la del Cinca, també es veieren poblades de vinyes, fruit de la mateixa estructura de mercat. Produir vi, a les terres baixes, per a proveir la població muntanyenca, especialitzada en la ramaderia i el pasturatge. Entretant, a la Catalunya del Sud, més enllà de l'ampla faixa inculta de terra de ningú que ocupava els actuals Penedès, Camp de Tarragona, l'Anoia i la Noguera, eren l'oli, les avellanes i ametlles, les verdures i arbres fruiters, els cereals i el blat de moro, els conreus que predominaven per damunt d'escadusseres vinyes, mig clandestines, menades per jueus, cristians residuals o mahometans poc rigorosos.

(x) Els primers comtes catalans. R. d'Abadal Ed. 62.
(x) El món rural a Catalunya. J. Vilà Valentí. Ed. Curial.

La incorporació de la Catalunya Nova

A mesura que al llarg dels segles XI i XII la casa comtal de Barcelona es va imposant com a la vertebradora del futur poder de Catalunya, es produeix també la reconquesta i posterior colonització, tant de la faixa inculta de terra de ningú, que tants anys va fer de frontera, com de les riques terres de Tortosa, Lleida, i de la Ribera de l'Ebre, curosament conreades pels sarraïns. L'Anoia, el Penedès, el Camp de Tarragona, el Priorat, la Terra Alta, la Conca de Barberà, són ocupades per les primeres vinyes durant aquest període. Al mateix temps, les suaus collades interiors, allunyades de la mar, de l'Empordà, el Bages, el Maresme, el Vallès i la zona de Barcelona veuen potenciada la seva producció vinícola. Aquesta és una època, no de creixement espectacular, però sí d'afermament fort de la vinya a Catalunya. És d'aquest temps que el pagès català obté la seva vocació vinícola. Poblet, Santes Creus, Vallbona de les Monges, Scala Dei, els cavallers del Temple, són forces creadores i punts de vibració cultural, que contribueixen a expandir la vinya per aquests terrenys que li són tan favorables.

Al mateix temps, l'establiment d'un sistema de fires i mercats desenvolupat i eficaç, l'augment de la població, el creixement urbà i la incipient força de la marina comercial catalana fan que el vi tingui sortida, i que les inversions en capital i treball que cada vinya nova suposa es vegin recompensades. Els espectaculars cellers de Poblet i Santes Creus, encara que de construcció posterior, fan suposar uns precedents, compresos de ple en l'època que estem considerant, ja prou desenvolupats per haver creat tota una escola i una tecnologia.

Però tot i ser important el comerç interior del vi a Catalunya és lluny encara de les cotes conseguides en dos punts europeus, que coneixen en aquests segles l'inici d'una gran època d'esplendor. Són la zona del Rin i la zona del Garona (Bordeus). En aquests dos punts, l'existència d'un corrent fluvial navegable fa possible un transport econòmic de grans quantitats de vi, cap a uns ports i uns mercats consumidors en plena puixança. Aquestes zones que aconsegueixen un gran poder econòmic gràcies a l'exportació de vi –a les poblacions de la ribera del Mar del Nord, els del Rin, i cap Anglaterra i tot Aquitània, des de Bordeus, els del Garona– creen una escola europea d'enologia, que a través dels monjos del Cistell i de Cluny influeix a Catalunya. A més, l'embarcament de vins dalt de vaixells, practicat pels pisans i genovesos, fa pensar a la incipient burgesia barcelonina en la possibilitat d'obrir nous mercats a les terres reconquerides i veïnes de Mallorca i de València.

Per primera vegada, a les tradicionals rutes comercials catalanes del vi, des de les planes pre-pirinenques interiors cap a les poblacions de muntanya, s'afegeixen unes altres rutes que van des de zones productores interiors cap als nuclis de població en fort creixement, situats ara ja, principal-

A Catalunya, l'art de fer bon vi té una gran història. A les pàgines següents podem veure una vinya vella al redós d'unes pedres velles (Església romànica de Sant Ponç de Corbera) i el magnífic celler del Monestir de Poblet.

ment, com passava en temps dels romans, en la franja del litoral català. L'aventura del vi a Catalunya està a punt d'iniciar una de les èpoques de més esplendor comercial.

L'època que coincideix amb l'hegemonia militar, cultural i comercial, de Catalunya sobre tot el mediterrani.

Una societat refinada i eficaç

Els segles XII, XIII i XIV són segles de creixement espectacular de la superfície plantada de vinya. També es fan grans progressos en enologia. Les capes de població enriquides pel comerç, els abundants menestrals d'oficis, els clergues, els intel·lectuals, etc..., es fan cada vegada més exigents. Els nous sistemes de colonització –és l'època de l'aparició de les abundants viles franques, i les viles noves que tenim a Catalunya– que consistien en concedir, per part del rei, una sèrie d'avantatges fiscals i personals als pobladors de les noves viles, situades en llocs favorables fins aleshores mantinguts incultes –van afavorir extraordinàriament el conreu de la vinya, conreu que, a diferència del dels cereals, fixa la població durant períodes llargs d'anys, i suposa el repartiment per tot el territori d'una població abundant.

L'intens comerç, i la gran relació de la nostra gent amb les àrees més riques i cultivades d'Europa, i sobretot, d'Itàlia i la "Romania", nom amb què els catalans medievals coneixien l'Imperi Bizantí implantat a Grècia i Turquia, va fer que fossin coneguts i degustats a Catalunya vins de totes les procedències.

Les primeres relacions marítimes amb Gènova permeteren d'introduir a Catalunya els vins de la Cinqueterre, procedents de l'escarpada zona entre Gènova i la Spezia, a la Itàlia del Mar Tirrè. Els vins d'aquesta contrada, apreciats per totes les riques ciutats italianes, tenien també fama a la cort papal, i la introducció a casa nostra del cep que els produïa, la "Vernaccia", fou l'origen de l'actual "garnatxa", una varietat ara tan estesa a casa nostra que hi ha esdevingut autòctona per mutació al llarg dels segles i per adaptació als nostres terrenys. Les bones relacions de la Cort de Barcelona amb la Cort Papal d'Avinyó introduïren el gust pels vins que a Avinyó es consumien, que eren de dues menes, els fins i aromàtics Borgonyes joves –encara no s'havia descobert la meravella dels Borgonyes envellits en ampolla– i els consistents i forts dels vessants del Roine. A Catalunya els cellers dels monestirs es posaren al dia ràpidament en la ciència enològica del temps, i vins diferents i molt més ben elaborats substituïren els primitius i rudes vins, a què fins aleshores estaven acostumats la majoria dels catalans. Però fou l'expedició dels catalans i aragonesos a l'Orient, amb la cèlebre "Companyia" de Roger de Flor, el fet que permeté de conèixer els acreditats "vins grecs", tan citats i lloats pels nostres millors escriptors medievals. La introduccio dels ceps de malvasia, i l'elaboració de vins blancs dolços, tradicional a Catalunya, ve d'aquests temps, i, principalment a les pedregoses i escarpades costes de Sitges, aquest cep, la malvasia, procedent de Grècia, produïa un excel·lent vi de luxe, amb un bon mercat de consum.

El "vi vermell" com diuen els nostres clàssics, del qual Catalunya era força abundant, al qual la regularitat climàtica permetia obtenir coloracions més intenses que les habituals a les altres zones europees, va arribar a constituir matèria de comerç i exportació. Sobretot, amb els països musulmans riberencs del Mediterrani. Les naus catalanes, ajudades per l'extensa xarxa de cònsols i delegacions comercials, comercien amb tota mena de mercaderies, i cal suposar que també amb els vins, ja que, si bé l'Alcorà en prohibeix la ingestió als mahometans, no sempre els homes són fidels a les seves creences oficials, i menys davant de les agradables i inofensives sensacions d'un got de vi.

Aquesta és una època d'extensió plena del conreu de la vinya. Als vinyars antics de l'Empordà, la Plana de Vic, el Pla de Bages i el Pla de Barcelona, s'afegeixen uns vinyars nous, productors de vins més resistents, i que tenen l'avantatge d'estar planejats i dirigits, des de l'inici, per autèntics tècnics enològics amb experiència adquirida a les regions europees més avançades de l'època, en la producció i criança dels vins –Borgonya, Rin, Alsàcia, Bordeus, Grècia, Toscana, etc...– Són els vinyars del Penedès, els de l'Alt Camp, amb el Celler de Santes Creus, com a punta de llança; de la Conca de Barberà, amb Poblet al davant; Vallbona de les Monges..., Scala Dei, colonitzant el Priorat i descobrint el cèlebre vi que la garnatxa dóna en aquells indrets; el Camp de Tarragona, que per fi es colonitza totalment, i comença a tornar a ser un excel·lent nucli agrícola, com ho havia estat ja en l'antiguitat romana, etc... Segur que, en aquell temps, Catalunya produïa un excedent de vi, que era exportat per via marítima i terrestre a altres contrades del món, no solament mediterrani, sinó fins i tot atlàntic, sobretot a les costes del Mar del Nord, i als ports anglesos, però també és segur que el gran consum havia de ser interior, perquè cap altra beguda popular no podia fer ombra a casa nostra al vi de més o menys qualitat. En efecte, ni les "pomades" –nom que els escriptors medievals catalans donaren a la sidra– ni les cerveses, habituals als països del Nord i del Centre d'Europa, no disputaven el terreny, a casa nostra, als vins, que eren presents a totes les poblacions catalanes.

Els inicis d'una davallada

La crisi general de l'Europa Oriental als segles XIV i XV, produïda pels desplaçaments dels mogols i turcs cap a Occident, repercuteix fortament a Catalunya, en desbaratar la possibilitat de comerç a l'àrea mediterrània. La rivalitat amb Gènova i Venècia, i les contínues guerres per l'hegemonia de l'àrea del Sud d'Itàlia –Sardenya, Sicília, Nàpols, Còrsega– fan que l'estament militar imposi els seus criteris a l'estament comercial. Per altra banda, les calamitats, fams, pestes i mortaldats provocades per diverses epidèmies, la poca i deficient alimentació i la falta absoluta d'higiene, provoquen malestar social i enfrontaments continus entre els catalans.

L'any 1333, hi ha una gran fam a Catalunya; entre 1347 i 1351, la pesta fa estralls, i onze anys més tard, es torna a reproduir. També en 1371 i en 1375 apareix altra vegada la pesta, que es fa general amb diverses intermitències a Catalunya, fins a 1500 (x). En 1426 hi ha un terratrèmol que destrueix la ciutat d'Olot, i les contínues guerres –guerra dels remences, guerra civil catalana, guerres contra Castella, etc.– i les epidèmies sovintejades redueixen el poblament de Catalunya en una proporció que es pot avaluar en un 35 o 40 %. Els pagesos, els petits comerciants, tot el poble, queda reduït a la misèria més dura, no hi ha camins comercials segurs, ni rutes marítimes establertes. Els camps de vinya s'abandonen i ja no es produeix cap excedent de vi, que pugui ser usat com a mercaderia.

Aquest buit és aprofitat per Venècia, la Sereníssima ciutat dels Duxs, que s'erigeix en aquests segles com la potència comercial que substitueix els catalans per tot el mediterrani. És a Venècia on per primera vegada s'està a punt de donar el pas importantíssim de descobrir l'envelliment dels vins en ampolla, i l'augment de qualitat que aquests experimenten per aquest procés. Les Illes de Creta, Xipre i Malta, i les costes de Grècia, són replantades per comerciants venecians que fan del vi un objecte de comerç de luxe.

Sorgeixen a Venècia els Magatzems (Magazzinos) on s'acumula i es clarifica i treballa el vi. Els venecians intenten fer del vi una mercaderia no subjecta a temporada, com fins ara havia estat generalment.

El vi que no es venia abans de la nova verema, difícilment aguantava, i s'havia de destinar a fer vinagre. Però aquest intent, a Venècia, va consistir en efectuar barreges i manipulacions, afegint sucre, mel, reïnes, plantes aromàtiques, espècies diverses i tota mena de productes als vins, seguint els antics costums dels grecs. La malvasia va ser una exclusiva veneciana i s'expandí per tot el món conegut. Tant és així, que segons l'historiador Commynes el duc anglès de Clarence, durant la guerra civil anglesa de les Dues Roses, condemnat a mort pel seu rei, contra qui s'havia revoltat, però havent-li aquest donat la gràcia de poder escollir la manera d'executar la sentència, va demanar, el 1478, de morir ofegat dins d'un barril de Malvasia (x) . I així es va fer complir la sentència.

Una bona mort, com hi ha món! Aquests anglesos sempre han tingut sentit de l'humor.

Però l'excés de manipulació a què els comerciants venecians sotmetien els seus vins a la llarga els va perjudicar, la "manera veneciana" va arribar a ser sinònim de falsificació. Això va permetre que els holandesos primer i els anglesos després suplantessin els venecians i arribessin a dominar totalment el comerç mediterrani de vi, sobretot per la utilització comercial que els holandesos van saber fer del seu "Brandevin" o aiguardent obtingut de la destil·lació del vi, producte per al qual van saber crear un mercat nou.

(x) Història del Comerç a Catalunya. Jordi Freixes. Ed. Bruguera.

(x) Histoire de la vigne et du vin. Henri Enjalbert. Ed. Bordas.

Catalunya perd el tren en els afers del vi

Els segles XVI i XVII són els segles fonamentals, en l'establiment en el món del nou concepte dels grans vins.

És en aquest període de temps, que va de 1600 a 1800, quan a Europa es fa el gran descobriment del vi envellit de qualitat. És el període de temps en què, des del seu origen, l'home descobreix aquest nou concepte, en la seva secular relació amb els vins, que és la persecució de la qualitat, mitjançant la criança i l'envelliment.

Dissortadament, tot aquest procés agafa el nostre país en una època de prostració demogràfica, política i comercial, i no pot incorporar-se a aquesta aventura apassionant amb un paper de protagonista, havent d'acontentar-se fent de simple comparsa. Breument, exposarem aquest procés, examinant els precedents, i detenint-nos en el paper de Catalunya.

Dues línies es defineixen, en el comerç dels vins i derivats. La línia dels vins pròpiament dits, però estabilitzats a la "manera veneciana", que es desacredita ràpidament pels abusos que amaga, i la línia dels aiguardents, o destil·lats de vins, que d'origen anterior –Arnau de Vilanova, savi català del segle XIV, ja feia destil·lats i alcohols, amb tècniques aràbigues– els holandesos havien produït en pla mercantil.

Els aiguardents i espirituosos, de vi i de plantes diverses, eren profusament usats com a cordials i begudes fortes, en les llargues travessies marítimes que el descobriment del nou món i el tràfic comercial amb l'Índia i amb les Illes Orientals (Java, Borneo, Indoxina, etc...) feien necessàries. Per altra banda, els aiguardents eren estables i no es feien malbé. Constituïen un excel·lent producte mercantil, amb molts avantatges sobre els simples vins.

Foren els anglesos que descobriren el fet que, encapçant els vins amb aiguardent, aquests enfortien el seu grau, aguantaven la dolçor i no es feien malbé. Això féu que, per tot el mediterrani, apareguessin vinyes dedicades a produir vins per a ser destil·lats, o per a ser encapçats. Si hem de creure Shakespeare, la societat anglesa d'aquell temps consumia grans quantitats

Aquestes grans bótes, anomenades "vaixells" i també "congrenys", són ara muts testimonis de les esperances i de les il·lusions dipositades en el vi que contenien.

"Vaixell" català del segle XVI.

d'aquests vins, i les costes de Sicília, Alacant, Cadis, Setúbal a Portugal i l'illa de Madeira foren plantades de vinya, sota l'impuls dels comerciants anglesos, per a abastar dels càlids vins meridionals la demanda creixent del mercat anglès i holandès. Catalunya, no prou meridional per a produir aquests tipus de vins, no s'incorpora a aquest circuit comercial, i no és fins més tard, cap a 1660, un cop acabada la guerra dels Segadors, que inicia una recuperació, i es dedica principalment a subministrar vins per a ser destil·lats. Però és en aquest període quan, a Castella, llavors en el seu màxim esplendor creixent, s'està a punt també de donar el gran pas envers el descobriment de la qualitat. En efecte, a la zona de Medina, de Nava del Rey, de Rueda, i a la Tierra del Vino, entre Valladolid i Salamanca, hi havia un extens vinyar, on principalment es conreava un raïm blanc de la varietat "verdejo". L'existència de la Cort a Valladolid, i el mercat relativament proper de les ciutats cantàbriques de Gijón, Santander, Bilbao, afavoreixen l'aparició de l'afany de superació entre els viticultors. Caves enfondides a terra, bells cellers de pedra, i magnífiques premses de biga, encara existents avui, en són els muts testimonis. Aconseguir el favor dels "Grandes de España" i dels nombrosos "Hidalgos" de la Cort, per als seus vins, era la suprema aspiració de molts propietaris de vinyes, i això conduí a obtenir uns vins envellits, una mica amargants, i forts de grau, assolits per un sistema semblant a l'actual de Xerez, que eren molt apreciats i gaudien de gran fama. Dissortadament, el trasllat de la Cort a Madrid, i la pèrdua dels mercats cantàbrics per la substitució del transport terrestre, a base de mules, pel marítim, van tallar en flor aquesta possibilitat que hagués pogut conduir a donar a Castella la primera zona mundial productora de grans vins, a la manera com avui dia els entenem.

Els extensos vinyars van anar desapareixent, i posteriorment fou la zona de la Rioja la que s'encarregà de subministrar el vi al mercat de les ciutats cantàbriques. Igual que els venecians, els castellans perden la gran ocasió, que també havia de passar de llarg als catalans.

De 1600 a 1650, Catalunya passa per una època difícil. Guerres, bandolers, bandositats, falta de camins transitables, despoblació rural, etc..., fan que els conreus com la vinya, que són d'assentament llarg i que pressuposen una seguretat de permanència a la terra, que faci possible l'amortització al llarg dels anys de les inversions en diners i en feina que l'establiment d'una vinya comporta, se'n ressenten profundament. Hi ha una davallada en el comerç del vi, i Catalunya queda apartada de l'esdeveniment transcendental que està passant a dues zones concretes d'Europa i que ha de portar al descobriment dels grans vins.

En efecte. L'existència a la puixant societat anglesa dels segles XVI i XVII d'unes capes de població enriquida i influent, que ja de temps s'havien afeccionat als bons vins, produí una demanda exigent, que cada comerciant s'afanyava a atendre, amb vins que intuïa que havien d'agradar als seus clients. Donat que el clima anglès no permet d'obtenir vins de qualitat, aquests comerciants cercaren la matèria primera a diverses parts d'Europa.

Ja hem parlat de Marsala, a Sicília, de Xerez, de Madeira, etc..., però fou principalment a Oporto i a Bordeus on l'acció combinada de la bondat del vi d'origen amb les tècniques d'envelliment seguides a cada zona produïren una emulació que conduí a la consecució dels grans vins. L'Oporto i el "New French Claret", nom amb què era conegut a l'època el vi de Bordeus, envaïen el port de Londres, i estols sencers de vaixells subministraven la demanda creixent de la població. Aquesta també és l'època del descobriment del xampany, que conquista ràpidament París, des de les vinyes d'Epernay i Reims, i és l'època en què la indústria artesana del vidre, tant a França com a Anglaterra, arriba a un gran esplendor. És als artesans vidriers anglesos que es deu la transformació de la forma bulbosa de les ampolles antigues –primeres ampolles de xampany i de bordeus– en ampolles de cos cilíndric –tipus oporto– que permeten la seva estiba en posició horitzontal, i és també l'època que a Catalunya, a la ratlla del Pirineu rossellonès i als boscos d'alzina surera de l'Empordà, comença la gran etapa dels tapers, que des del port de Sant Feliu de Guíxols omplen de taps de bon suro els grans centres consumidors de vins.

A la Catalunya vitícola, gradualment van millorant les coses. El primer ministre francès Colbert, en 1661, dicta una legislació proteccionista en contra dels comerciants holandesos i anglesos, nacions contra les quals França està en guerra. Això obliga els comerciants anglesos i holandesos a cercar altres fonts de subministrament de vi, per a ser destil·lats, i per a fornir-los de les seves grans necessitats d'aiguardents. És abandonat el sud-oest francès, i això crea un mercat que estimula la plantació de vinya principalment a Catalunya.

Al mateix temps, després de la victòria de Montjuïc l'any 1642, que allunya el comte duc d'Olivares i els seus designis annexionistes de l'horitzó inmediat de Catalunya, el poble català viu una generació d'optimisme, afavorit per la recuperació demogràfica, la pau i la creixent immigració procedent d'Occitània, que omple de braços el camp català. Altra vegada, les zones litorals i, sobretot, les zones properes als ports de mar, veuen sorgir les alineades i regulars plantacions de vinya, i apareixen en moltes masies i poblacions les "olles" i "fassines", alambins rudimentaris que produeixen els aiguardents que tanta demanda tenen. Aviat Barcelona, Vilanova i la Geltrú, Tarragona i Salou seran els ports que més sobresortiran en aquest comerç renovellat.

Aquestes grans bótes, anomenades "vaixells" i també "congrenys", són ara muts testimonis de les esperances i de les il·lusions dipositades en el vi que contenien.

"Vaixell" català del segle XVI.

L'època d'or de la producció

Des de 1680 fins a la gran crisi de la fil·loxera iniciada en 1872, la vinya catalana rep un gran impuls. Ja hem deixat veure quines en són les causes de fons. La recuperació demogràfica, la demanda d'aiguardent per part d'holandesos i anglesos, la immigració de molts occitans que aporten braços al camp català.

A això, cal afegir-hi la crisi vinícola francesa causada pel període de la revolució, i les lleis dictades per Carles III, fent lliure el comerç català amb Amèrica.

Aquest substràtum renaixent és el que explica que malgrat la gran malvestat política que la caiguda de Barcelona sota Felip V en 1714, i la pèrdua dels mercats holandesos i anglesos que això suposa, a més de la pèrdua de tota l'estructura administrativa pròpia de Catalunya, la labor de recuperació de la vinya continués amb constància i tenacitat. Aquest període de gran recuperació agrícola, que és el que va fer possible la colonització total de la Catalunya Nova –només cal veure de quina època són totes les esglésies i campanars dels pobles de més avall del riu Gaià– ha estat magníficament estudiat per Pierre Vilar (x) i cal trobar-lo en els fonaments de l'acumulació de capitals, que serviren per crear el comerç marítim que féu possible, posteriorment, la industrialització moderna de Catalunya.

Durant el segle XVIII, els ports del Cantàbric beuen vi català. La barator del transport marítim ho fa possible. També Andalusia és un mercat bo per als vins catalans d'alta graduació. I abans i tot de l'obertura del comerç des de Catalunya amb Amèrica, els vins catalans hi arriben, a través dels intermediaris andalusos de Sevilla i Cadis.

Des de 1756, és autoritzada la lliure exportació de vins i aiguardents espanyols, que no han de pagar drets de duana a Amèrica, si són transportats per vaixells espanyols. Això fa que en 1758 el primer capítol de les exportacions catalanes són els vins. Tot Amèrica, fins i tot l'anglo-saxona i la francesa (Nova Orleans), és un gran mercat per al vi català i, a través d'intermediaris principalment anglesos, l'Europa del Nord i els països bàltics fan consum de vi català. (x) Els anglesos i els holandesos, abans ja antics clients d'aiguardent i vins d'origen català, tornen ara, cent anys després, a ser els intermediaris que fan present el vi català a les més allunyades parts del món. Però és el comerç amb Amèrica, principalment a les Antilles, el que més demanda de vins forts i d'aiguardents provoca. De retruc, la marina comercial catalana és la que té l'exclusiva mundial del transport i distribució del sucre de canya, d'origen antillà, a Europa, i és tradicional de fer el viatge d'anada portant vi o aiguardent, i el de tornada carregats amb sucre.

Reus, Valls i Vilafranca destaquen en la producció d'aiguardent. Sitges, Vilanova i Sant Feliu de Guíxols en l'embarcament de vins i misteles. Al camp català, cada vegada surt més a compte plantar vinyes i les varietats que produeixen vins d'alt contingut alcohòlic són les que van predominant en les plantacions noves.

Podem afirmar que el comerç del vi va ser el principal esperó en el gran esclat de la marina comercial catalana del darrer terç del segle XVIII. La indústria naval, el comerç del suro, la fabricació de bótes, els forns de vidre, són conseqüència de l'auge del comerç del vi. Els rendiments certament alts que aquesta agricultura exportadora donava, permeteren una acumulació de capital, que quan les circumstàncies comercials no van ser tan bones es decantà cap a la indústria, principalment la cotonera. Aquest és l'origen de la transformació de Catalunya en un país industrial, dotat d'una infrastructura econòmica i humana diferent dels altres pobles ibèrics, i que permeté posteriorment tot el moviment artístic, intel·lectual i polític de la Renaixença. Podem afirmar doncs, sense por de deformació, que la vinya i el vi es troben a l'arrel de la Catalunya moderna. Cap a la meitat del segle XIX, la marina comercial catalana comença a declinar. Apareix el vapor, aplicat a la navegació, i això obliga les companyies navilieres a fer grans acumulacions de capitals i a capgirar els fonaments del comerç marítim, i els catalans no s'hi saben adaptar. Malgrat això, la implantació de les primeres línies de ferrocarril a Catalunya permet l'obertura de nous mercats al vi, afavorint ara les comarques més a l'interior. El creixement constant de la gran ciutat barcelonina substitueix altres mercats que es van perdent, però, sobretot, el ferrocarril fa possible el transport de fabuloses quantitats de vi català cap a França, que veu la seva producció vinícola completament perduda per la crisi de la fil·loxera.

(x) Catalunya dins l'Espanya Moderna –Pierre Vilar– Ed. 62.
(x) Història del Comerç a Catalunya –Jordi Freixas– Ed. Bruguera.

Del més gran optimisme a l'ensorrada general

L'últim terç del segle XIX fou per a Catalunya un temps influït totalment per la fil·loxera. Encara avui, cent anys després, les famílies pageses de moltes contrades catalanes et parlen de la fil·loxera amb un aire de respecte, misteri i recel.

Aquesta plaga, portada a Europa pels ceps provinents de les vinyes americanes, que estan naturalment immunitzats als seus efectes, va afectar greument les vinyes europees, eliminant-les en un espai d'anys relativament curt. L'estrall va ser molt fort a França, perquè a més de ser un país amb una gran producció i un gran consum de vi fou el primer lloc on es manifestà la plaga i, naturalment, es tardà un espai de temps més llarg a posar-hi remei. Va ser a Bordeus on es descobrí que plantant peus de varietats americanes immunes a la fil·loxera i empeltant posteriorment les varietats de "vitis vinífera" pròpies d'Europa es podien reconstruir les vinyes, però entre unes coses i altres, una comarca afectada per la fil·loxera restava un període de 10 a 15 anys sense produir. En ser propagada per un insecte alat, la fil·loxera anava envaint gradualment les comarques vitícoles, de tal manera que, mentre a França estaven en plena crisi, als anys 1865 a 1879, a Catalunya les vinyes estan en plena producció. La demanda de vi del mercat francès creix d'una manera espectacular. El vi és cercat i pagat bé, pertot arreu. Tots els vessants de muntanyes, per dretes i pedregoses que siguin, veuen aparèixer marges i feixes que es poblen de vinya. No es mira la qualitat, sinó la producció. Tot té sortida, i a preus remuneradors. La vinya a Catalunya passa pel moment més brillant de la seva història. No solament França, sinó Suïssa, els països nòrdics, Amèrica del Nord, etc..., que no poden importar vi francès, perquè no n'hi ha, el substitueixen pel vi català. Però...

Ningú a Catalunya no es preocupa de fer vi de qualitat.

La positivíssima legislació que el marquès de Pombal va iniciar l'any 1758 a l'Alto Douro, a Portugal, que desembocà en la primera "Denominació d'Origen Controlada" encaminada a acréixer la qualitat del vi, fou imitada i complementada ràpidament pels responsables dels afers vinícoles de Bordeus, Borgonya i Champagne a França i del Rin, a Alemanya. La política seguida a aquestes zones productores de defensa de la qualitat dels seus vins, produí a la llarga, durant els anys 1850 a 1885, l'anomenada "belle époque" dels grans vins a Europa. El consum creixent de vins de qualitat permet la realització dels "Chateaux" de Bordeus, dels crus acreditadíssims de Borgonya, de les grans firmes de Champagne, que ja per sempre haurien de marcar la cursa vers la qualitat dels grans vins. De retop, la zona de Xerez, per la influència anglesa, es veu integrada en aquest corrent de la moda dels grans vins, obtinguts amb exigència, control i esperit de recerca de la màxima qualitat, per damunt de consideracions comercials immediates. La zona de la Rioja s'incorpora també a aquest corrent, de la mà d'unes quantes famílies franceses de Bordeus, que obligades a marxar per la fil·loxera s'estableixen a Logronyo i Haro. Però a Catalunya els comerciants opten per la via més fàcil. Opten per la quantitat. Les plantacions de vinya i l'obtenció de vi passen per la seva millor època, però el vi és venut novell i enviat a França. Ningú no es preocupa de criar-lo ni d'envellir-lo. No hi ha el punt d'honor d'obtenir grans vins. El vi és una mercaderia, no és una obra d'art. Un greu error, que va impedir que els vins catalans apareguessin davant del món com a vins d'alta qualitat.

És en aquesta situació anímica que comença la gran davallada. L'any 1879, la fil·loxera passa a Rabós d'Empordà. Un any abans, havia aparegut a Màlaga, segurament per un arrelat de cep, portat per mar.

Des de 1879 fins a 1893 –l'any pitjor de la fil·loxera– les vinyes de Catalunya van desapareixent seguint la direcció Nord-Sud.

Successivament, comarques senceres van caient en la misèria. És cert que els pagesos reaccionen amb gran tenacitat, i en pocs anys replanten altra vegada de vinya empeltada gran part de les zones damnades, però ara ja el mercat francès torna a ser atès per les vinyes franceses, i ja no hi ha una marina comercial catalana capaç d'obrir nous mercats al vi català. L'Empordà, el Bages, el Maresme, el Penedès, el Camp de Tarragona, la Conca de Barberà, el Priorat, van caient successivament dins l'àmbit de la plaga, i encara sort que els anys de diferència amb que ho van fent permeten que, mentre una comarca queda totalment improductiva, ja una altra que ha passat primer per l'estrall degut a la seva situació geogràfica comenci a produir vi procedent de les noves vinyes. Això permet abastar amb vi català el mercat propi i evitar la necessitat d'importació de vins forasters, però encara que es produeix una recuperació parcial certes comarques com són el Priorat, la zona de Cadaqués, i Portbou, part del Bages, i en general totes les vinyes en vessants de muntanya, productores de vins d'altra graduació, però amb elevat cost de producció, ja no es tornen a recuperar. Els vins del Priorat, per exemple, perden els mercats francesos que els substitueixen pels vins argelins i no encerten a crear un mercat propi a Barcelona, com intenten i aconsegueixen, per exemple, els d'Alella i, per una altra via, els del Penedès, on, com a cosa excepcional a Catalunya, s'inicia un procés d'obtenció de vins de qualitat, amb les experiències de xampanyització del vi blanc del Penedès, dutes a terme per Josep i Manuel Raventós a Can Codorniu, que obtenen, després d'anys de lluita, gran èxit, aconseguint crear un mercat nou per als vins del Penedès.

Els alts i baixos del segle XX

Els primers anys del segle XX són anys dolents. El vi es paga poc, i no surt a compte el conreu de la vinya, però afortunadament Catalunya passa per una de les seves millors èpoques, i gràcies a la iniciativa dels seus homes, que saben fer néixer els primers vins de qualitat, embotellats i envellits, que són venuts emparats per marques de garantia –cooperativa d'Alella, Castell del Remei, Codorniu, Canals i Nubiola, Coop. d'Artés, etc..., i a l'eficaç acció de la Mancomunitat de Catalunya, que amb la seva obra impulsora del cooperativisme agrícola aconsegueix fer néixer noves esperances als pagesos, rebaixant costos i clarificant mercats, lentament les coses van tornant al seu lloc. L'Empordà, el Camp de Tarragona i el Penedès són les comarques on la recuperació és més vistosa, i on una minoria lúcida d'homes del món del vi comença a iniciar els passos vers una orientació cap als esquemes de qualitat dels vins catalans. Aquests esquemes són decididament seguits al Penedès, a Alella i a l'Empordà –amb menys intensitat– però no són seguits amb prou empenta pels comerciants del Camp de Tarragona, que continuen aferrats a l'exportació tradicional de vins a l'engròs.

Als anys trenta, la vinya és encara abundant a Catalunya, perquè a la resta d'Espanya, principalment a València i a la Manxa, la producció era relativament feble, i perquè els transports per carretera eren cars i no gens usuals, però la guerra civil, l'èxode rural cap a la ciutat, l'augment del cost de la mà d'obra, han fet que altra vegada, en el període que va des de 1940 a 1970, s'hagin perdut moltes vinyes, i que zones abans amb preponderància vinícola vegin ara el conreu de la vinya en franca regressió. És el cas del Maresme, del Bages, del Priorat, del mateix Camp de Tarragona, etc... Només les zones on la producció de vi s'ha orientat vers la garantia d'una qualitat mitjançant un embotellat a l'origen han vist incrementada la vinya. Això indica que, a Catalunya, cal una política general dels afers del vi, que condueixi els vins catalans vers el grup de vins de qualitat. I aquesta política ha d'estar fonamentada en tres pilars: millorar els vins mitjançant tecnologia i divulgació enològica, comercialitzar els vins catalans amb la major quantitat de valor afegit possible, i legislar amb esperit d'ajuda i desbrossador d'entrebancs, que ja prou se n'han de vèncer per a conquerir els mercats comercials.

La Generalitat ha de fer possible que després d'aquesta atzarosa història els vins catalans s'acreditin a tot el món, com a vins elaborats amb rigor i dotats de gran qualitat. És l'únic camí efectiu que les nostres comarques vitícoles es repoblin i vegin les seves actuals estretors transformades en riquesa i benestar. Però potser el primer pas ha de ser simplement aconseguir que el gran mercat que és la ciutat de Barcelona deixi de ser l'únic cas del món d'una ciutat enclavada dins d'un territori vinícola que no consumeixi amb preferència els vins nobles del seu propi territori i es decanti pels d'altres comarques. Els vins de taula catalans actuals superen totes les comparacions amb tipus equivalents d'altres orígens, i en el mercat mundial s'estan exportant a preus considerablement més elevats que per exemple els "Riojas". És feina de tots plegats aconseguir que aquesta preferència que el consumidor europeu o nordamericà té pels bons vins catalans la tinguin també els mateixos catalans.

Catalunya, vitícolament parlant, ha d'escollir el camí a seguir. Pot decantar-se per un futur vitícola tipus "Midi" francès o tipus "Manxa" espanyola, que no condueix a res, perquè la nostra geografia suposarà sempre preus de cost més elevats que els possibles en aquestes comarques planes i fàcilment mecanitzables; o pot decantar-se per un futur vitícola tipus Nord d'Itàlia, Suïssa, o Califòrnia, que són regions que han optat per la producció de vins de qualitat que de manera lenta, però constant, van essent acceptats com a tals al costat dels grans vins europeus –Bordeus, Borgonyes, Rins, Xeres, etc... Afortunadament, s'han donat ja passos irreversibles envers aquesta darrera direcció que considerem la convenient, i només cal que una administració pública coneixedora i situada molt a prop dels homes que pateixen els problemes del vi català els ajudi a crear un mercat consumidor, que actuï com a galvanitzador d'aquesta necessària política vers la màxima qualitat.

Un exemple d'un celler del temps de la Mancomunitat.
Façana del Celler Cooperatiu de Falset.

La Catalunya vitícola actual

Una vinya amb Montserrat al darrera. Ambdues coses poden perfectament ser símbols de la Catalunya actual.

La Catalunya vitícola actual

El panorama actual de la vinya a Catalunya és divers. L'activitat vitivinícola està en un punt que, segons quina sigui la direcció de les accions col·lectives, pot degradar-se totalment, pot continuar fent la viu-viu com fins ara, o pot desenvolupar-se en un sentit creador de riquesa i de benestar per a la nostra població agrícola.

Els vinyars

A Catalunya hi ha tres grans zones de vinyars:

La zona centrada en l'Empordà, però que ultrapassa la comarca estricta. És el vinyar sud-pirinenc; el constitueixen les vinyes plantades en la plana oberta i àmplia, compresa entre les dues serralades litorals i que està tancada al Nord pels contraforts pirinencs i al Sud pels nuclis muntanyosos de les Guilleries i el Collsacabra. El total és d'unes 9.500 Ha. de superfície plantades de vinya, que produeixen pels volts d'uns 262.000 Hl. de vi.

A la part del nord d'aquest vinyar, hi ha la zona protegida per la D. O. Empordà-Costa Brava, que és l'única on la vinya és el conreu prepoderant, encara que no únic. Però, a més, la vinya és present i es conrea a la resta de l'Alt Empordà, al Baix Empordà, al Gironès i a la Selva. I encara a certs termes municipals de la Garrotxa. Vins negres, rosats i blancs en són el fruit.

Un altre vinyar considerable és el que encercla, en certa manera, els massissos de Montserrat, la Serra de l'Obac i Sant Llorenç del Munt. Aquests massissos, sobretot pels seus vessants Nord, Oest i Sud, estan voltats de vinyes. El vessant Est, cada dia més ocupat per instal·lacions industrials i estructures urbanes, les veu minvar progressivament. Formen part d'aquest vinyar les zones del Bages, amb el nucli de vinyes d'Artés, amb força densitat i puixança, la zona de l'Anoia, amb Òdena, Igualada, Sant Martí de Tous, etc..., on la vinya s'aguanta. La zona de Martorell o part Nord del Baix Llobregat, amb força implantació a Piera, Abrera, Sant Esteve Sesrovires i les Begudes; conserva molt més el conreu de la vinya que la zona del Vallès, Oriental i Occidental, on pràcticament ha desaparegut. També ha desaparegut quasi totalment de la zona del Barcelonès i del Baix Llobregat; només queden com a testimonis, al Maresme, les vinyes dels turons d'Alella, on el conreu és viu. Per fi, forma part d'aquest vinyar central de Catalunya l'àrea del Penedès, que s'escampa més enllà de la comarca, i que agafa un ampli espai comprenent municipis fins i tot a les Garrigues, Conca de Barberà i l'Alt Camp, i Garraf. Aquest segon vinyar és el més dens de Catalunya i en el seu si es destaquen diverses Denominacions d'Origen: la "d'Alella", que ocupa una zona molt petita dins de la comarca del Maresme; la del "Penedès", que en constitueix el nucli capdavanter i més fortament productor i que s'escampa, a més de l'Alt i Baix Penedès, per Garraf, i part de la zona de Martorell, i de l'Alt Camp, i la de la "Conca de Barberà", que ocupa una àrea limitada dins de la comarca natural d'igual nom. Una part d'aquest vinyar central de Catalunya, la dels municipis de l'Alt Camp fronterers amb el Penedès, entra també dins de la zona protegida per la D. O. Tarragona. Unes 43.000 Ha. de vinya, amb fort predomini de les varietats blanques, produeixen aproximadament 1.700.000 Hl. de vi. El tercer vinyar és el gran vinyar meridional, és el de més extensió i el de més diversitat geogràfica. La vinya s'estén, generalment, compartint els conreus amb avellaners, olivers i ametllers, per les planes del Baix Camp, i del Tarragonès, per la plana alta i els turons de l'Alt Camp, i pels terrenys accidentats i escarpats del Priorat, Ribera d'Ebre i Terra Alta, on la vinya, en feixes de terra aguantades per marges, ocupa els vessants muntanyosos.

Aquest vinyar és predominantment de raïms negres, encara que també produeix diversos tipus de vi blanc. És el clima mediterrani, més càlid que el dels altres vinyars catalans, allò que distingeix aquest vinyar, més que no pas una unitat geogràfica. Totes les terres, des de la serra de la Llena i l'antiplà de les Garrigues fins al mar, i des de la Serra del Boix i el coll de Balaguer que les separa de les terres del Delta, fins a les serres de Montmell ja veïnes del Penedès, són suport de vinyes variades i diverses. Conreus en massa semblants als del Penedès, als plans. Conreus associats, i peces de vinya petites, als terrenys accidentats. Pendents inversemblants i pissarrosos, al Priorat, vinyes de terres grasses a la Ribera, etc..., produeixen aproximadament 1.000.000 d'hectolitres de vi a l'any, de variades qualitats i tipus, procedents de terrenys de tota mena de microclimes de toda condició.

La Denominació d'Origen "Tarragona" és la que ocupa un espai més gran dins d'aquest vinyar. L'Alt Camp, el Tarragonès, el Baix Camp, el Baix Priorat i la Ribera d'Ebre són les zones emparades per aquesta extensa D. O. Dues subdenominacions emparen la diversitat dels seus vins. La de "Comarca de Falset" de vins negres plens, amb vigoria i consistents; la del "Camp de Tarragona" de negres més suaus i tendres i blancs fins i aromàtics; una comarca vinícola, la de "Ribera d'Ebre" de blancs i negres de potència mitjana i forts de taní, completa la zona. També la D. O. "Priorat" forma un enclavament dins d'aquest extens vinyar. Però les seves característiques tant geogràfiques com geològiques així com la particularitat única i excepcional dels seus vins en fan una zona personalitzada i de característiques pròpies. Per fi, forma part d'aquest vinyar, ja que en constitueix la banda més cap a migjorn, la D. O. "Terra Alta", productora bàsicament de blancs daurats, i voluminosos, de gust abrisat i alta potència alcohòlica, però també de negres forts de color i d'astrigència.

Però no s'acaba en aquests tres principals vinyars de gran extensió la presència de la vinya a Catalunya. Fora d'ells i aprofitant valls reduïdes i raconades de muntanyam, la vinya es fa present a d'altres indrets. Taques aïllades de la geografia catalana, en les quals, per la seva exposició solar, per la seva protecció de gelades i freds, per la composició del seu sòl, es reparteixen una mica pertot arreu. Les principals zones de reduïda superfície on existeix una tradició de conreu de la vinya i on s'obtenen vins de considerable qualitat i que s'han de considerar aïlladament d'aquests tres vinyars principals són:

La zona d'"Ulldecona", situada al sud del gran vinyar meridional, separada d'ell per les terres del Delta, produeix vins negres d'alta qualitat, encara que actualment hi predomina el blanc.

La "Conca de Tremp", una comarca vitícola de zona freda, que en una latitud alta, per formar una conca natural protegida del fred, produeix vins de característiques pròpies amb qualitats poc comunes. Aquesta zona s'estén per una part de la comarca del Pallars Jussà, banyada pel riu Segre.

La zona del "Segrià", amb implantació densa i particularitzada en els terrenys a Raïmat, on s'ha posat en pràctica una viticultura racional i amb tecnologia de punta.

Un enclavament vitícola de considerable entitat es troba a la zona Est de les Garrigues i a la zona Sud de la Segarra. La conca fluvial del Sió, Meià, Nalec, Verdú, i l'Albi i el Vilosell, i fins i tot algun enclavament dins de la Noguera, són punts sobresortints d'una àmplia zona de vinya, productora de vins diversos i variats.

Aïllades per solucions de continuïtat dels grans vinyars catalans, aquestes zones vitivinícoles han de veure decidir el seu futur, segons l'acolliment que els seus vins tinguin al mercat. Només amb una política de promoció de la qualitat i de singularització comercial dels seus vins s'aconseguirà vitalitzar el conreu de la vinya tradicional d'aquestes àrees. Cap d'elles, fins ara, no està protegida per Denominacions d'Origen.

Diversitat i unitat dels vins catalans

Tant pel que fa a la geografia, al clima, als tipus i a la varietat de l'originen, el vi català és divers i multiforme. Les més diverses característiques i particularitats víniques es poden trobar en els diferents vins elaborats dins l'àmbit català. Els sistemes de vinificació i d'envelliment també varien d'una a l'altra comarca o zona.

Però, tanmateix, es troba una unitat de fons, en tot vi de Catalunya, que dóna una característica comuna a tots aquests productes tan diferents entre si, dels diversos vinyars de Catalunya. És la unitat que els relliga tots, obtinguda per la dedicació, l'afany de millora i l'esperit de superació dels homes que els elaboren.

Productes ben diferents entre si, estan agermanats per l'esperit de "fer l'obra ben feta", que en general distingeix els homes del vi a Catalunya actualment. La unitat entre els vins catalans és més una unitat humana que una unitat natural. Sobretot en el vessant del conreu de la vinya i de la vinificació als cellers. Ja no tant en la comercialització on certes comarques –Penedès, Tarragona, Empordà i Alella– estan molt per damunt de les altres.

Una acció decidida i encertada per part d'una Administració fortament arrelada a Catalunya aconseguirà reforçar aquesta unitat humana i tecnològica, de progés constant, dels vins catalans, sense perdre'n, sinó contràriament, posant-ne en relleu, la riquesa única de la seva varietat. Només així el qualificatiu "vins catalans" aconseguirà singularitzar-se en el mercat internacional, com a sinònim de qualitat, rigor, bona elaboració i serietat comercial. Els temps que vénen –amb amplis mercats d'elevat nivell de vida i competència ferotge– ho fan imprescindible, d'altra manera veurem caure els vins de Catalunya a la categoria inferior de vins ordinaris, corrents i sense suc ni bruc. En els temps actuals, estancar-se és recular i començar a desaparèixer, cal preparar els nostres engranatges de tota mena per avançar sempre en el prestigi qualitatiu i comercial dels vins catalans. I això és més qüestió de mentalització i de formació dels homes que de característiques naturals dels vins.

Les comarques vitivinícoles catalanes

Una de les característiques més accentuades de tot bon afeccionat als vins –de tot bon enòfil– és la seva curiositat per conèixer les terres, els indrets i els homes que produeixen els vins. És molt normal que l'estimació als vins s'ampliï amb una curiositat i un afany de coneixement de l'entorn que els fa possibles. A això, que és una realitat, obeeix aquest instint quasi automàtic, de cercar a l'etiqueta de qualsevol ampolla de vi la indicació de procedència d'aquell vi, per situar-nos mentalment i relacionar, encara que sigui de manera inconscient, un paisatge, unes vivències o simplement un concepte ideal, si és una terra llunyana i desconeguda, amb les sensacions que estem percebent, o que esperem percebre d'aquell vi.

Per sentit tel·lúric, tot afeccionat als vins, català, és lògic que senti aquesta curiositat i afany de coneixement, doblement forts, quan es tracta de vins catalans. Intentarem posar les bases imprescindibles perquè aquest coneixement –que ha de ser personal i construït pel propi afeccionat– sigui possible. Però tota terra i tot indret productor de vi, de l'ample món, té dret als favors i a l'atenció de tot enòfil ben criat. El coneixement dels vins de Catalunya, que des d'aquest llibre prediquem, no és per posar tanques particularistes a l'ampli univers dels vins del món, sinó per entrenar, per familiaritzar i per obrir portes amb el coneixement d'allò que és nostre i tenim a prop, al gran mar de vins d'Espanya, Europa i de tot el món sencer. I si algun dia es descobreixen vinyes i vins en algun planeta d'alguna galàxia, també ens ha d'agradar mesurar-ne la qualitat i conèixer les particularitats de la corresponent zona de producció, tot fent petar la xerrada, amb el pagès o l'enòleg que l'hagin produït, per més extraterrestre i de fora de la nostra galàxia que sigui.

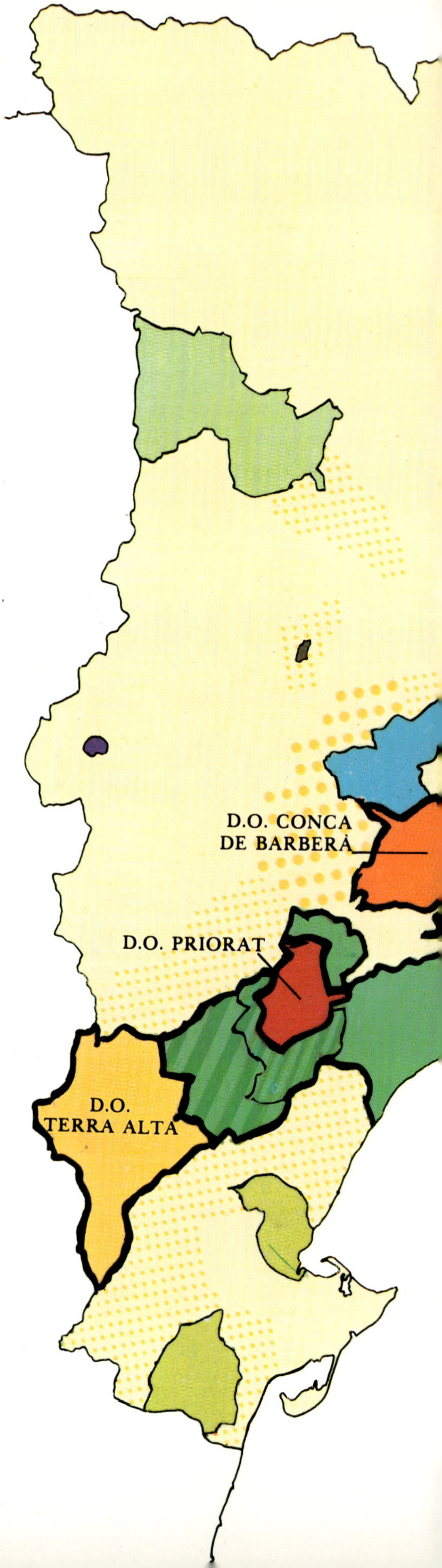

Les Denominacions d'Origen de Catalunya

Tradicionalment, quan un vi agafava prestigi dins del seu mercat consumidor, hi havia tendència a senyalar-lo amb el nom del seu lloc d'origen. Aquest costum no és únicament propi dels vins, sinó comú a molts altres productes agraris, i manufacturats. Certes vegades, la denominació amb què era conegut un tipus de vi no depenia tant del seu origen com de les particularitats que presentavaa degut al seu sistema d'elaboració. És el cas del "vi grec" que els nostres tractadistes medievals anomenen i singularitzen. El cas del "vi de missa", el cas del "vi ranci" i modernament del vi de "cava". Però aquestes són excepcions. De manera general, el mercat consumidor assenyalava les seves preferències anomenant el vi amb l'indret geogràfic d'origen.

L'aparició de les marques comercials per una banda, i la facilitat de transport de grans masses de vi que actualment hi ha, per l'altra, han posat en perill aquest costum tradicional. Els fraus i les substitucions havien arribat a ser tan freqüents i escandalosos, que a tots els països l'Administració es veié obligada a determinar la manera de donar garanties públiques sobre la qualitat i procedència dels tipus de vi amb més demanda. Ja hem dit que a Oporto fou el primer lloc on això es féu; l'any 1756. Posteriorment, sobretot a França, s'anà reglamentant minuciosament sobre Denominacions d'Origen. La legislació espanyola actual sobre Denominacions d'origen ve del Decret sobre l'Estatut del vi de 1932, i posteriorment fou la Llei 25/1970, sobre l'Estatut de la vinya, el vi i els alcohols, que en ser promulgada passà a regir la situació actual.

Cada D.O. posseeix un "Reglament" fruit d'un acord de fons entre els diferents estaments vínics d'una comarca geogràfica determinada, amb l'objectiu de millorar la qualitat i fomentar la comercialització dels vins produïts en aquella contrada que s'acordin amb els tipus i característiques que tradicionalment el mercat n'espera i que el mateix Reglament consigna.

A Catalunya, són set les contrades productores de vins emparats per D.O. reconegudes oficialment: Tarragona, Priorat, Alella, Penedès, Empordà, Conca de Barberà i Terra Alta. Aquestes dues darreres, molt recentment reconegudes. Cada nom

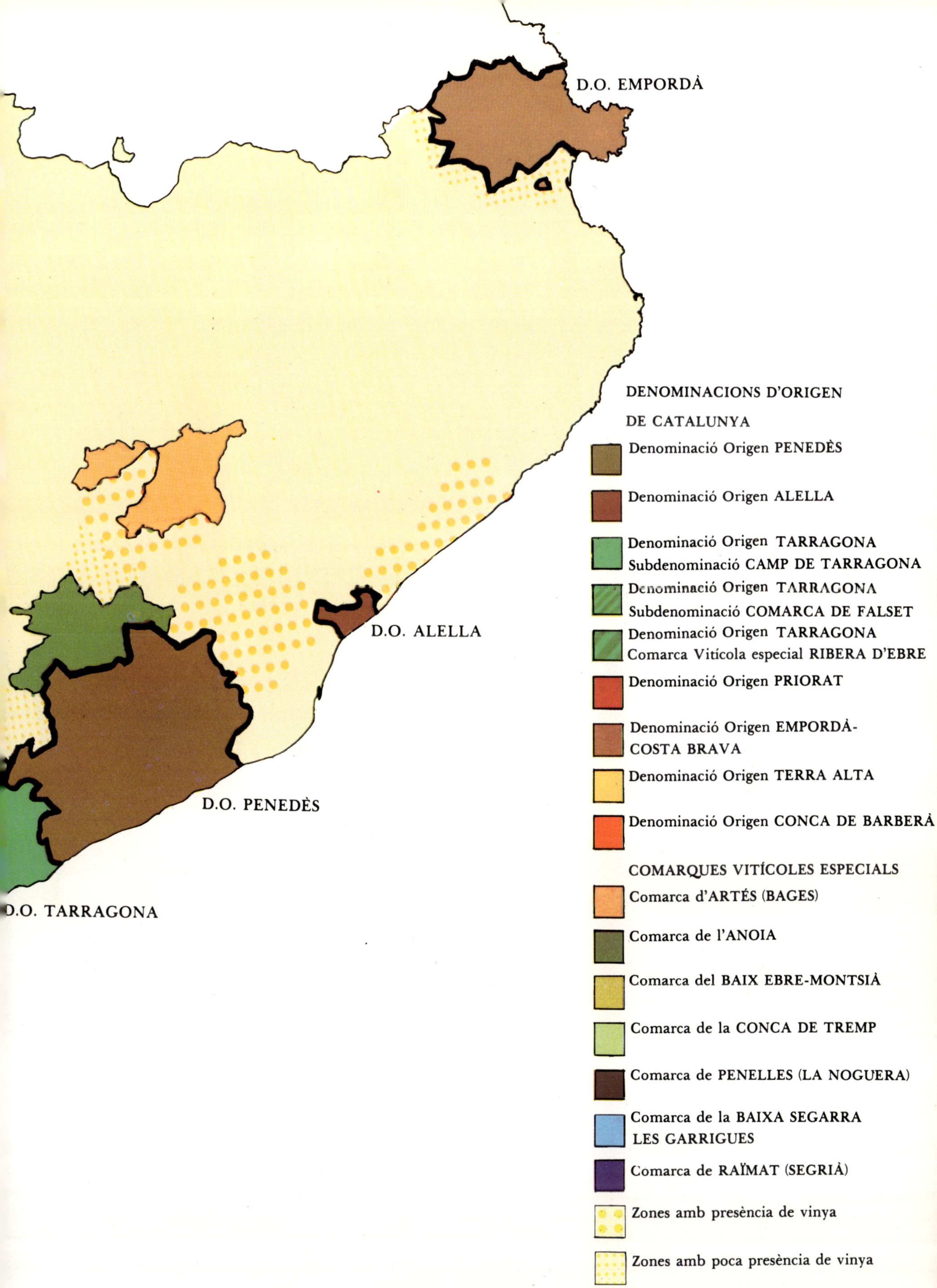
D.O. EMPORDÀ
D.O. ALELLA
D.O. PENEDÈS
D.O. TARRAGONA
DENOMINACIONS D'ORIGEN
DE CATALUNYA
Denominació Origen PENEDÈS
Denominació Origen ALELLA
Denominació Origen TARRAGONA
Subdenominació CAMP DE TARRAGONA
Denominació Origen TARRAGONA
Subdenominació COMARCA DE FALSET
Denominació Origen TARRAGONA
Comarca Vitícola especial RIBERA D'EBRE
Denominació Origen PRIORAT
Denominació Origen EMPORDÀ-
COSTA BRAVA
Denominació Origen TERRA ALTA
Denominació Origen CONCA DE BARBERÀ
COMARQUES VITÍCOLES ESPECIALS
Comarca d'ARTÉS (BAGES)
Comarca de l'ANOIA
Comarca del BAIX EBRE-MONTSIÀ
Comarca de la CONCA DE TREMP
Comarca de PENELLES (LA NOGUERA)
Comarca de la BAIXA SEGARRA
LES GARRIGUES
Comarca de RAÏMAT (SEGRIÀ)
Zones amb presència de vinya
Zones amb poca presència de vinya

d'aquests correspon a uns tipus de vi singularitzats, que els consumidors demanen i tenen el dret d'obtenir amb plena garantia de puresa i de qualitat.

Farà bé el bon afeccionat a cercar en les ampolles que destini a la seva degustació, o a la dels seus amics, la garantia d'una D.O. Per si sola, no és cap assegurança d'excel·lència insuperable; desgraciadament, dins de les D.O. hi ha encara massa vins mediocres, i l'exigència dels diferents cellers elaboradors no s'exerceix amb el mateix rigor en unes i altres firmes o marques responsables, però un vi emparat per una D.O. és una garantia addicional de serietat que, si pot arribar a no ser suficient, sí que transforma en una falta molt més greu la transgressió conscient d'unes normes acceptades i pactades pels pagesos productors i les entitats elaboradores. Sempre, una D.O. és un escut protector dels interessos enòfils del degustador.

I és precisament emparats en aquest servei que les D.O. fan als bons afeccionats, que ens atrevim a demanar-los una contraprestació, a benefici dels bons vins catalans. I aquesta contraprestació, és demanar als consumidors que en parlin, de les D.O. catalanes. Que facin comparacions entre els vins d'unes i d'altres, que discuteixin sobre els tipus de vins d'una mateixa D.O. Que donin a conèixer els èxits i els fracassos en què s'han trobat, destapant ampolles, que pregonin a tort i a dret les satisfaccions gustatives que una determinada ampolla d'un vi català els va produir. Les coses bones s'han d'escampar, perquè la gent les conegui. Les coses no tan bones, s'han de comunicar als responsables perquè les millorin. La difusió i el coneixement dels bons vins emparats per una D.O. catalana necessita l'escalf i la popularitat, que els comentaris, apreciacions i matisos dels afeccionats formats i conscients els puguin donar. Els noms de totes i cada una de les D.O. de Catalunya han d'arribar a ser populars i s'han de trobar freqüentment a la boca dels bons afeccionats. Tan freqüentment, almenys, com s'hi trobin els seus vins.

Diuen dels anglesos que són curts i lacònics i que només saben parlar del temps. Però he observat que quan un anglès ha tingut la sort de degustar una bona ampolla de vi de criança pregona aquest esdeveniment i n'està parlant, durant setmanes senceres. ¿Serem capaços, nosaltres, mediterranis, xerraires i comunicatius, de fer una cosa semblant?

De moment, comencem a fer una exploració del terreny, i disposem-nos a viatjar mentalment per tota la Catalunya vitícola.

Els vins de qualitat

Recentment –Ordre de l'1 d'agost de 1979– l'Administració ha reconegut un altre estadi en la personalització dels vins.

Es tracta del qualificatiu "Vins de Qualitat" amb què podran distingir-se tots aquells vins que compleixin amb els requisits enològics que la mateixa legislació estableix i que són els propis d'un bon vi, sense enganys, elaborat naturalment i de filiació coneguda i determinada.

A més dels vins emparats per les Denominacions d'Origen, podran optar a distingir-se amb aquest qualificatiu tota una sèrie de vins, provinents de les anomenades Regions Vitivinícoles, i també –amb dret a posar el seu origen a les etiquetes per garantir-lo a tot possible consumidor– els vins provinents de les Comarques Vitícoles que si bé, per una o altra raó, no són encara Denominació d'Origen, poden acreditar una tradició de qualitat dels seus vins i una producció quantitativament rellevant.

Aquesta disposició legal és molt important perquè permetrà assegurar al consumidor l'origen del vi embotellat que es disposa a consumir. Una ampolla etiquetada, ornada amb el qualificatiu "Vi de Qualitat" o V.Q., i amb la indicació "Catalunya", ens assegura que aquell vi és tot ell procedent de vinyes catalanes. Si l'indicatiu és per exemple "Conca de Tremp", ens assegurarà que tot ell és provinent de vinyes situades en els municipis d'aquesta comarca, etc.

Però no tan solament això, sinó que el qualificatiu Vi de Qualitat garanteix, a més de la procedència geogràfica de la comarca o regió que consta a l'etiqueta, la procedència d'aquell vi de les varietats de ceps pròpies de cada comarca.

Tardarem encara a tenir les etiquetes dels nostres vins genuïns adaptades a aquests nous requisits legals, però no hi ha dubte que és un fet positiu tot esforç encaminat a donar al possible consumidor la plena garantia sobre la qualitat i l'origen del vi que es disposa a degustar.

El bon afeccionat no tindrà ja més excuses, per no "personalitzar" el vi que degusta. ¡Prou consum de vins innominats i sense filiació! ¡Prou posar-nos a la boca barreges anomenades "vi" però que només són begudes procedents de mil i una mescles i manipulacions! Consumim vins dels quals sapiguem l'origen i les característiques i fem, amb la nostra exigència de clients meticulosos, que el nivell de qualitat dels vins de taula catalans es vagi incrementant dia a dia.

Tractarem seguidament de cada una de les D.O. catalanes i també de les comarques vinícoles de Catalunya on s'elaboren vins amb tradició i personalitat.

Abans d'emprendre el viatge

Disposem-nos ara a viatjar per terres de vins. És engrescador. Els homes, els paisatges, la història, els vins, les menges... Tot un món, plural i divers, però tot ells nostre, anirà passant per la nostra imaginació.

Recorrerem idealment, una a una, les set Denominacions d'Origen catalanes, i encara, després, visitarem també tots els indrets o comarques de Catalunya on el conreu de la vinya i l'elaboració de bon vi formen part de les activitats actuals d'homes compatricis nostres. Però abans d'emprendre aquest viatge ideal, l'autor voldria fer dos advertiments importants al confiat lector. Són aquests:

Primer: Parlarem dels *vins de taula* que arriben al consumidor emparats per una D.O. Aquesta limitació exclou de la descripció detallada tot un sector de vins d'alta qualitat, d'una importància decisiva per a Catalunya, com són els vins escumosos. Sobretot al Penedès, però també a l'Empordà, i encara en algun altre indret, els vins escumosos, preparats per fermentació natural, constitueixen, tant per la seva qualitat com per la seva quantitat, un element d'un gruix importantíssim en la producció vinícola catalana.

Precisament per la importància que al nostre país té l'elaboració d'aquest tipus de vi, fi, elegant i personalitzat, i per la significació social que entre la nostra gent ha arribat a adquirir, hem cregut convenient, tant l'editor com l'autor, fer-ne l'objecte exclusiu d'una futura publicació. La present, però, la destinem a la descripció dels vins de taula embotellats emparats per alguna de les D.O. de Catalunya.

Tampoc no detallarem la gran quantitat de vins de postres, de vins dolços, de vins generosos, de "sangrías", de vins rancis, etc., que les diverses firmes elaboren. Ens centrarem en els vins de taula, i no amb un criteri exhaustiu sinó, senzillament, amb un criteri d'orientació i ajuda al bon afeccionat als vins que vulgui conèixer la riquesa vínica de Catalunya.

Segon: La relació de firmes i marques amb què finalitzem cada una de les D.O. l'hem obtinguda per petició reiterada a cada una de les firmes i entitats que consten inscrites als registres de la respectiva D.O. Totes les que hem rebut les incloem. Cal dir que els breus textos de presentació de cada una, així com la descripció dels diversos tipus de vins, els hem tret de la literatura informativa que les firmes i entitats ens han enviat. No suposen, doncs, cap judici crític de l'autor.

En canvi, sí que són exclusivament atribuïdes a l'autor –i, per tant, totalment personals i particulars– les opinions i judicis que es fan constar, tant sobre les característiques dels vins de cada zona com sobre gastronomia, així com la valoració totalment subjectiva que d'alguns establiments de restauració es fan en aquestes pàgines. Accepto per endavant les discrepàncies d'opinió i les crítiques per omissions, però les "vivències" actuals que conformen el punt de vista de l'autor són aquí consignades.

I ara, fets tots els advertiments que la justícia reclama i la prudència aconsella, disposem-nos a viatjar per les grans zones productores de vins de Catalunya.

La Denominació d'Origen "PENEDÈS"

L'aventura dels vins del Penedès és una aventura digna de ser coneguda. La podríem anomenar com l'aventura de la capacitat de canvi i transformació, per millorar constantment.

L'Home del vi del Penedès, si algun defecte no té, és el de la rutina. Els estaments vitivinícoles de la comarca han sabut avançar i progressar, pel camí esforçat i difícil, però beneficiós a la llarga, d'aconseguir crear una demanda comercial extensa i constant per als seus vins. I això ha suposat una escola de rigor quant a la qualitat, un esperit innovador i progressista, quant als sistemes de conreu i la tècnica enològica, i, sobretot, un intel·ligent esperit comercial, quant a la distribució i venda dels vins Penedès. Al Penedès, s'ha sabut elaborar i criar un excel·lent vi, i aquest és un gran timbre d'honor per als seus homes. Però per mi un altre gran timbre d'honor, per als seus pagesos, ha estat la capacitat de canvi i l'esperit d'innovació que han demostrat al llarg de les generacions; i per als seus comerciants, la seriositat i la constància que els ha caracteritzat, ja que rebutjant camins aparentment més planers i no tan costosos han sabut preferentment dedicar-se a comercialitzar el seu vi –amb totes les plus-vàlues incorporades– en forma d'embotellats amb nom i característiques pròpies; i han aconseguit que arribés a la taula del consumidor tal com surt dels cellers del Penedès.

Això té molta importància, perquè només seguint aquest camí es fonamenta el prestigi d'un vi.

Actualment, es pot afirmar que la del Penedès és la comarca vinícola catalana que forma la punta de llança envers el futur dels vins catalans, i és la que subministra un nombre més gran d'hectolitres de vi de qualitat, i que a més, surt del Penedès, embotellat, i ben diferenciat com a vi de taula de gran prestigi. També radica al Penedès la primacia en l'exportació de vins catalans embotellats. El prestigi a l'estranger dels vins catalans és degut principalment a la concordança de tres estaments de la comarca, en fer les coses tal com s'han de fer; els pagesos, els cellers elaboradors i la majoria dels comerciants embotelladors.

La comarca natural

El marc geogràfic de la comarca natural del Penedès és el d'una depressió entremig de dues serres muntanyoses que prenen la direcció paral·lela a la costa catalana, i una plana en suau declivi, des d'una d'aquestes serres, fins al mar. La més interior, és la serra pre-litoral, que separa el Penedès de l'Alt Camp i de l'Anoia.

El terreny baixa des dels 900 m. de la serra d'Ancosa, que és el punt més alt d'aquest límit interior del Penedès, fins al llit de l'Anoia o del Foix. L'altra serralada, és la litoral, o serra de la Marina, de la qual forma part el massís de Garraf. Des d'aquesta, fins al mar, s'estén la plana del baix Penedès i de Garraf. Descomptant els terrenys ocupats pels boscos a les cotes altes de les serralades, les zones de conreu on la vinya es troba ara assentada al Penedès són:

1er. La plataforma del litoral, que agafa considerable amplada, al sector meridional del Penedès, des del Vendrell, fins a Vilanova i Sitges.

2on. Els vessants orientats al Sud-est, de la serralada litoral; importants encara per la vinya, cap a Sant Pere de Ribes, i abans de la fil·loxera, a Sitges.

3er. La depressió de l'Alt Penedès, compresa entre una i altra serralada paral·lela. Al bell mig d'aquesta depressió, es troba Vilafranca. Formada per infinitat de turons i de petits pujols, aquesta depressió permet la presència de vinyes de tota orientació i de tota alçària, entre els límits de 250 m a 600 m. Els terrenys més plans es troben per Vilafranca i Sant Sadurní.

4rt. Els vessants de cara al migjorn, de la Serralada Pre-litoral, ocupats per la vinya, en l'hipotètic eix marcat per la Llacuna, Sant Quintí de Mediona i Piera.

L'acció reguladora del mar, i la imponent muralla de protecció dels vents freds del Nord que suposa el massís de Montserrat, fan aparèixer el conjunt total del Penedès com un espai geogràfic de clima temperat, amb hiverns dolços, i estius no massa secs. Aquest és l'escenari, on al llarg del temps històric l'home del Penedès ha plantat les seves vinyes i ha construït la seva riquesa.

La terra, la vinya i els homes

La trilogia mediterrània, de blat, vi i oli, constituïa en temps dels romans el fonament vitícola del Penedès. Ja abans, però, en temps ibèrics, les grans moles de pedra per a premsar raïm, procedents dels poblats ibers de Mas Castellà (Sta. Margarida i els Monjos) i Masmuió (Guardiola de Font-rubí) i que avui es guarden al Museu del vi de Vilafranca, ens deixen entendre que el raïm i el vi eren ja familiars a aquells primitius habitants del Penedès. L'Arc de Berà, a l'extrem sud, i els Arcs del Pont de Martorell, a l'extrem Nord, eren com les portes a un paisatge bastant diferent a l'actual. Gairebé tot eren alzinars, molt pocs pins, clapes de roure –el nom de Sant Esteve Sesrovires encara ens els recorda– i en clarianes disperses, al voltant dels nombrosos nuclis de població, els camps de blat, les plantacions d'oliveres, les ben assentades "vil·lae", i escadusseres vinyers. A la plataforma litoral, potser la vinya era més abundant.

A l'època medieval, els conreus del Penedès foren molt més variats. Molt més també que no pas ho són ara. La dificultat de comunicacions imposava l'autarquia, i la comunitat humana del Penedès havia de produir-se allò que li calia dins de la seva comarca. Plantacions de lli i de cànem ocupaven els terrenys que es podien regar. Sabem que era normal collir safrà. Figueres i codonys eren els arbres usuals, i també cap al Segle XVI moreres per a alimentar cucs de seda. Guixes, faves, sègol, mill, etc..., també eren conreus usuals. Però sempre hi havia la presència de la vinya, l'expansió esplendorosa de la qual ningú no podria preveure encara.

És a la zona de Garraf on primer arrela la vinya com a conreu especialitzat. I cal creure que un primer impuls hi fou donat per les plantacions efectuades als terrenys abruptes de Garraf dels ceps tipus Malvasia, que els guerrers catalans de la companyia d'Orient havien portat cap al Segle XV procedents de la ciutat grega de Malvasia, a la Costa de l'Adriàtic, i de les illes gregues en general. El vi grec, dolç i embafador, era una beguda luxosa, i del seu conreu i elaboració en van sortir els primers especialistes vitivinícoles del Penedès. Els primers vins de luxe havien nascut, i si no els ceps, el prestigi de la malvasia de Sitges ha arribat fins a nosaltres. De les zones de la costa, el conreu de la vinya va passar a l'interior, entre 1650 i 1750. Dos factors ho van afavorir: l'augment de la població i les possibilitats d'exportació marítima, no tant del vi, com de l'aiguardent, del comerç del qual els holandesos i els anglesos s'havien fet els amos.

L'existència "d'olles" i "fassines", és a dir, de primitius alambins de destil·lació, era corrent a totes les masies i nuclis de població, i així, els excedents de vi no consumits es podien adinerar transformant-los en aiguardent. Heus ací l'origen de l'actual "brandy" català. Les vinyes comencen a expandir-se a costa del cereal i altres conreus.

La construcció del ferrocarril, l'any 1865, fou la causa que tragué la primacia vitícola a la zona litoral, i la passà a la depressió interior del Penedès. La comarca interior quedava unida amb els ports de Barcelona i de Tarragona, i tenia a l'abast uns nous mercats consumidors dels seus vins. Aquest fet fou el que transformà el paisatge i el va configurar ja com l'actual. Desaparició de boscos, desaparició de molts conreus –figues, safrà, guixes–, reducció dels de cereals a la mínima expressió, etc... I transformació del Penedès, en el que ara és, un mar de vinyes.

Però cap a l'any 1865 la majoria de vins del Penedès eren negres, encara que també se'n feien de rosats i de blancs. Si hem de creure les manifestacions dels coetanis, la majoria d'elaboradors, com que només se'ls pagava per la quantitat d'alcohol que, destil·lat, produïa el seu vi, no posaven massa interès a millorar-ne la qualitat. A més des de 1886 fins a 1900 va existir una demanda artificial produïda per l'aparició de la fil·loxera a França, que va delmar les vinyes d'aquell país, mentre que les catalanes encara no n'havien estat perjudicades. Tot el vi estava sempre ben venut, fos quina fos la seva qualitat. A diferència del que passava a altres zones vinícoles (la Borgonya, Bordeus, etc...), la preocupació per envellir vins i augmentar-ne la qualitat no era sentida al Penedès.

Però dues circumstàncies noves van venir a alterar aquest panorama i a trabucar aquesta situació, a favor de la lluita per la qualitat, i l'esperit d'innovació que caracteritza el Penedès actual.

Una, és l'inici, en 1872, de l'elaboració del vi escumós, seguint els mètodes propis de la Champagne. Va ser obra de Josep Raventós, seguida i impulsada després amb gran alenada pel seu fill Manuel Raventós. Des de la masia de Can Codorniu, es va marcar el camí del futur enològic del Penedès.

L'altra, va ser l'aparició cap a 1887 dels primers atacs de fil·loxera, a la comarca. Aquesta mateixa plaga, que quan era flagell de les vinyes franceses va ser la causa de la riquesa dels viticultors catalans, ara era el motiu de la seva desgràcia.

Tant una causa com l'altra van trobar una bona resposta en el tremp dels homes del Penedès. Entitats com el Centre Agrícola del Penedès, organismes com l'Estació Enològica de Vilafranca, individualitats com Cristòfor Mestre, Manuel Raventós, Josep M. Riba, Marc Mir, etc., i, en general, l'impuls que els serveis agrícoles de la Mancomunitat de Catalunya van saber donar a l'esperit associatiu i als afanys de cultura dels pagesos, transformaren altra vegada el paisatge del Penedès.

La lluita contra la fil·loxera, de la qual els homes del Penedès foren capdavanters, es féu replantant la vinya amb peus americans. Però ara s'abandonaren al bosc moltes vinyes de coster, i es concentraren al pla. I les varietats negres foren substituïdes per les blanques, que actualment senyoregen per tot el Penedès. Fou també a principis del Segle XX que s'iniciaren els primers intents d'embotellar i criar vi de taula. Les zones de Sitges, el Vendrell i Vilafranca en foren les peoneres. Aquesta llavor és la que ha originat posteriorment tota l'actual expansió i empenta que els vins Penedès tenen actualment als mercats interiors i exteriors.

Les varietats i els vins

A la zona litoral predomina, en la part plana, el *macabeu*. De raïms atapeïts i de pell fina, si bé és productor d'un vi d'aroma molt fina, melosa i rica, és també la varietat més fràgil i més sensible a les malalties produïdes pels fongs. El macabeu fa vins agradabilíssims amb un nas extraordinari i d'una fruitor verge i innocent, quan està ben elaborat. És un vi que es fon a la boca tot perfumant-la. Perd aquesta caracterís-

BAIX PENEDÈS
ALT PENEDÈS
GARRAF
Agulla Grossa
Santa Maria de Miralles
Sant Romà
Orpinell
La Serra
Cabrera d'Anoia
Vallbona d'Anoia
Sant Antoni
Rofes
Can Jombo
Can Feixes
La Quadra d'Agulladols
Sant Pere Sacarrera
Canaletes
Vilademager
Mediona
La Llacuna
Les Deus
Can Formiga
La Torrebusqueta
Les Cases Noves de Can Pardo
Sant Quintí de Mediona
Sant Pere de Riudebitlles
Mas Bolet
Castellar
Les Llombardes
L'Avellà
Terrassola
Les Obagues
St. Martí Sadevesa
L'Alzinar
El Mas de Pontons
Font-rubí
Cal Rossell
El Pla del Penedès
Can Ponç i Subal
Mas de la Pineda
Guardiola de Font-rubí
Pontons
El Mas Guineu
M. D. de Foix
Cal Via
Can Soler de Roset
Sant Joan de la Muntanya
La Rovira Roja
Puigdàlber
Pujolet i Bellver
La Verna
Cal Miret
Can Colomer
Vilobí del Penedès
Santa Fe del Penedès
Cal Sisplau
Bruguères
Les Ordes
Torrelles de Foix
Vallformosa
Can Figueres
Sant Martí Sarroca
Can Sogues
La Granada
La Planeta
Sta. Agnès
Les Cantarelles
Les Cabanyes
El Pla de Manlleu
Els Hostalets
La Bleda
Selma
Romaní
Pacs
Vilafranca del Penedès
Les Pobles
Aiguaviva
La Torre
Rovellats
Les Conilleres
El Pla de la Bleda
Masbarrat
St. Marc
Marmellar
La Roca
Cal Canonge
La Vall de St. Marc
El Maset del Noia
Can Farines
El Molí d'en Rovira
Les Destres
Les Cases de la Riera
Cal Salines
El Montmell
Castellví de la Marca
Cal Rubió
Can Ferrer
C. Margarit
La Múnia
Moja
Les Cases Noves del Marcà
Els Monjos
La Joncosa
La Carronya
Sant Marçal
Sta. Margarida
Sant Jaume dels Domenys
La Ràpita
Olèrdola
Cornudella
Els Hostals
Llorenç del Penedès
Lleger
Les Massuques
La Bisbal del Penedès
La Torregassa
La Llacuneta
Ortigós
Banyeres del Penedès
Foix
Torrelletes
Àliga
Canyelles
El Papiolet
Sant Miquel
El Torrent
Saifores
L'Arboç
Castellet
Embassament de Foix
Les Peces
Santa Oliva
Gornal
Albinyana
Lourdes
Mas Torras
Bellvei del Penedès
Clariana
Rocacrespa
Vilanova i la Geltrú
Bonastre
Montpaó
St. Pau
Les Planes
Sant Vicenç de Calders
El Vendrell
St. Miquel
Calafell
Cubelles
Cunit
Pta. de St. Pere
Roda de Berà
La Platja
Segur de Calafell
Sant Salvador
Coma-ruga
Creixell de Mar

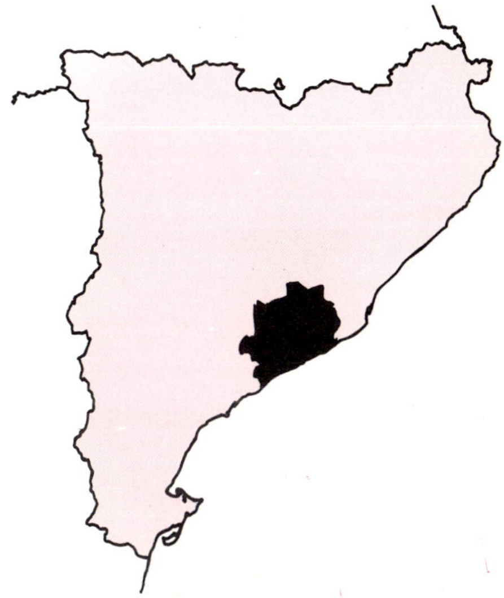

LES XIFRES DE LA D.O. PENEDÈS

Ha. de vinya 25.000

Producció total de vi: 1.300.000 hl. aprox.

Termes municipals emparats per la D.O.: Abrera, Avinyonet, Begues, Cabrera d'Igualada, les Cabanyes, Canyelles, Castellet i Gornal, Castellví de la Marca, Castellví de Rosanes, Cervelló, Corbera de Llobregat, Cubelles, Font-rubí, Gelida, la Granada, Hostalets de Pierola, la Llacuna, Martorell, Masquefa, Mediona, Olesa de Bonesvalls, Olèrdola, Olivella, Pacs, Piera, el Pla del Penedès, Pontons, Puigdàlber, Sant Cugat Sesgarrigues, Sant Esteve Sesrovires, Sant Llorenç d'Hortons, Sant Martí Sarroca, Sant Pere de Ribes, Sant Pere de Riudebitlles, Sant Quintí de Mediona, Sant Sadurní d'Anoia, Santa Fe del Penedès, Santa Margarida i els Monjos, Santa Maria de Miralles, Sitges, Subirats, Torre-lavit, Torrelles de Foix, Vallirana, Vilafranca del Penedès, Vilanova i la Geltrú, Vilobí, Aigua-múrcia, Albinyana, l'Arboç, Banyeres, Bellveí, la Bisbal del Penedès, Bonastre, Calafell, Creixell, Cunit, Llorenç, el Montmell, Roda de Berà, Sant Jaume dels Domenys, Santa Oliva i el Vendrell.

Varietats autoritzades: Garnatxa, carinyena, monastrell, ull de llebre i samsó, de les negres, i de les varietats blanques: Macabeu, xarel·lo, parellada o montònec i subirat parent.

Característiques dels vins de taula:

Tipus	*Graduació alcohòlica*
Blanc	9, - 13°
Rosat	10, - 13°
Negre	10, - 14°
Vins d'agulla	10, - 13°
Vi escumós natural de qualitat	10,8 - 12,8°

Adreça del Consell Regulador: Apartat 43 VILAFRANCA DEL PENEDÈS (Barcelona)

tica quan s'elabora malament, i els anys de podridura.

El coster de la zona litoral, i els vessants de la carena de muntanyes de Sant Pere de Ribes, Olivella, Olèrdola i Canyelles, són zones de varietats de raïm negre. Hi podem trobar encara força *sumoll,* una varietat no massa recomanable, perquè a part de no envellir massa bé és excessivament fustosa de paladar, però des de fa uns 20 anys aquestes zones s'especialitzen, impulsades per les firmes comercials elaboradores, en el conreu de les varietats de negre, protegides pel reglament de la Denominació d'Origen, que són el *monastrell, l'ull de llebre, la carinyena, el samsó* i *la garnatxa.*

Els vins negres embotellats del Penedès, obtinguts amb sàvies dosificacions de mostos d'aquestes diverses varietats, són creació relativament moderna.

Encara que sempre s'havia elaborat negre, la introducció del concepte de criança va iniciar-se amb els blancs i l'empenta i la volada que el vi escumós de cava ha pres al Penedès encara ha contribuït a decantar més la balança a favor dels blancs.

Però d'uns 20 anys ençà surten del Penedès uns vins negres embotellats que parlen de tu a tu amb els de les zones vinícoles de més anomenada, i que acostumen a superar-los en regularitat, en qualitat i en suavitat i "bouquet".

Són vins arrodonits, amb esclat, sedosos i molt equilibrats; que presenten nervi i que, per la seva graduació moderada, no provoquen pesantor. Els negres del Penedès tenen esdevenidor comercial, perquè a més de pertànyer al tipus de negre que la moda actual prefereix presenten un "standard" de qualitat alta, que es manté amb regularitat al llarg dels anys i han entrat al mercat, tant interior com internacional, amb plantejaments seriosos, tant pel que fa a anyades, presentacions i estil propagandístic, com pel que fa referència als hàbits i procediments de venda.

La fossa de l'Alt Penedès, la gran zona productora, és on regna el xarel·lo. També hi ha macabeu, però en menor quantitat. El xarel·lo produeix el vi bàsic per a l'elaboració de l'escumós català. Produeix un vi sàpid, un vi sedós i consistent, força aromàtic, un punt acidós i amb un toc de tendresa, que ens dura dins de la boca. De grans esparsos i grossos, és més resistent que el macabeu, i es verema sempre després.

Els costers de la serralada interior, i en general les terres més altes i fredes de la part Nord, són ocupades principalment per la varietat parellada o montònega (Montònec). Aquesta varietat, minoritària dins del Penedès, és recercada i primada pels elaboradors de vins fins i escumosos, perquè aporta als vins del Penedès frescor, finor, distinció i una sensació elegant d'aroma floral, subtil i delicat. De grans verdosos, és de collita tardívola i dóna mostos d'acidesa equilibrada, extraordinàriament aptes per a donar nervi i personalitat als vins de xarel·lo i macabeu. També s'han plantat al Penedès noves varietats d'origen europeu. Com a blancs, la varietat *"Chardonnay"* dóna vins, plantada a les terres del Penedès, amb les característiques pròpies dels vins blancs, de Chablis i de Borgonya, potser més gruixuts i rudes, però amb la potència aromàtica característica d'aquesta varietat.

Les experiències fetes amb el *Riesling,* varietat productora dels vins del Rin i també d'Alsàcia, no han reeixit potser tant, encara que han produït vins força estimables.

De les varietats negres europees, el *Pinot Noir* no ha acabat de donar resultat. Les vinyes són de producció irregular i migrada, i els vins, verds i fustosos, estan molt lluny dels seus cosins de la Borgonya.

Altra cosa són els vins produïts pel *Cabernet Sauvignon,* varietat originària de Bordeus, que arrela força bé al Penedès i aconsegueix vins d'aroma peculiar, bon color, potència de gust i envelliment extraordinari.

El problema dels vins del Penedès, que ja hem dit que tenien un futur brillant des del punt de vista comercial, rau en l'escassetat de negres. Cal afrontar amb diligència aquest problema, perquè d'altra manera no es podrà servir la demanda del mercat sense portar vins d'altres orígens. Heus aquí un nou repte al qual els homes del Penedès sabran respondre com sempre han fet; amb realisme, eficàcia i afany de superació. Resoldre aquest problema, vol dir estimular la plantació de les varietats emparades per la Denominació d'Origen, i també de les varietats noves que han demostrat bona aclimatació. El prestigi que els negres del Penedès s'han guanyat –la seva és una qualitat guanyada a pols, una qualitat aconseguida amb treball d'orfebre– en fa preveure una forta demanda, i cal que el Penedès es prepari per a poder atendre-la.

Llocs interessants per a l'afeccionat als vins

A l'afeccionat als vins, li cal anar amb calma i delectança, a donar un tomb pel Penedès. La mesura, la serenor i l'aplom mediterranis li ompliran els ulls. Les terres ben treballades, la visió d'un paisatge "fet" per l'home i el mar de vinyes que inunda planes, turons i petites valls el transportaran mentalment a sentir-se fortament arrelat a aquesta terra, de tradició i empenta. El tast sovintejat dels seus blancs, dels seus escumosos, dels seus rosats i dels seus negres de taula serà com marcar el viatge amb unes fites senyalades, que ens permetran de conscienciar-nos i afermar-nos en la nostra afecció: els vins.

No pretenem fer, ara, un inventari exhaustiu de tots els llocs d'interès turístic del Penedès; això ho trobarà el lector a qualsevol guia, o a les oficines d'informació turística.

Tampoc no pretenem que els consignats siguin els únics punts d'interès vitivinícola del Penedès.

Som conscients que n'hi ha molts més i

que en deixem de consignar de molt importants. Però calia escollir, i l'autor ho ha fet. Els llocs assenyalats són únicament aquells que per una raó o altra creiem que poden contribuir a què, quan els visiti, el viatger o l'afeccionat pugui copsar més plenament l'entorn propi del vi del Penedès.

El Museu del vi a Vilafranca

Situat a la "Plaça més bella de Catalunya", dins del palau del Rei Pere III, i davant de la Seu, elegant mostra del gòtic català, reuneix una sèrie d'elements, maquetes, records i informació sobre el vi i la seva elaboració i comerç al llarg del temps. És la seu social de L'Acadèmia de Tastavins Sant Humbert, benemèrita entitat, que des de fa ja anys es dedica a difondre l'amor i l'afecció als bons vins.

Les caves Rovellats de la Bleda

Unes caves modestes, d'elaboració de vi escumós, però amb un aire modernista i pintoresc que les fan dignes de ser visitades. La Bleda és un nucli de població proper a Vilafranca.

El barri dels magatzems de vi de Vilafranca

Situat al llarg de la via, davant de l'estació, permet albirar el que eren els grans magatzems de vi del Segle XIX. Hi tenen estatge els cellers de grans firmes elaboradores de vi. Els vins Torres, els Vermuts Aquila Rossa, unes instal·lacions de vinificació de la Casa Codorniu, etc..., així com tallers de tinaires i boters, donen al barri un regust vinícola. Val la pena visitar els cellers Torres, que es troben en aquest barri. Aquests són els cellers antics, mentre que a Pacs del Penedès, població veïna, n'hi han construït recentment uns altres.

Amb poc esforç es podria evitar la transformació i despersonalització d'aquest barri de Vilafranca, i accentuar el seu caràcter i personalitat vitícola, tal com s'ha fet en barris similars de ciutats d'Alsàcia i Borgonya, per exemple. Construccions massa funcionals, i instal·lacions industrials diverses, desvirtuen ja, ara, aquesta aspiració.

Una visita a les principals caves de Sant Sadurní

Totes són prou interessants, però l'afeccionat als vins gaudirà visitant les caves Codorniu. L'arquitectura de Puig i Cadafalch, els jardins esplèndids, el roure centenari i el conjunt de caves més gran del món valen una visita. Igualment les caves Freixenet, presidides per un edifici de bella façana noucentista. També les caves Segura-Viudes valen la pena de ser visitades, pel bon gust i espectacularitat de les seves instal·lacions. I moltes altres.

És interessant treure el cap al pati interior de Can Guineu, casa pairal antiga de Sant Sadurní, situada al Casc Urbà. Com també una visita a Can Martí de Baix, masia, celler i caves, de la rodalia de Sant Sadurní que conserva els trets definitoris de la típica masia penedesenca.

A la D.O. Penedès hi ha força masies de bella planta, generalment dotades d'instal·lacions vinícoles. Heus-ne aquí una mostra.

El celler circular de Santa Oliva

Prop d'aquesta localitat, veïna del Vendrell, podem veure un celler bastit segons una tècnica innovadora, en forma circular. Abarateix el cost de la mà d'obra.

L'estació Enològica de Vilafranca

Si el viatger està realment interessat en les coses del vi, li recomanen d'agenciar-se una visita a aquest interessant centre de la ciència enològica de la Comarca.

Els cellers de la Cooperativa Covides de Sant Sadurní

Aquestes instal·lacions, fruit de l'esperit de lluita solidària dels pagesos del Penedès, sorprendran el visitant per la modernitat del seu utillatge. Són cellers d'elaboració, no de criança ni embotellat.

El poble de Monistrol d'Anoia

Aquest poblet, pintoresc i bell com n'hi ha pocs, és la seu de la firma Marquès de Monistrol. És interessant la visita de les seves instal·lacions i caves. El viatger se n'emportarà un grat record.

La Masia Bach

Situada a la carretera de Martorell a la Beguda Alta, aquesta Masia senyorial i el conjunt dels seus cellers i caves satisfaran tots els afeccionats a les coses del vi.

Els cellers dels sindicats i cooperatives

Tots són interessants de visitar, però potser sobresurten els de les Cabanyes, i el de Llorenç del Penedès, el del Vendrell, per la seva arquitectura.

Can Nadal del Pla

Una altra bella mostra de masia, elaboradora de vins i d'escumosos, regida per la mateixa família des de fa més de 500 anys. Digna de visitar.

Gastronomia

Al Penedès, el viatger podrà menjar molt bé, però, dissortadament, també podrà fer-ho molt malament. El restaurant impersonal, especulatiu, de masses i estereotipat, és abundant, massa abundant, sobretot a la franja marítima. Però, de bons, també n'hi ha molts. Tants, que no en podrem donar una llista exhaustiva. N'assenyalarem els caps de brot, que actuen en certa manera com a senyals d'identitat.

Per exemple, després de visitar el Museu Romàntic de Vilanova i la Geltrú, arribem-nos a Cal Peixerot. A Sitges, després de visitar el Cau Ferrat, bella mostra de ceràmica i ferros forjats, una sentada a un bon restaurant del passeig és recomanable.

A Vilafranca, Can Joan, prop de l'estació i, a Sant Sadurní, Ca la Neus, són llocs on la cuina és personal i consistent. Deixeu-vos-hi caure i que us aconsellin. A la fonda de l'Ermita, a Sant Salvador, i al Restaurant Pi del Vendrell, també hi trobarem aquell toc humà, personal i de confiança, que transforma un dinar en un plaer agradable.

És segur que el viatger curiós pot trobar moltíssimes més "perles" gastronòmiques escampades per tot el Penedès. Cal descobrir-les, tot guardant-se de caure en mans de cuiners sense solatge i de propietaris sense entitat.

Els vins de taula embotellats

Presentarem els principals vins de qualitat, que s'embotellen i s'envelleixen emparats per la Denominació d'Origen Penedès.

En tots ells trobarà l'afeccionat allò que els trets naturals de la comarca, juntament amb una acurada tècnica enològica, han pogut construir damunt d'uns fonaments que són les varietats dels ceps. Cada marca i cada tipus, però, posseeix unes virtuts o uns defectes, que la faran més o menys preferida pel paladar del degustador.

Vins Torres

Des de 1870, la mateixa família, avui dia ja en la 5a. generació, s'ha dedicat al conreu, elaboració, criança i embotellat dels seus vins.
Els cellers Torres, situats al barri vinícola de Vilafranca, han estat recentment ampliats amb unes exemplars instal·lacions a Pacs del Penedès.
A més dels vins de taula i generosos –coneguts arreu del món–, la marca Torres distingeix també uns dels més prestigiosos brandis del Penedès.

Adreça: Torres - c/ Comerç, 22 -
VILAFRANCA DEL PENEDÈS
(Barcelona)

Els principals vins de taula que elaboren són:

"Vinya Sol" Blanc sec, lleuger i delicat.

"San Valentín" Blanc semisec, perfumat i delicat.

"Coronas"
Negre sec i vigorós, però delicat i fi de paladar.

"Sangre de Toro"
Negre de molt cos, acolorit i de caràcter.

"Vinya Santa Digna"
Negre d'aroma profund, sedós al paladar.

"Vinya Esmeralda"
Blanc molt perfumat, a l'estil dels vins d'Alsàcia.

"Rosado de Casta"
Fràgil i delicat, afruitat i de bon paladar.

A més, cada tipus posseeix la denominació "Gran" (exemple Gran Coronas, Gran Viña Sol, Gran Sangre de Toro, etc.) per a les partides de gran qualitat.
També elabora i cria Brandys i vins generosos.

Masia Bach

Aquesta firma, implantada al terme de Sant Esteve Sesrovires, constitueix un bell conjunt de cellers i de caves. Té vinyes pròpies, però elabora també raïm que adquireix als pagesos de la zona. Una masia senyorial presideix les instal·lacions. Són dignes d'admiració les seves llargues caves d'envelliment en barriques.

Adreça: Masia Bach - Sant Esteve Sesrovires.
Masia Bach - Gran Via de les Corts
Catalanes, 644 - BARCELONA

Els tipus de vins elaborats són:

Extríssim Sec Bach
Blanc sec molt afruitat. Elegant i fi.

Extríssim Bach Gran Reserva
Blanc dolç natural de gran prestigi.

Rosat Bach
Lleugerament envellit i sec.

Negre Bach
Envellit, equilibrat i amb un bell "bouquet".

Marqués de Monistrol

Cellers situats a Monistrol d'Anoia, preciós poblet a 3 km. de Sant Sadurní d'Anoia. L'elaboració d'un escumós de Cava i dels vins de taula de gran prestigi ocupa pràcticament tots els veïns, des de fa ja moltes generacions. La firma data de 1882.

Adreça: Caves Marqués de Monistrol -
MONISTROL D'ANOIA (Barcelona)

Els principals vins de taula elaborats són:

"Vin Nature Blanc de Blancs"
Vi joveníssim, flairant i delicat.

"Negre Gran Reserva"
Color robí, vellutat i hàrmonic.

"Blanco Suave" i "Blanco Reserva Especial"
Blancs del Penedès, dolç i sec respectivament.

"Rosat Reserva Especial"
Aroma suau i sabor afruitat.

René Barbier, S.A.
Conde de Caralt, S.A.

Dins de la bella hisenda de la societat Segura Viudas, situada al veïnatge del terme de Sant Sadurní d'Anoia, a més dels vins escumosos de Cava, s'hi elaboren i crien els vins de taula distingits amb aquestes dues denominacions. El conjunt de caves i cellers és digne de visitar.

Adreça: René Barbier, S.A. - Apart. Correus, 30
Conde de Caralt, S.A. - Apart. Correus, 30 - SANT SADURNÍ D'ANOIA (Barcelona)

Tipus principals de vi de taula elaborats:

"René Barbier"
Blanc, Rosat i Negre i també blanc suau, en la típica elaboració del Penedès.

"Negre Reserva René Barbier"
Gran negre envellit, amb "bouquet" i un vellutat singular.

"Conde de Caralt"
Blanc sec, Blanc suau, Rosat i Negre.

"Negre Reserva Conde de Caralt"
Reserva limitada, amb caràcters de gran qualitat.

"Martorell Vinícola"

Aquest celler cooperatiu fundat en 1960, amb 56 socis, en té actualment 202, rep i transforma el raïm de Martorell, Abrera, Sant Esteve Sesrovires, Castellví de Rosanes, Gelida, Sant Llorenç d'Hortons, Masquefa, Piera, Pierola, els Brucs i Collbató.

Adreça: Martorell Vinícola - Av. General Mola, 7
MARTORELL (Barcelona)

Embotella i cria diversos vins de taula, els principals són:

"Telobis"
Vins blanc i negre, característics de la comarca. El nom "Telobis" és l'antic nom romà de Martorell.

"Blanc peix"
Vi blanc, suau i aromàtic.

Unió de les Cooperatives del Penedès

Aquesta entitat, que elabora i embotella vins procedents dels cellers cooperatius emparats per la D.O. Penedès, dins del marc de la Unió Agrària Cooperativa, té les seves instal·lacions a l'antic celler de la cooperativa Agrícola del Vendrell.

Adreça: Unió de les Cooperatives del Penedès -
Passeig Castellar, 15 - EL VENDRELL (Tarragona)

Comercialitza els següents tipus de vi:

Castell de Calders
Blanc superior, lleuger i aromàtic.

Terra Baixa Selecte
Vins típics del Penedès.

Masia Puigmoltó

Una típica masia penedesenca, on el mateix colliter, Sr. Raimon Güell, elabora i embotella els seus vins.
Està situada a l'indret de Sant Marçal, entre els termes de l'Arbós i de Castellet i Gornal. Data del segle XVII.

Adreça: Masia Puigmoltó
SANT MARSAL (Penedès)

Vins de taula elaborats:

Masia Puigmoltó
Blanc sec, Rosat i Negre.

Gran Reserva Masia Puigmoltó
Negre sec envellit en roure.

Cellers Bosch-Güell, S.A.

Fundats en 1886, com a casa exportadora de vins, es dedicà a l'elaboració i criança de vins. Posseeix actualment uns moderns cellers a Vilafranca del Penedès.

Adreça: Cellers Bosch Güell, S.A.
Via Laietana, 11 - BARCELONA-3

Els vins de taula elaborats per aquesta firma, són:

Rómulo Bosch "clarete" fi
Vi negre claret, de 12°.

Rómulo Bosch blanc sec
Blanc escollit, sec, de 12°, afruitat.

"Sublime" Blanc mig dolç.

"Pinot" Negre sec, apropiat per a les carns.

També elaboren vins generosos i "sangries".

"Heredad Montsarra"

Aquesta finca, situada a Torrelles de Foix, a l'Alt Penedès, embotella únicament vins de les seves pròpies vinyes.
Els cellers daten del segle XIX i formen un conjunt arquitectònic de bella planta.
Es tracta d'un celler artesanal de producció reduïda i elaboració totalment natural.

Adreça: Heredad Montsarra - TORRELLES DE FOIX (Barcelona)

Vins de taula elaborats:

Heredad Montsarra - Macabeu 1977 i 1974
Blanc procedent exclusivament de macabeu.

Heredad Montserra - Xarel·lo 1977
Blanc procedent de xarel·lo.

Heredad Montsarra - Cupatge 1975/76
Cupatge de les varietats parellada, macabeu, xarel·lo.

C.V.P.
Companyia Vinícola del Penedès.

Posseeixen cellers a Vilafranca i elaboren els seus vins amb macabeu i xarel·lo els blancs i amb sumoll, monastrell i ull de llebre els rosats i els negres.

Adreça: Companyia Vinícola del Penedès - C.V.P. VILAFRANCA DEL PENEDÈS

Les seves presentacions són:

"Sello Real" Negre sec, equilibrat i franc.

"Caballo Loco" Negre potent, pastós o enèrgic.

"Viña Franca" Blanc fresc i suau, amb vivesa.

"Viña Fierro" Blanc Penedès tradicional.

Cellers J. Freixedas

Fundats en 1897 i amb una experiència de més de 80 anys en l'exportació de vins, aquests cellers estan situats dins d'una finca de 80 Ha. a Sant Cugat Sesgarrigues, al bell mig del Penedès, prop d'una masia de bella planta.

Adreça: J. Freixedas - Calvo Sotelo, 87-89 - VILAFRANCA DEL PENEDÈS

A més de vins de taula, elaboren escumosos de Cava. Els vins de taula que embotellen són:

Vinya "Santa Marta"
En les varietats blanc, rosat i negre.

Negre "Freixedas" 5è any
Vi negre envellit.

Aquila Rossa

L'any 1888 va ser fundada aquesta companyia dedicada a l'elaboració i exportació de vins i vermuts.
El 1931, construeixen a Vilafranca del Penedès uns grans cellers d'envelliment.
Els seus elaborats són vins de taula, vins de postre i vermuts.

Adreça: Aquila Rossa - VILAFRANCA DEL PENEDÈS (Barcelona)

Els vins de taula, designats amb la marca MONTGROS són:

Montgròs blanc
Fi i suau. Elaborat amb xarel·lo i parellada.

Montgròs rosat
Atractiu de color, fresc d'aroma.

Montgròs Negre Molt cos, vellutat.

També elaboren un Moscatell i unã "Sangria", a més del Vermouth Aquila Rossa.

Caves Lavernoya

Creada a principis de segle a Sant Sadurní d'Anoia. Aquesta firma es dedica als seus inicis a elaborar exclusivament escumosos de Cava. Posteriorment, elabora, envelleix i embotella també vins de taula del Penedès.

Adreça: Caves Lavernoya. B/ Lostau, s/n - VILAFRANCA DEL PENEDÈS

Els tipus de vi elaborats són:

"Gran Legado"
Vins blanc sec, blanc semi, Rosat i Negre.

"Summum"
En blanc sec, Rosat i Negre típics del Penedès.

Vall de Foix

Uns típics cellers d'elaboració i criança situats a la localitat de Santa Margarida i els Monjos, són l'estatge on es produeixen els vins Vall de Foix.

Adreça: J. Ferret Elias - MONJOS DEL PENEDÈS (Barcelona)

Les seves elaboracions són:

"Valle del Foix" Blanc sec, Rosat i Negre.
"Viña Solric" Negre Penedès.
"Viña Visiega" Negre envellit.

Cellers Pinord, S.A.

Es una empresa familiar, dedicada a la criança i embotellat de vins, consagrada al mercat interior i a l'exportació.
Elabora un vi d'agulla, espurnejant, que obté per fermentació natural.

Adreça: PINORD, S.A. - c/ Dr. Pasteur, 6 - VILAFRANCA DEL PENEDÈS

Presenta els següents tipus de vi:

Pinord Reynal
Blanc d'agulla, en les seves varietats de sec i suau. També en negre i rosat.

Chatel Pinord
Vi de taula, criat en roure, Blanc, Rosat i Negre.

Elabora també vins generosos i de postre.

Vinyes, terra llaurada i bosc que es retalla en el cel clar. És el Penedès.

A les pàgines següents, una rima d'ampolles envellint-se, plenes d'un bon negre Penedès. Són un bell testimoni d'una obra ben feta.

Caves HILL

Tenen el seu origen en una finca denominada "El Maset", situada al poble de Moja, veí de Vilafranca del Penedès. El 1884, el Sr. Josep Hill i Ros, descendent d'una família anglesa que s'establí al Penedès en 1660, es dedicà a formar un planter per a subministrar peus americans. En 1924 inicià la criança i envelliment de vins escumosos i de taula.

Adreça: Caves HILL, S.A. - MOJA Vilafranca del Penedès (Barcelona)

Marques de vins de taula que elaboren:

"Oro Penedès"
Blanc, suau i lleugerament dolcenc.

"Viña Peñafiel"
Negre, sec i càlid. De criança.

"Extra Rosé"
Rosat aromàtic i afruitat.

"Extra Penedès
En blanc sec i semi, rosat i negre.

Elaboren també escumosos de cava.

Cellers Josep M. Sogas

Aquesta empresa fou fundada l'any 1910, elabora i cria en els seus cellers de la Masia Fontallada de Sant Pere de Molanta, i també en els que posseeix a Vilafranca, vins fins que són emparats per la Denominació d'Origen.

Adreça: Josep M. Sogas - Duc de la Victòria, 33-39 VILAFRANCA DEL PENEDÈS (Barcelona)

Els tipus que comercialitza són:

"Masia Fontallada" blanc
Aromàtic, suau.

"Masia Fontallada" rosat
Fruitós, de bonic color.

"Masia Fontallada" negre
De gran "bouquet".

També elaboren suc de raïm concentrat.

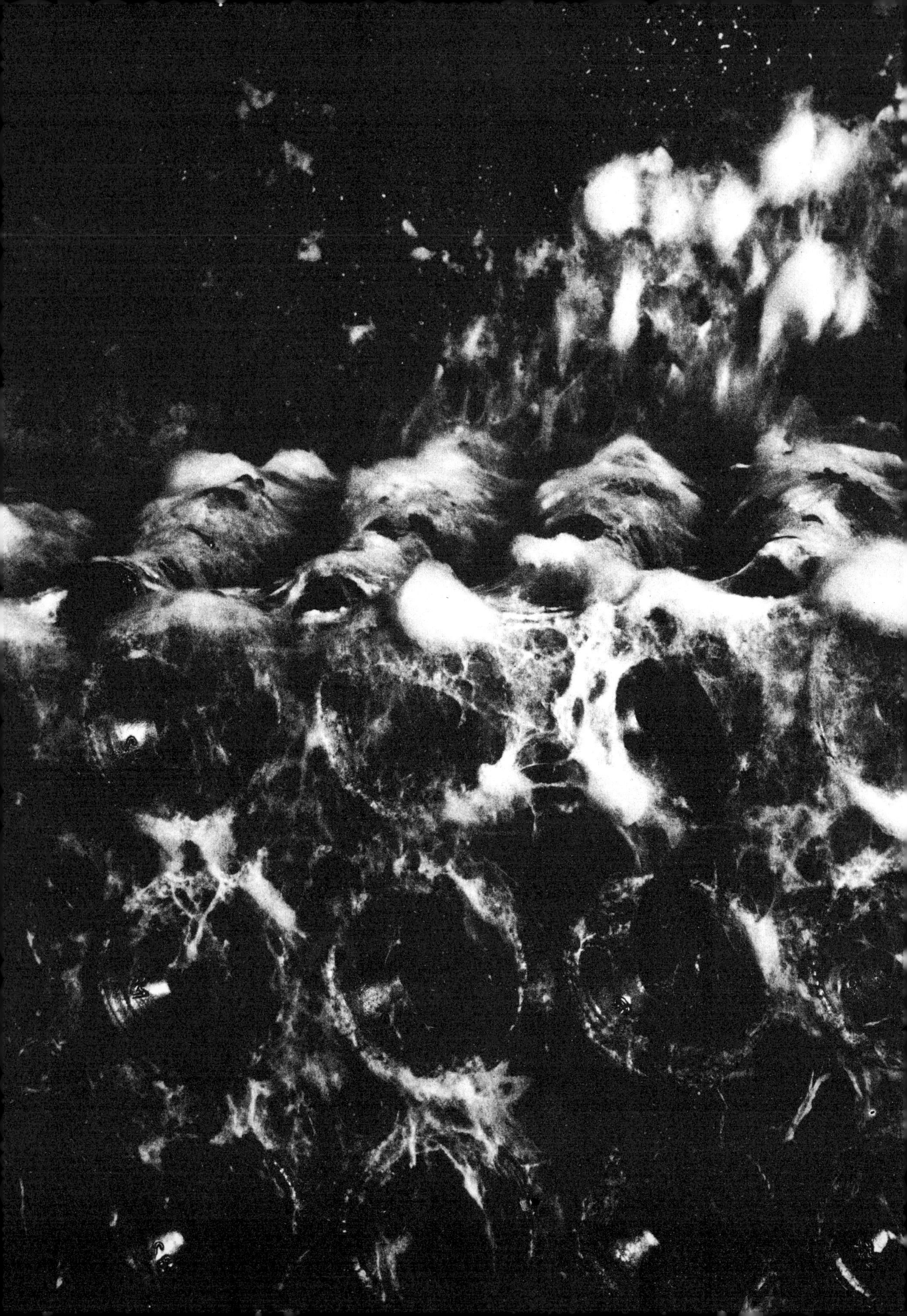

La Denominació d'Origen "ALELLA"

A les antigues ordenacions medievals, de "l'hort i la vinya de Barcelona", que era una zona agrícola, distribuïda al volt de la ciutat, gaudint d'uns certs privilegis fiscals, s'esmenten, entre d'altres, les vinyes d'Alella proveïdores exclusives, per altra banda, dels canonges de la Seu barcelonina. Aquestes costes suaus del Maresme, d'un vell terreny granític que s'emmirallen en un mar blau i clàssic, quasi des de sempre coneixen el conreu de la vinya. Els grecs, i sobretot els romans, apreciaven ja els fins vins laietans, però al llarg dels segles fou la Barcelona medieval la que, entre tots els vins del Maresme, escollí els d'Alella. ¿Per què? Alguna causa hi deu haver, quan dins d'una zona avui tristament degradada pel teixit urbà de Santa Coloma i per la indústria de Badalona, però ahir tan agrícolament rica com fa presumir l'existència del Monestir de Sant Jeroni de la Murtra, i la senyorial casa de la Torre Pallaresa, que estava tota ella poblada de vinya, els fins paladars dels Canonges barcelonins preferissin els vins d'Alella. Les vinyes de tot el Maresme, que foren abundants i la base d'un gran comerç d'exportació de vins i aiguardents cap a Amèrica, no pogueren refer-se del flagell de la fil·loxera, ni ara últimament, del flagell turístic. Només la zona d'Alella ha trobat el camí per a continuar sent el vi preferit d'aquells estaments barcelonins, continuadors morals dels canonges medievals, tradicionals, moderats, entranyablement nostres, que necessiten les aflautades botelles d'un Alella per a sentir-se segurs i guiats en la seva trajectòria vital. ¿Què hi ha, a la zona d'Alella, que ha fet possible aquesta fama i aquesta exemplaritat en la qualitat dels vins, sobresortint entre totes les terres germanes del Maresme?

És difícil de respondre a aquesta qüestió, però ens atreviríem a dir que hi ha un doble motiu. Una motivació geològica i geogràfica, perquè de tot el Maresme les assolellades comes d'Alella són les que tenen un índex de pluja més baix (540 ml.); a més, hi és més abundant que en altres llocs el terreny arenós de sauló, granit degradat, de bon drenatge, que deixa penetrar fàcilment les fines arrels de la vinya i produeix vins fins i molt aromàtics. Una motivació humana, perquè el mestratge en les coses de la vinya i del vi és proverbial en els homes d'Alella, i l'escola enològica de la població s'ha mantingut i incrementat al llarg dels segles.

El vi d'Alella, associat a la vida de la Barcelona tradicional, mut testimoni de les festes a l'Eden Concert i als Music-Halls dels anys boigs de la Barcelona de 1914 a 1918, el vi dels grans banquets polítics de la Lliga i del temps de la Mancomunitat, el vi amb què els "indianos" eixugaven la nostàlgia i l'enyorament de la llunyana Catalunya a la tropical manigua, és comparable dins de les D.O. catalanes a una petita miniatura, detallada i perfecta, i que seria totalment exemplar, si no fos precisament per la seva dimensió reduïda. Deixar d'avançar, és començar a recular. ¿Quins camins ha de seguir el tradicional i assenyat vi d'Alella, "vedette" de la Barcelona dels nostres avis, per a continuar mereixent els favors d'aquesta Barcelona actual, entre barroera, esnob i estripada, devoradora de fames i adelerada sempre darrera d'allò que és nou i exòtic?

Realment, qui no coneix els vins d'Alella –i són molts els desgraciats barcelonins que no els coneixen i que no segueixen l'experimentada petja enològica dels nostres canonges medievals– s'està perdent cosa bona. Escrupolosament elaborats, tradicionalment presentats, asserenen, amb la seva suavitat i harmonia, els esperits neguitosos i les tensions infàrtiques. Ideals, doncs, per a ser degustats en l'ambient de la Barcelona actual.

El marc geogràfic

Només unes 400 Ha, d'una zona delimitada que en té 9.000, es dediquen al conreu de la vinya, a la D. O. Alella. La serra del litoral fa d'espinada, amb uns pendents suaus i assolellats que donen a llevant i uns altres més boscosos i obacs, que donen a ponent. Les vinyes de llevant de cara al mar, consentides des de bon matí pel sol i acaronades per l'aire humit de mar, produeixen vins moderats de grau, equilibrats d'acidesa i amb ressonàncies clàssiques mediterrànies, d'una finor acusada. Tiana, Alella, Teià, Premià de Dalt, Vilassar de Dalt, i Cabrils, així com Montgat, el Masnou i Premià de Mar, són els municipis que els produeixen.

Els pendents que donen a ponent, presenten les vinyes entremig de les clapes boscoses de l'obaga que mira cap al Vallès. D'esquena al mar clàssic i entremig de boscos, donen vins més àcids, enèrgics i, en certa manera, amb reminiscències de l'Europa nòrdica. (Alsàcia, Chablis...). L'Alella és una barreja d'aquests dos vins, Sant Fost de Campsentelles, Vallromanes, Santa Maria de Martorelles, i Martorelles mateix, són els termes municipals d'aquest segon vessant.

El relleu consisteix en unes graonades que, des del mar, s'enfilen, mitjançant dos o tres trencaments o falles brusques del terreny, fins a la carena del litoral. A l'altre vessant, algunes valls internes tancades (Vallromanes) però en general, també, vessants més pendents que cauen cap al Vallès. De subsòl granític, el sauló suporta bé la vinya, i no fa necessaris els marges ni els bancals.

La vinya es conrea normalment i ocupa els faldars dels pujols coronats de pins amb copa rodona i espessa, que es destaquen, sobre la carena, contrastats en el cel blau.

La terra, la vinya i els homes

El primers ceps que varen poblar aquesta zona i tot el Maresme, així com també els de l'Empordà, és molt possible que fossin d'origen grec. Els romans trobaven els vins laietans semblants als de Lesbos i als lacedemonis. Als temps medievals, els aiguamolls –les maresmes, existents a la part baixa, actual plana veïna del mar–, feien impossible el conreu de la vinya, que en canvi es va estendre considerablement, gràcies a la demanda de la noblesa barcelonina, pels primers costers de les muntanyes. Era tradicional, en aquella època, per a l'elaboració dels vins dolços d'Alella, el concentrar part del most en uns immensos calderons, obtenint així un most molt dolç que es barrejava amb el vi. Encara existeixen actualment, en alguna antiga masia d'Alella, restes d'aquestes instal·lacions de concentració per foc directe. Avui dia, aquesta pràctica ja no és usual, i els vins dolços d'Alella s'obtenen per procediments de plena garantia enològica. Hem de suposar que al segles XVI i XVII la inseguretat de tota aquesta zona, deguda als sovintejats atacs dels corsaris turcs, feia perillós el conreu de la vinya en els terrenys més a prop del mar, i es refugià, amb més preferència, cap a les parts altes. Posteriorment, un cop allunyat aquest perill, i superats els períodes de guerres i calamitats, les rutes comercials dels velers del Maresme, cap a Amèrica i cap a les costes espanyoles, fan que la vinya creixi espectacularment, perquè, per exemple, les ciutats de la costa cantàbrica d'Espanya eren assortides de vi procedent del Maresme, pels velers catalans, que seguien després ruta cap a Amèrica. El transport marítim era molt més ràpid i econòmic que el transport terrestre. Aquesta expansió de la vinya s'acaba amb la fil·loxera, i després ve la replantació. Intensa a Alella i la seva zona, molt menys intensa a la resta del Maresme. I aquí trobem el factor humà. A Alella, hi viu un home, el Sr. J. Mª Barnadas, que aconsegueix de formar una pinya de viticultors i creen una Cooperativa. L'Alella Vinícola. Som al 1906. Aquesta tasca inicial ha arribat a ser una empresa cooperativa exemplar productora i criadora i comercialitzadora del 90% del vi d'Alella que surt al mercat. El pagès veu així molt valorat el seu vi, però la producció és poca per a assegurar la continuïtat de les vinyes dins d'aquesta zona veïna a la ciutat i amb els terrenys tan sol·licitats per a la construcció de xalets i d'establiments turístics. Als homes rectors de l'Alella vinícola actual, correspon de portar els vins d'Alella a un altre període d'esplendor. Tenen un excel·lent producte, una gran tradició de qualitat, i un mercat inmens al costat mateix. Cal renovar tècniques de venda, cal establir diferents nivells de qualitat, que permetin adinerar molt més els tipus de vi més selectes i, sobretot, cal lluitar amb energia i tenacitat suficients perquè els vins d'Alella siguin sinònim de classe, distinció i elegància, per als afeccionats als vins de Barcelona

Les varietats i els vins

La pansa blanca i la pansa roja, el garnatxó blanc –varietat diferent de la garnatxa–, la malvasia i el picapoll, són les classes de les quals s'obtenen els vins blancs d'Alella. La garnatxa peluda i l'ull de llebre produeixen els negres i rosats.

El 80% de la producció correspon a vins blancs. Els negres, suaus, no gaire tintats i amb gustos florals, envelleixen molt bé, i obtenen el seu màxim al cap de tres anys en tina de roure. Dins l'ampolla milloren ràpidament.

Els blancs, dels quals se n'obtenen de secs i de dolços, produeixen els populars tipus "marfil". Elaborats només amb most de primera, són més llustrosos i suaus que els del Penedès, i també més arrodonits de cos. També s'hi elabora un rosat excel·lent. Ha tingut una gran importància en la creació de la qualitat actual dels vins d' Alella el rigor en el treball i la disciplina interna que els homes de les juntes rectores han sabut suscitar d'entre la totalitat dels socis. Selecció de peus de vinya, per a les noves plantacions; empelt de varietats indicades, sistemes d'adob i de conreu, verema en el moment òptim, vinificació estudiada per a cada tipus, etc..., són condicionaments previs a l'obtenció de la qualitat que els homes d'Alella han sabut resoldre. El problema actual de la D.O. Alella és produir suficient vi, dins la seva zona, per a poder atendre el mercat. El dia que el prestigi comercial dels vins d'Alella sigui tan alt que el consumidor en pagui preus que ho facin possible, els socis de la cooperativa tornaran a plantar vinyes i molts terrenys avui abandonats podran ser replantats en condicions tals que facin possible un conreu mecanitzat i modern. A d'altres zones d'Europa passa així, i a pocs quilòmetres d'algunes grans ciutats alemanyes, per exemple, hi ha zones de vinya, que veuen tan valorats els seus vins, que els permeten resistir la pressió urbanitzadora de la trama urbana.

Llocs d'interès per a l'afeccionat als vins

Una visita general per tota la zona del Maresme al sud de Mataró (recomanem passar per l'anomenada carretera de la cornisa) ens permetrà apreciar l'ondulant bellesa d'aquesta comarca, d'hiverns benignes i clima suau. La vinya més graciosa és l'orientada a llevant i, des de certs punts de vista ben trobats, se'ns pot produir aquesta petita meravella que formen la vinya verda i el pi coput, acompanyats pel blanc campanar d'un poblet idil·lic, que es destaca damunt del mar blau i el cel clar.

Una atzavara al marge d'un rial sorrenc i unes notes de ginesta florida completen l'escena. Això és Alella.

LES XIFRES DE LA D.O. ALELLA

Ha. de vinya: 380

Producció total de vi:
15.000 hls. aprox.

Termes municipals emparats per la D.O.: Alella, Cabrils, Martorelles, el Masnou, Montgat, Premià de Dalt, Premià de Mar, Sant Fost de Campsentelles, Vilassar de Dalt, Santa Maria de Martorelles, Teià, Tiana i Vallromanes.

Varietats autoritzades: Xarel·lo, pansa blanca, pansa rosada, garnatxó blanc per als blancs, ull de llebre, garnatxa negra i garnatxa peluda per als negres i rosats.

Característiques dels vins de taula:
Graduació alcohòlica
11,5° - 13,5°

Adreça del Consell Regulador: carrer Rector Esplà, 22 - ALELLA

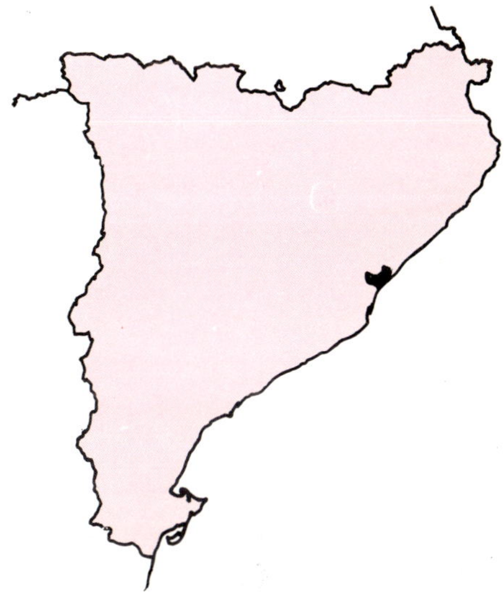

El celler d'Alella vinícola

L'amabilitat dels seus dirigents transforma una visita a aquest celler en una experiència inoblidable. Les tines de roure de criança donen als edificis i dependències aquell toc càlid i rigorós que només les fustes nobles produeixen.

El camp de golf de Vallromanes

Anar-hi ens permetrà, a més d'admirar la bellesa més europea i no tan clàssica del verssant de Ponent, tastar i degustar, després d'una partida de golf, els melosos blancs, els lluminosos rosats i els sedosos negres envellits d'Alella, amb plena propietat.

El Port esportiu del Masnou

Situat dins la zona de la D.O. d'Alella, aquest port esportiu està dotat d'un bon restaurant on juntament amb plats de peix podrem degustar els vins blancs i rosats d'Alella. D'aquesta manera, el peix i el vi es complementen en un terreny que és dels dos ben pròpiament.

Gastronomia

El vins d'Alella casen bé amb menjars suaus i poc estridents, els blancs amb peixos, "pâtés", carns blanques. Els negres, amb arrossos, salses, guisats. La zona, com tota la comarca, està plena d'excel·lents restaurants, però també n'hi ha de detestables. Cal anar amb compte a l'hora de cercar taula, i saber marxar del local, discretament però decididament, quan per distracció o desconeixement hem anat a parar a casa d'un arribista nou vingut en l'art de la restauració, o a casa d'un simple afartaciutadans despistats, d'aquells a qui qualsevol cosa els està bé. Les cases acreditades d'anys, amb prestigi ben guanyat, tenen tots els avantatges.

Assegurem, abans, que el restaurant estigui ben proveït dels vins d'Alella.

Una bella masia al peu d'una vinya d'Alella. Damunt la carena, l'ordre numeral dels pins, segons imatge del poeta J.M. López-Picó.

Els vins de taula embotellats

La poca producció de les vinyes d'Alella fa que siguin també poques les firmes que embotellin i criïn vins. L'Alella vinícola és la més acreditada, i la de més volum:

Celler Cooperatiu "Alella Vinícola"

Des de la seva creació en 1906, el celler cooperatiu "Alella Vinícola" ha estat un exemple d'exigència i de bon fer. Els seus cellers, amb abundants tines de roure, i amb ben utillades instal·lacions d'embotellat, estan situats en un extrem de la població d'Alella.

Adreça: "Alella Vinícola" Soc. Cooperativa.
ALELLA (Barcelona)

Heus aquí els tipus de vi que comercialitzen.

Alella "Marfil" Semisec
Vi dolcenc, de coloració d'ambre i gust suau.

Alella "Marfil" Blanc sec
Aromàtic i lleuger, extremadament sec. Equilibrat.

Alella "Marfil" Rosat
Un rosat fi, fruitat i espurnejant.

Alella "Marfil" Negre
Negre envellit. Vigorós i càlid.

Vins Jaume Serra

Aquests cellers, situats a la població d'Alella, elaboren ja des de fa molts anys vins emparats per aquesta Denominació d'Origen.

Adreça: Vins Jaume Serra, S.L. Escoles Pies, 1
ALELLA (Barcelona)

Els tipus de vins de taula comercialitzats són:

"Jaime Serra" Blanc Extra Sec
Blanc sec i aromàtic de gran finor.

"Jaime Serra" Reserva
Blanc envellit.

"Jaime Serra" Negre
Negre envellit d'Alella.

"Jaime Serra" Rosat Extra
Rosat fruitat i lleuger.

Tota l'alegria rabelaissiana que envolta el vi, la trobem magistralment expressada en aquesta imatge decorativa obra de Xavier Nogués.

La Denominació d'Origen "TARRAGONA"

Potser és el nom "Tarragona", usat com a identificador d'uns tipus de vi, el que gaudeix d'una major difusió, entre els negociants de vi d'arreu del món, dels noms de vins hispànics juntament amb el de Xerès. La gent del ram, en els més recòndits racons del món, des de les terres boreals fins als antípodes, han sentit alguna vegada, i els és familiar, el nom "Tarragona". Molts d'ells, sobretot els més allunyats d'Europa, emparenten amb més facilitat l'eufònic nom de "Tarragona" amb un tipus de vi que no pas amb una bella ciutat mediterrània. Malauradament, però, aquesta difusió mundial del nom "Tarragona" deguda a la tradició exportadora dels negociants tarragonins i reusencs principalment, s'identifica amb un vi servit a l'engròs, en bocois o en vaixells-cisternes, que és envasat o detallat posteriorment en el país de destinació, o bé que serveix per donar qualitat, tot barrejant-lo, als deficients vins d'aquells llocs.

Aquesta no és una situació ideal i cal superar-la aconseguint que el coneixement del "Tarragona" vagi associat amb una personalització del vi i amb una acumulació de plus-vàlues que només s'obté amb l'embotellat; però és ben cert d'altra banda que l'esperit comercial dels exportadors del Camp de Tarragona ha obert, ja des del Segle XVIII, amplis mercats al vi català, actuant així de peoners i d'exploradors en el difícil art de l'exportació.

La popularitat de la designació "Tarragona" referida als vins és més real i viva a l'estranger que dins del mercat intern. Aquí, els consumidors parlen més aviat de "vins del Camp de Tarragona" o de "vins de la Comarca de Falset" o de "vins de la Ribera de l'Ebre" segons la zona d'origen d'aquell vi concret, dins de l'àmplia superfície de vinyar emparada per la D.O. Tarragona. A aquesta realitat popular i al fet que els vins respectius presenten característiques realment diverses, obeeix la divisió d'aquesta D.O. en dues subdenominacions i una comarca vitícola especial, en camí d'esdevenir subdenominació, cada una d'elles amb autèntiques característiques diferenciadores dels seus vins, que són precisament les de:

Camp de Tarragona
Falset i Comarca
Ribera de l'Ebre

Aquesta subdivisió, adequant la legislació a la realitat que és la que mana, però sense perdre per a tots els vins de la zona la potència exportadora del nom "Tarragona", és tot un exemple de pragmatisme i de "savoir faire" que sembla més propi de gent germànica o anglo-saxona que no pas d'homes mediterranis, sempre un punt massa decantats cap als purs conceptes teòrics i esquemàtics més que cap a les solucions pràctiques i realistes.

Afortunadament, l'afeccionat als vins que viatja per Catalunya o per tot Espanya o que hi resideix, disposa d'un bon arsenal de vins fins i nobles, embotellats i personalitzats, emparats tots ells per la D.O. "Tarragona" o per alguna de les seves subdenominacions.

Amb això, frueix d'un clar avantatge sobre el seu col·lega estranger, que no té tanta facilitat com ell de trobar al seu país un "Tarragona" criat i embotellat a l'origen. No hi ha dubte que això és un privilegi per a l'afeccionat indígena, però és un d'aquells privilegis que hom veuria desaparèixer de gust, perquè sempre sap greu que uns vins tan excel·lents com els que produeixen aquestes comarques hagin d'arribar al consumidor estranger en gerra anònima o en barreges impersonals.

Les qüestions del vi a la zona de Tarragona passen –tot sembla indicar-ho– per un període d'inici de tensions creadores i renovadores. A la tradició i entitat de les antigues firmes s'han afegit noves iniciatives. Endavant! Perquè el prestigi i la qualitat que els vins emparats per la D.O. Tarragona poden aportar al conjunt de vins catalans, pot ser decisiu per classificar-los definitivament en l'estament mundial de vins nobles i de categoria.

La base geogràfica

La D.O. Tarragona empara una part considerable de l'extens vinyar meridional de Catalunya. La comarca natural de l'Alt Camp, part de la del Baix Camp i la del Tarragonès formen la subdenominació "Camp de Tarragona". La comarca vitícola "Ribera de l'Ebre" ocupa una àmplia zona meridional de la comarca que es diu així, mentre que la subdenominació "Falset i comarca" s'estén per les terres baixes de la comarca natural del Priorat que no estan emparades per la D.O. d'aquest nom.

L'estructura de les terres del Camp de Tarragona és la pròpia d'una plana baixa que, des d'arran del mar, va pujant suaument, en lleu coster, fins a les carenes de la serra del litoral. A la part nord, però, la carena es transforma en una plana extensa –l'Alt Camp–, que forma com un immens graó limitat per les serres de Prades i del Montagut.

El límit del Sud-Oest, que el separa de la comarca de Falset i de les terres de l'Ebre, són les serres de Llaveria, de l'Argentera i del Boix.

Pertot arreu, la vinya acompanya l'avellaner, li cedeix terreny al pla i li'n disputa fortament als costers. També oliveres i ametllers, que generalment fistonegen els camps, fan notar la seva presència.

Els vins de la comarca de Falset s'obtenen en una fossa interior, voltada de muntanyes, oberta cap a la depressió de l'Ebre. La diferenciació d'aquestes terres amb les veïnes emparades per la D.O. Priorat, no és geogràfica sinó més aviat geològica. Els terrenys de Falset procedeixen de la descomposició del granit primari del seu fons, mentre que Priorat endins el subsòl és clarament carbonífer. De clima més fred que el del Camp, i més muntanyós, aquesta comarca presenta característiques pròpies i diferenciades. També ho són els seus vins, respecte als obtinguts al Camp de Tarragona.

Els "Ribera de l'Ebre", s'obtenen de les vinyes que ocupen les escasses planes i els vessants suaus que es poden trobar a banda i banda de l'Ebre, des d'Ascó i Vinebre fins a Miravet. En general són terres grasses i d'al·luvió les que formen el sòl fèrtil d'aquesta comarca, però en els costers riberencs i en les petites planes interiors allunyades del riu les condicions geològiques són similars a les de les comarques veïnes.

La terra, la vinya i els homes

EL CAMP DE TARRAGONA

Va ser Cneu Escipió que, ullant la costa des del pont del seu trirrem, es fixà en un petit turó amb un poblat indígena al capdamunt. Abans s'havia fixat també en el promontori del cap de Salou, però preferí el primer perquè als seus peus corria una via d'aigua considerable. Era el riu que després s'havia d'anomenar Francolí.

Desembarcà les seves legions de cepats soldats romans i establí una base militar en aquell petit poblat indígena, anomenat Tarrakon. Això passava l'any 218 a. de C. El fet que aquell poblat posseís ja un excel·lent recinte fortificat, fet de grossos blocs de pedra, deuria comptar en la decisió d'Escipió. Aquella ciutat romana, de nom Tarraco, anà creixent de tal manera que es transformà en la principal metròpolis de la Hispània romana i en el seu centre polític, administratiu i comercial.

Les seves rodalies, principalment els terrenys grassos dels laterals del Francolí, devien ser testimonis muts de com els pagesos romans plantaven vinyes i ensenyaven als indígenes l'art de l'elaboració del vi, entre d'altres arts agrícoles.

Com que el clima i el terreny són propicis al creixement de la vinya, aviat el producte d'aquesta fou embarcat, dins de les ventrudes àmfores, a bord de naus comercials que el desembarcarien a Ostia, el port antic de Roma. Tan intens havia de ser aquest tràfic, que els interessos dels viticultors del Laci es veieren lesionats, i diverses lleis i disposicions sortides de Roma posaren traves i fins i tot obligaren a arrencar les plantacions de vinya de la Tarraconense. Però Tarraco mateix era ja un mercat prou important per estimular una pròspera agricultura al seu volt. Plini ens parla del cultiu a la rodalia de Tarraco, de la vinya, el cànem, l'oli i els llegums. Alguns autors llatins –Sili, Itàlic, el mateix Plini–, lloen els seus vins, i Marcial, en uns versos extraordinaris traduïts per Llorenç Riber, recomana als habitants de les terres interiors d'Hispània que:

quan arribi desembre amb sa corona de gebre
i l'Aquiló, llanci l'udol
iràs a Laietània o Tarragona
amanyagada de la mar i el sol.

Florus, parlant de Tarraco, diu:

el clima és admirablement dolç
i l'any com una primavera contínua...

El Mausoleu de Centcel·les, prop de Constantí, on es conserva un fragment de mosaic paleocristià del Segle IV, permet de veure escenes de cacera i al·legories de les quatre estacions, que tot i que estan molt malmeses, mostren boscos i vergers que corresponien, sense cap dubte, als propis de la comarca. Nombroses "villae" romanes, precursores de les masies posteriors, es repartien per la part més plana i més propera al mar de l'actual Camp de Tarragona. Una contrada rica i ufanosa envoltava la ciutat.

Però aquesta "Pax Romana" es veié bruscament interrompuda. Les invasions bàrbares en ones successives, vers l'any 350 i el 400, destruïren tota aquesta riquesa i la ciutat que l'originà. Després, els sarraïns, cap a l'any 700, acabaren de desfer el que en quedava; l'impuls dels comtes pirinencs catalans, que va aconseguir recuperar Barcelona per als cristians l'any 801, s'aturà a la frontera nord del Camp de Tarragona. Aquest quedà durant dos o tres segles com a terra de ningú entre els sarraïns i els cristians. Això féu que ni uns ni altres establissin poblament a les riques terres del camp i aquestes es transformessin en una mena de selva inculta d'alzinars i garriga, refugi de salvatgines i bandolers.

L'ocupació de les restes deshabitades de Tarraco pels catalans reconqueridors no es féu fins a 1129. Encare quedaren els sarraïns senyors de les muntanyes de Prades, d'on no foren expulsats fins l'any 1153, quan va ser conquerit el castell de Siurana.

Lentament, les terres es tornen a artigar i la població s'hi aposenta a mesura que les plantacions noves van donant el seu fruit. A mitjan segle XII, el monestir de Santes Creus, a la part nord de l'Alt Camp, és un focus vitivinícola important, com ho prova el magnífic i ben dissenyat celler de què disposa.

Cap al segle XVI, des dels ports de Salou i de Tarragona comencen a expedir-se barrils d'aiguardents. Aquesta indústria de la destil·lació agafa gran preponderància a les ciutats de Valls i de Reus, fins al punt que, segons l'historiador Josep Iglésies, cap a 1775 s'embarcava a Salou el 20 % dels aiguardents que exportava el Principat.

L'apogeu de la vinya al Camp de Tarragona fou cap a 1900, en què el 54 % de la seva superfície de conreu era vinya. Aquest percentatge arribava al 60 % a la plana del voltant de Valls. La fil·loxera hi va fer grans estralls, dels quals la vinya no s'ha recuperat encara.

Avui dia, els avellaners i els cereals són els altres conreus majoritaris. Les zones del Tarragonès –Vilabella, el Catllar, Bràfim, Nulles–, i de l'Alt Camp –Vila-rodona,

LES XIFRES DE LA D.O. TARRAGONA

Termes municipals emparats per la D.O.:
Camp de Tarragona: Alcover, l'Aleixar, Alforja, Alió, Almoster, Altafulla, Argentera, Ascó, Benissanet, les Borges del Camp, Botarell, Bràfim, Cabra del Camp, Cambrils, Castellvell, el Catllar, Colldejou, Constantí, Cornudella, Duesaigües, Figuerola, Garcia, els Garidells, Ginestar, la Masó, Masllorenç, Maspujols, el Milà, Miravet, Montbrió, Montferri, Mont-roig, Móra d'Ebre, Móra la Nova, el Morell, la Nou de Gaià, Nulles, els Pallaresos, Perafort, el Pla de Santa Maria, la Pobla de Mafumet, la Pobla de Montornés, Puigpelat, Renau, Reus, la Riera, Riudecanyes, Riudecols, Riudoms, Rodonyà, el Rourell, Salomó, la Secuita, la Selva del Camp, Tarragona, part del de Tivissa, la Torre de l'Espanyol, Torredembarra, part del d'Ulldemolins, Vallmoll, Valls, Vespella, Vilabella, Vilallonga, Vilanova d'Escornalbou, Vila-rodona, Vila-seca, Vinebre i Vinyols.

Comarca de Falset: Cabassers, Capçanes, la Figuera, els Guiamets, Marçà, el Masroig, Pradell, la Torre de Fontaubella, part dels de Falset, i el Molà i la pedania de la Serra d'Almos (Tivissa).

Ha. de vinya 25.015

Producció total de vi: 700.000 hl. aprox.

Característiques dels vins de taula:

Tipus	*Graduació alcohòlica*
Tarragona camp	11° - 13°
Comarca de Falset	13°
Tarragona clàssic	13,5° amb més de 50 g/l en matèries reductores
Ranci	14°

Adreça del Consell Regulador: Av. Catalunya, 50 TARRAGONA

ALT CAMP
TARRAGONÈS
CAMP
TARRAGONA
Reus
Valls
Fontscaldete
El Pont d'Arm
el Camp
Tossal Gros
St. Ramon
El Pla de Cabra
(El Pla de Sta. Maria)
Figuerola del Camp
Miramar
Coll de l'Illa
Santes C
Fontscaldes
Masmolets
Picamoixons
La Plana
M. D. de Gràcia
El Remei
Alcover
El Milà
La Masó
El Rourell
Vallmoll
Bellavista
Nulles
Casafort
Bràfim
M. de D. de Lloret
Vilabella
Puigpelat
Vilardida
Alió
La Serra
El Mas de l'Alzinet
Vila-rodona
Rodonya
Montferri
Salomó
Renau
Peralta
Les Gunyoles
Vistabella
L'Argilaga
Vespella de Gaià
Els Masos de Vespella
Embassament del Gaià
La Secuita
Els Garidells
Puigdelfí
Perafort
La Nou de Gaià
El Catllar
La Pobla de Montor
Els Pallaresos
Ardenya
La Riera de Gaià
Virgili
Clarà
Ferran
Altafulla
Torre dels Escipions
Monnars
Tamarit
Cap G
Pta. de la Mora
L'Arrabassada i la Savinosa
Ermita de la Salut
M. D. de Loreto
St. Pere i St. Pau
Centcelles
Aqüeducte romà
Francolí
Riu
Constantí
Les Puntes
La Pobla de Mafumet
Sant Ramon
El Morell
Vilallonga del Camp
Mare de Déu de Paretdelgada
La Selva del Camp
Puig d'en Cama
Sant Pere
L'Aleixar
Almoster
Roca Bruna
Maspujols
Castellvell del Camp
Les Borges del Camp
Institut Pere Mata
es Voltes
Riudoms
Botarell
Vinyols i els Arcs
Parc Sama
Vila-seca de Solcina
La Canonja
Bonavista
Torreforta
M. D. de la Pineda
La Pineda
-roig del Camp
Cambrils de Mar
Vilafortuny
Salou
La Marina
Pta. del Racó
Far de Salou
Cap de Salou
Pta. de la Pixerota

Valls, Alió–, són les de més intensitat de plantació i produeixen vins blancs, de macabeu, xarel·lo i parellada, aromàtics i fins, i vins negres d'ull de llebre i carinyena. A la zona del Baix Camp, a part de plantacions de raïm moscatell de postres, trobem el negre de carinyena i garnatxa, i sobretot els blancs de macabeu i exquitxagós, varietat de poca qualitat, però la vinya no hi és ja tan intensa.

Les cases criadores de vins de les ciutats de Reus i Tarragona tenen una gran tradició. Són conegudes mundialment en les seves elaboracions de misteles i vins dolços, així com pels seus noms.

L'impuls que la indústria moderna i el turisme estan donant a aquesta comarca no hi ha dubte que ha de facilitar un gran futur als intents seriosos i ben orientats que les més actives d'aquestes firmes han iniciat per tal d'obtenir uns excel·lents blancs fins i uns vins negres de taula, de bona criança, embotellats amb classe i de gran qualitat, que completen els ja coneguts vins de postres "Tarragona-clàssic", d'elaboració i embotellat tradicionals. Des d'aquí, encoratgem els homes del ram del vi del Camp de Tarragona a apuntar alt i a posar el màxim de rigor i exigència en tot allò que fa referència als seus vins. Més que ningú, ells en seran els màxims beneficiats.

LA COMARCA DE FALSET

Aquesta zona vitícola, compresa dins de la D.O. Tarragona, té una personalitat pròpia. Encara que geogràficament està inclosa dins de la comarca natural del Priorat, geològicament presenta característiques ben diferents, que afecten també els seus conreus. De més altitud i més pluviositat que el Camp de Tarragona, i més allunyada del mar, mai el seu poblament i la seva agricultura no han estat paral·lels als d'aquell, i presenta característiques peculiars.

Nombrosos indicis denoten que foren terres molt habitades pels homes neolítics i fins pels del Paleolític Superior (cova de Sant Gregori, de Falset); però la colonització agrícola romana fou molt menys intensa que al pla; en canvi els sarraïns del regne de Siurana, que dominaven aquestes terres, hi establiren una agricultura extensa.

Després de la reconquesta catalana, terres de tres orígens històrics diferents s'agruparen en aquesta comarca, i encara avui en podem detectar, en els conreus i en la manera de ser dels seus habitants, trets característics. Foren la baronia de Cabassers, el comtat de Prades i la baronia d'Escornalbou. Al mig i voltat per tots ells hi havia el Priorat de Scala Dei, que ha originat les actuals terres de la D.O. Priorat.

Tant a la D.O. Priorat com a la comarca de Falset la implantació de la vinya i el mestratge en el seu conreu foren obra de la Cartoixa de Scala Dei. Obra d'aquells monjos pacients i exemplars que saberen crear civilització i riquesa en aquells terrenys abruptes i accidentats. El nom mateix de la vila de Falset –bonica i endreçada població de 2.600 habitants– té clares ressonàncies vitícoles, ja que un falset, o falcet o falçó, que de les tres maneres es pot dir, és una eina, com ara una falç petita, que servia antigament –quan no hi havia les actuals tisores especials– per podar la vinya i per veremar.

Avui dia, la vinya va deixant el seu lloc als avellaners que resulten més remuneradors, però a Capçanes, els Guiamets, el Mas-roig i la Serra, encara és el conreu majoritari. Tradicionalment, la comercialització dels vins d'aquesta comarca s'ha fet sempre a través de les estructures mercantils de Reus, i amb una òptica més de "matèria primera a l'engròs" que de producte ben acabat i singularitzat. Les cooperatives de la comarca, principalment la de Falset, són les primeres que han fet intents seriosos de trencar aquest estat de coses. Creiem que els seus vins –adaptant-los a allò que el mercat demana– tenen un bon futur.

LA RIBERA DE L'EBRE

Unes faixes riberenques a banda i banda del riu, i algunes valls estretes, juntament amb el replà de Tivissa, al peu de les serres que la separen del mar, són les terres cultivables d'aquesta comarca. La resta és secà calcari i bosc garrigós. A Móra, s'obre una plana ubèrrima.

L'Ebre, amb molt poc pendent, fa meandres i giragonses i dóna vida a les terres d'al·luvió, fàcils de regar. La zona és molt seca: la seva pluviositat (360 m) és la menor de les tres àrees considerades. A part de la població prehistòrica, molt abundosa a jutjar per les restes, i de l'establiment romà, no hi ha dubte que l'empremta cultural i agrícola de la Ribera és principalment deguda als sarraïns. Pertanyent durant segles al reialme moro de Tortosa, fou reconquerida per Ramon Berenguer IV, però el poblament hi restà en una bona part. En el fogatge o cens medieval de 1497 apareixen a Miravet un 92 % de famílies mores; a Ascó un 82,3 %, a Benifallet un 49,3 %, etc.

Aquesta circumstància era signe d'una bona agricultura, però no d'una tradició en el conreu de la vinya, activitat no gaire corrent entre mahometants.

No fou fins més endavant, cap a 1650, que s'implantà la vinya, principalment a Tivissa, a Garcia, a Móra. Però, curiosament, el camí comercial del vi de la ribera no fou el fàcil de riu avall, fins a Amposta, com és usual al Douro d'Oporto, o al mateix Rin, sinó el de colls amunt fins a Reus i Tarragona, segurament degut a l'absència d'un port exportador al capdavall del riu. Actualment, a Móra la Nova s'han implantat uns cellers, que juntament amb les cooperatives de la comarca elaboren vi honest i sense pretensions, correctament preparat.

Les varietats i els vins

A la zona del Camp, coincidint amb el Tarragonès i pels rodals de Vila-rodona i Valls, el vinyar és pràcticament a continuació del Baix Penedès. Són vins blancs, fins i aromàtics, no tan àcids com els penedesencs, cosa que els fa més suaus i sedosos. Hi són presents les varietats macabeu, xarel·lo i parellada. Per Bràfim i Nulles, de més a més, hi trobem ull de llebre, negre, i també carinyena. Donen vins rodons i ferms, amb bon envelliment. Els rosats de l'Alt Camp són afruitats i mordents, els de Vila-rodona tenen fama. A Vila-seca, població del Baix Camp, s'obtenen uns blancs especialment aromàtics i secs, mentre que a les poblacions veïnes ja queden poques vinyes negres de garnatxa i carinyena, els vins de les quals no agafen mai la potència dels de la Comarca de Falset. Els blancs d'esquitxagós o escanyavella van desapareixent substituïts pel macabeu.

A la Ribera d'Ebre, els vins, predominantment blancs, són produïts per la varietat "pansà" o "trobat", però també el macabeu. Els negres, bàsicament, són fruit de ceps de garnatxa i carinyena. La Comarca de Falset és primordialment productora de vins negres. Carinyena en un 65 % i garnatxa per la resta, amb un petit percentatge de "garnatxa peluda", són les varietats que els generen. El vi que originen és ferm, dens, potent i amb esclat; és un vi amb fervorosos partidaris i amb pusil·lànimes detractors. Un vi davant del qual et veus compel·lit a prendre partit. No hi pots quedar indiferent. Les virtuts d'aquest vi són la seva aroma peculiar i profunda, la rodonesa i vellutat del seu gust, la potència i esclat del seu atac i l'astrigència felina amb què t'entapissa la boca. Els defectes, quan els té, són l'asprор excessiva dels seus tanins, el tint moradenc del seu color, el sabor fustós i gras i l'excessiva fortor alcohòlica. Estem convençuts que, sense deixar d'elaborar el tipus actual, que té el seu mercat, seria possible fer a la comarca de Falset un excel·lent claret novell, obtingut primordialment de garnatxa, que així com el Beaujolais conquereix cada any nous adeptes a París, aquest claret novell de Falset cada any en faria a Barcelona. També, plantant ull de llebre i barrejant-hi carinyena, s'aconseguirien fins i tot vins negres envellits amb característiques de "bouquet" i elegància que els Falset envellits d'ara no posseeixen, perquè contenen garnatxa que els fa propensos a l'enranciment. La garnatxa, que produeix uns vins joves excel·lents, d'aromes variades i florals, envellida es transforma en boníssims vins rancis, però en no gaire agradables vins de taula.

Creiem sincerament que la comarca de Falset és un bon camp de treball per als enòlegs. Els seus vins són una mena de reserva natural de gran riquessa de contingut que esperen, només, el tracte enològic que sàpiga potenciar les seves virtuts i amagar o eliminar els seus defectes. Les cooperatives han començat ja aquest camí.

Ara, també s'hi produeixen vins dolços de postres i rancis de daurat color. Però el gran camp d'expansió que els vins d'aquesta comarca poden tenir no ha estat encara encetat. Els homes de les cooperatives, autèntics seguidors del mestratge enològic dels monjos de la Cartoixa, tenen la paraula.

Llocs interessants per a l'afeccionat als vins

Llegim a poc a poc aquesta frase d'en Rovira i Virgili, el gran prosista català fill de Tarragona:

> "Aquells crestalls tan rectes, aquelles fileres de plantes tan ben distribuïdes, aquella cura sol·lícita de la tija que puja i de les fulles que creixen i del fruit que s'infla són l'exteriorització d'un sentiment d'amor per la terra agraïda".

El pagès del Camp i de les comarques veïnes, el té com ningú aquest sentiment d'amor per la terra agraïda. Viatjar per aquestes comarques és veure aplom, classicisme i romanitat. El viatger afeccionat als vins hi té força cosa a fer i a visitar. Les vinyes, aguantades per marges de pedra perfectes, hi són a mils. Els cellers catedralicis hi són nombrosos. Les cases comercials amb classe hi abunden. Donem-ne les fites principals:

El Monestir de Santes Creus

A part de la bellesa artística i la significació històrica d'aquest cenobi, és interessant, per a l'afeccionat als vins, de fixar-se en l'estructura i detalls del celler. Les voltes, les conduccions per al vi, els setials per a les bótes, tot ens transporta als seus temps de plenitud i ens ajuda a fer volar la imaginació.

Els cellers de la Casa Muller a Tarragona

Situats al barri del port, tenen un aire entre aristocràtic i clerical, ple d'encant. Potser la circumstància de ser un dels principals subministradors de vi de missa per al Vaticà, i per a les missions més apartades, contribueix a donar aquesta imatge.

L'Estació Enològica de Reus

A qui vulgui tenir un coneixement aprofundit, des del punt de vista enològic, dels vins de la zona, una visita a l'Estació Enològica i una conversa amb qualsevol dels amables tècnics que hi treballen li serà de gran utilitat.

El celler cooperatiu de Falset

Obra d'en Cèsar Martinell, data de 1919 i és un bell exemple, juntament amb els seus germans de Nulles i de Vila-rodona, de l'impuls que els homes de la Mancomunidad saberen donar a l'agricultura d'aquestes comarques. Del de Falset, són dignes d'admirar les grans tines d'envelliment en fusta.

Els nous cellers del grup d'exportadors a Tarragona

Situats fora de la ciutat, prop de la Secuita, aquests nous cellers, d'arquitectura moderna i distribució racional, són curiosos de visitar, com a contrast amb d'altres instal·lacions més antigues. A notar la gran sala d'envelliment en barrils.

La Planta embotelladora de Móra la Nova

Dedicada a l'embotellat de vins de taula de consum corrent, és una mostra de l'aspecte industrial, més que no pas de l'artesanal, de l'activitat humana en el món del vi.

El mercat del dilluns a la Plaça de Prim, de Reus

Presidits pel sabre del general, els habituals i els passavolants mercadegen i baden. Només amb la paraula, i el "tractes són tractes", volums considerables de vi es compren i es venen. Val la pena de conèixer l'ambient.

Gastronomia

Tot el que diem sobre el Penedès, és aplicable també al Camp de Tarragona. La literal invasió de principalment tota la costa per restaurants improvisats i sense gruix és un fet realment llastimós. Cal anar amb peus de plom per cercar els llocs on demanarem la pitança per acompayar els excel·lents blancs lleugers i secs "Camp de Tarragona" o bé els consistents i llustrosos negres de la Comarca de Falset.

Però aquí ens trobem amb una agradable sorpresa. Una civilització tan assentada i serena com la d'aquests rodals plens d'història, no podia fer altra cosa que generar una cuina pròpia i autèntica. I efectivament, la tenim. Primer a la costa. El restaurant Sol-Ric, de Tarragona, ens prepararà una paella de peix, que serà l'acompanyament òptim per a un negre de criança, fi i elegant, del Camp de Tarragona. Al Serrallo –barri del Port– un plat de peix a l'estil dels pescadors, demanat a Cal Brut o a la Puda, amanit amb "romesco" –una salsa extraordinària la clau de volta de la qual és la picadeta d'ametlles–, serà òptim per a un blanc sec, bastant càlid i vinós. Uns quilòmetres més avall, trobarem Can Gatell, de Cambrils, o bé can Gallau, on els fruits del mar se'ns ofereixen en tot el seu esplendor. I els vins rosats, blancs i negres també. Cap a l'interior, a l'Alt Camp, cal immergir-se en el ritu entre pagà i pantagruèlic de la calçotada. La Masia Bou, prop de Valls, i d'altres establiments en són els temples. La salsa de romesco i el llom i la llonganissa de després són els acompanyants habituals d'aquestes cebes tendres, cuites damunt d'una teula.

Aquestes menges demanen un negre fort, tanitzat i de certa potència.

Del Priorat i la Ribera tenen fama les escalivades, on les albergínies, els pebrots i altres hortalisses són els colors de la paleta. Les carns a la brasa, el conill i les perdius, cal que s'acompanyin d'aquells vins madurs i virils, d'aromes profundes i riques que amb la seva rugositat exciten agradablement el paladar. Per les poblacions de l'interior, encara no endutes del tot per les ventades del mercantilisme productiu, el viatger podrà trobar prou sovint una bona taula, a l'estil tradicional, que fugint dels plats estereotipats de la cuina universal insípida, o de les primarietats pròpies dels excursionistes de diumenge amants de les "carns a la brasa" falsament típiques, el regali amb plats del país, solidíssims, amb personalitat i ben cuinats. Us dessitgem tota la sort.

A les pàgines anteriors, un paisatge típic de la D.O. Camp de Tarragona. En aquest cas, de la zona de l'Alt Camp. Completen la imatge un conjunt d'eines de boter –l'aixa, el compàs, el ribot, etc...– i una vella bóta bordelesa.

A les pàgines següents, una vista de les tines d'envelliment del Celler Cooperatiu de Falset, acompanyant una vista del poble de Marçà, sota la muntanyeta de "la Miloquera" en plena "Comarca de Falset". També una vista de la Serra de Llevaria, des d'una vinya de la Ribera d'Ebre.

Els vins de taula embotellats

Heus aquí les principals firmes i entitats que tenen al mercat vins "Tarragona". L'afeccionat té on escollir i és bo que vagi provant els seus vins, fins a trobar aquells que més el satisfacin. Moltes firmes, elaboren vins exclusivament per a l'exportació. Però els "Tarragona" que es troben al mercat són nombrosos.

Cellers "De Muller"

Uns bells cellers, conservats tal com eren en 1851, època de la seva construcció, dotats d'abundants recipients de roure, constitueixen la seu –digna de ser visitada– d'aquesta firma tarragonina d'antiga tradició.
Peonera en l'embotellat de vins tarragonins, actualment està dotada de modernes instal·lacions enològiques.
Prepara i elabora vins de taula, generosos i rancis.
Els vins de Missa de Muller tenen un gran renom.

Adreça: Vins de Muller. TARRAGONA

Com a vins de taula, prepara:

Vinya "Solimar" blanc sec
Blanc sec de gran finor.

Vinya "Solimar" rosat
Lleuger, fi i delicat.

Vinya "Solimar" dolcenc
Blanc Semidolç, molt suau.

Vinya "Solimar" negre
De gran riquesa, ferm i aromàtic.

López Bertran

Una firma amb tradició –fou fundada en 1862– però instal·lada en uns cellers construïts segons els darrers avenços en la tècnica enològica. Valen la visita. Dedicada a l'exportació d'embotellats, comercialitza, a l'interior, una gamma de vins de taula, típics "Tarragones".

Adreça: José López Bertran y Cía. Apartat Correus, 9 - TARRAGONA

Les presentacions són:

Don Bertran Blanc Selecció
Fruitat i aromàtic. És un blanc cristal·lí i fi.

Don Bertran Rosat Reserva
Fresc i lleuger, de clar.

Don Bertran Negre Reserva
Envellit en barriques de roure. Delicat i amb aroma.

Elabora també altres presentacions i marques.

Unió Agrària Cooperativa

En els seus cellers de criança i envelliment situats a Reus, aquesta entitat tracta vins obtinguts en les cooperatives agrícoles de les diverses D.O. de les terres tarragonines, que selecciona i embotella.

Adreça: Unió Agrària Cooperativa - Tívoli, 21 - REUS

Emparats per la D.O. Tarragona, prepara els següents tipus:

Vi "Tarragona Unión"
Blanc perfumat i càlid.

Vi "Unión Blanco Suave"
Blanc Semidolç, de 12°.

Vi Negre "Tarragona Unión"
Negre típic "Camp de Tarragona".

Preparen també un negre "Extra Unión".

Celler de la Cooperativa Agrícola de Valls

Aquest celler, actualment instal·lat en una moderna construcció, amb dipòsits de gran capacitat, posseeix unes expectaculars tines d'envelliment en fusta, data de 1905, i té com a característica de la qual està orgullós la de ser proveïdor del cos de Mossos d'Esquadra de la Generalitat de Catalunya, cosa que l'honora a més de ser una garantia de la qualitat dels seus embotellats.

Adreça: Cooperativa Agrícola de Valls, Plaça del Carme, 8 - VALLS (Tarragona)

Elabora diversos tipus de vins, els principals dels quals són:

Pont de Goi 1809
Blanc selecte, de gran esclat.

Blanc de Valls
Blanc típic de l'Alt Camp.

Negre de Valls
Envellit, ferm i amb nervi.

Vi de Valls
Rosat fruitat i sec.

També elabora un vi ranci, i un vi de taula, blanc, rosat i negre.

18

Amigó Germans i Cia.

Aquesta antiga firma –1880– posseeix uns típics cellers a la ciutat de Reus, exponent dels antics cellers d'exportació al Camp de Tarragona. Dedicada preferentment a l'embotellat de vins per a exportar, també treballa el mercat interior.

Adreça: Amigó i Cia. Apartat, 57 - REUS
(Tarragona)

Les seves principals presentacions són:

"Valldara"
Blanc de parellada i macabeu, Lleuger i aromàtic

"Rocamar"
Negre amb cos, de garnatxa i carinyena.

"Rosenda"
Rosat clar de color, provinent exclusivament de garnatxa.

Elaboren també vins de postre, vins de missa i "sangries".

Cellers Tapias, S. A.

És una de les tradicionals firmes tarragonines amb una llarga experiència en l'exportació de vins. Encara que la seva principal activitat sigui la comercialització a l'exterior de vins a l'engròs, atén també el mercat interior amb els tipus indicats:

Adreça: Bodegues Tàpias, S. A. Carrer del Mar, 17 - TARRAGONA

Blanc "Suau Tabor"
Vi dolç natural, pàl·lid i de bon paladar.

Blanc Sec
Brillant. Originat amb raïms macabeu

"Fino Rosado"
Rosat de l'Alt Camp.

Negre "Tabor Superior"
Negre "Camp de Tarragona"

La Vinícola Ibèrica

Una de les firmes més antigues de Tarragona ha dedicat sempre tota la seva activitat a l'exportació. Això fa que sigui coneguda arreu del món.
Pràcticament no treballa el mercat intern, però hi és present amb alguns elaborats.

Adreça: La Vinícola Ibèrica - TARRAGONA

Les seves principals marques són:

"Lope de Vega"
Negre i blanc, típics "Tarragona".

"Vi blanc d'Espagne"
Vi blanc de taula per a l'exportació.

"Castell Romano"
Blanc especial.

Ramon Mestre Serra

Aquesta firma, amb magatzems a Tarragona i Reus, en l'àmbit català, es dedica exclusivament a l'exportació per a la qual prepara diversos tipus de vins embotellats.

Adreça: Ramon Mestre Serra, Via Laietana, 30 - BARCELONA-3

Aquests són els més importants:

"Vi Blanc" côtes de Catalogne
Blanc Tarragona típic

"Saint Florian"
Blanc Camp de Tarragona

"Vidor"
Blanc Camp de Tarragona

Joan Solé Bargalló
Cellers Catalano-Aragonesos

Una antiga firma –1892– amb els cellers familiars a la Canonja, població veïna de la ciutat de Tarragona.
Principalment es dediquen a vins generosos i dolços, però embotellen també vins de taula.

Adreça: Joan Solé Bargalló - LA CANONJA
(Tarragona)

Els principals són:

"Viña Vieja"
Negre, rosat i blanc.

"Mont Ricart"
Negre, rosat i blanc típics "Tarragona".

Elaboren també rancis i vermuts.

Cochs, S. A.

Aquesta empresa, situada a Reus i fundada el 1946, es dedica preferentment a l'exportació, però elabora i cria també vins de taula.

Adreça: Cochs, S. A. c/Sant Celestí, 15 - REUS (Tarragona)

Els tipus de vi que comercialitza són:

Vinya "Salauris"
Negre sec, delicat i fi.

"Reddis"
Típic rosat "Tarragona".

"Terramar"
Blanc lleuger i aromàtic.

Vins Padró, S. L.

Empresa i cellers, de tipus familiar, fundada l'any 1900. Situada a la població de Bràfim, en ple Alt Camp de Tarragona.
Elabora vins selectes de taula.

Adreça: Vins Padró - BRÀFIM (Tarragona)

Els principals són:

Padró blanc sec
Blanc de taula selecte

Padró Rosat
Típic rosat de l'Alt Camp

"Fino País" blanc
Blanc lleuger i fi

Dalmau Germans & Cia

Aquesta antiga firma data de 1830, any en què iniciaren les seves activitats com a criadors i exportadors de vi.
La seva especialitat és l'exportació de vi a l'engròs, però també embotellen vins de taula per al mercat interior.

Adreça: Dalmau Germans & Cia. Real, 9 - TARRAGONA

Els tipus elaborats són:

Blanc Sec "Selecte"
Típic blanc "Camp de Tarragona"

Blanc Suau "Costa Daurada"
Blanc dolç natural.

Negre "Añejo Selecto"
Negre envellit del Camp de Tarragona

Preparen també altres tipus de vins, generosos i rancis.

Ribera de l'Ebre

Pere Rovira

Una firma d'empenta, amb una antiga tradició –prové de la unió d'una empresa fundada en 1914 amb una altra fundada en 1864–, posseeix uns ben utillats cellers a Móra la Nova, de la Ribera de l'Ebre, i uns altres a Gandesa (Terra Alta).

Adreça: Pedro Rovira - Aprestadora, 77 - L'HOSPITALET DEL LLOBREGAT (Barcelona)

En els de Móra la Nova, elaboren els següents vins de taula, emparats per la D.O. Tarragona:

"Pedro Rovira" Reserva
Blanc i negre, típics Ribera de l'Ebre, d'elegant presentació.

"Bon Any"
Vi de taula, càlid i gustós.

"Marqués de Campo Real"
Blanc, Rosat i Negre. "Ribera de l'Ebre".

També destil·len el "brandy Escat".

Comarca de Falset

Celler Cooperatiu de Falset

En un bell celler obra de Cèsar Martinell, i que data de 1919, la Cooperativa de Falset elabora i cria uns acreditats vins, que comercialitza presentant-los en dignes i acurades presentacions. Unes belles i nombroses tines d'envelliment en fusta, així com les típiques garrafes exposades al sol, per a l'elaboració del ranci, en són les característiques més significatives.

Adreça: Cooperativa Agrícola de Falset. Carretera s/n - FALSET (Tarragona)

"Falset" Rosat
Claret, aromàtic, equilibrat i molt sedós de paladar.

"Falset" Negre Reserva
Envellit en roure, és potent i càlid. Dens i ric.

"Falset" Ranci Solera
Un ranci molt digne, d'aroma profund i ben presentat.

"Falset" Garnatxa
Vi dolç de postre, reforçat.

També embotellen un "Falset" Negre superior, com a vi de diari.

La Denominació d'Origen "PRIORAT"

Un vi dens i coratjós, un vi fort i obscur, un vi únic al món, un vi tergiversat per uns i lloat i cantat pels altres.

La denominació Priorat té un llegendari i permanent prestigi entre el nostre poble. És, potser, d'entre les denominacions populars de tipus de vins de Catalunya, la de més sòlid arrelament i la que al llarg del temps ha mantingut millor un inherent prestigi. Per al poble, dir "un vi del Priorat" vol dir un vi amb unes característiques tals que el distingeixen de tots els altres i el fan en certa manera únic i delimitat. Dir d'un vi que és del Priorat, ja li confereix una aura de prestigi, segons la creença popular.

Però aquesta fidelitat del poble a un nom no es correspon desgraciadament sempre amb una fidelitat semblant dels vins que ens són oferts verbalment i sense embotellar sota aquest nom de "Priorat" ja que no sempre ofereixen les característiques que els haurien de pertocar a causa d'aquest origen. Sovint ens són presentats verbalment com a "Priorats" uns vins adulterats, manipulats, artificialment endolcits, o bé vins que són, tal com diu en Josep Pla, "autèntics blocs de vi gairebé sòlids, que inflen la boca i remouen les tripes".

D'altra banda, l'esperit mimètic d'alguns dels nostres tractadistes públics els indueix a imitar, sobre els afers del vi, els conceptes dels tractadistes francesos i, per tant, a considerar rudes i poc cultivats els paladars acostumats a apreciar la riquesa i subtilitat que un bon "Priorat" pot tenir, a més de la seva potència i vigoria.

El "Priorat" és un tipus de vi controvertit. Víctima de l'absurda veneració del grau alt –em fa mal el cor cada vegada que sento a un prioratí vantar-se de l'altíssim grau alcohòlic del vi que es fa al seu poble, com si aquesta fos la més gran patent de qualitat–, és també víctima de l'esnobisme i de la ignorància de molts escriptors, tractadistes i entesos de poca volada, que ignoren l'autèntica perla excepcional que un bon "Priorat", sedós i càlid, potent i posseïdor d'un ampli ventall d'aromes, pot arribar a ser si ha estat elaborat amb la ciència i l'art que aquest vi demana.

De les definicions de la "qualitat", quan aquest concepte s'aplica als vins, potser la que fa més diana és la que diu que, per a un vi, la qualitat és la "manera com aquest és més o menys característic". Defensar aquestes "característiques" que l'ús i el costum han establert com a pròpies dels vins del "Priorat" serà, doncs, la manera d'augmentar la qualitat dels seus vins.

En el ben entès, però, que els defectes i els desequilibris mai no poden ser "característiques" d'un vi.

Això per una banda. Per l'altra cal que els "Priorats" trobin nous mercats. Cal que al Priorat, a més del tipus de vi tradicional –que quan s'envelleix dóna uns rancis excepcionals, de claror entredaurada i color de tabac i nas profund i variat, de "bouquet" de mil matisacions–, s'elabori un vi de taula que pugui envellir, que pugui descabdellar totalment el seu "bouquet" dins l'ampolla sense enrancir i que esdevingui un dels més apreciats vins negres catalans, amb tantes virtuts i prestigi com poden tenir els Pomerol o els Saint-Emilion de la zona de negres de Bordeus. Ja hi ha una bona realitat en aquest sentit. Aquesta feina exigeix assajar noves varietats, assajar nous sistemes d'elaboració i treballar fort en el camp enològic, però, actualment, encara que sembli paradoxal, és en els vins del Priorat on tenim a Catalunya el diamant en brut que, degudament tallat, polit i cairejat, pot donar-nos el més esplendorós brillant, dins dels negres de cos, de casa nostra. Al Priorat com a tot arreu, però aquí encara amb més urgència, són els homes i els capitals els qui han de jugar, més que no pas la naturalesa i el clima. L'acció d'aquests és permanent i estàtica, els homes i els recursos que calen s'han de trobar, formar i mentalitzar. Si això s'aconsegueix, una comarca pobra i decadent podria esdevenir una font de riquesa i un exemple de redreçament per a tot Catalunya.

La geografia

Les terres emparades per la D.O. "Priorat" no tenen uns límits geogràfics, sinó uns límits humans i geològics. Hi ha una comarca natural, anomenada també Priorat, que té la seva capital a Falset, ben delimitada ja que és la conca natural del riu Siurana, que neix a les muntanyes de Prades i desemboca a l'Ebre prop de Garcia, ja a la comarca de la Ribera de l'Ebre. Hi ha també un concepte històric, el "Priorat de Scala Dei" que correspon a totes les terres antigament dependents de la famosa Cartoixa d'aquest nom, ahir plena de vida i avui quasi totalment en ruïnes. Cap d'aquests dos Priorats no coincideix plenament amb el "Priorat" enològic, format pels terrenys de "llicorella", aquesta roca pissarrenca, de color d'aram enfosquit i de lluentor misteriosa, que dóna els vins típics emparats per la D.O. Tota aquesta zona, d'origen paleozoic, resta com a protegida per la seva part nord-oest per la paret immensa del Montsant, els colors rosats clars de la qual contrasten, a l'hivern, quan les vinyes i els avellaners que els poblen no tenen fulles, amb el mar d'arrodonits i suaus pujols d'un color fosc, de tons calents i amb brillantors entre xarolades i magmàtiques.

Actualment estan protegits per la D.O. "Priorat" els terrenys dels termes municipals dels següents pobles: la Morera de Montsant, amb el seu agregat Scala Dei, la Vilella Alta, la Vilella Baixa, Gratallops, Bellmunt de Siurana, Porrera, Poboleda, Torroja, el Lloà i la part nord dels termes municipals de Falset i del Molar. Només els vins procedents d'aquesta zona reduïda dins de la comarca natural del Priorat poden ser anomenats amb aquest nom de procedència. Els vins produïts a la resta de la comarca resten protegits per la subdenominació "Falset i comarca" inclosa dins la D.O. "Tarragona".

El clima, temperat i sec, és, però, més fresc que al Camp de Tarragona i sobretot que a la Ribera de l'Ebre. També la pluviositat és lleugerament més alta (560 ml anuals). El terreny, summament trencat, produeix unes comunicacions dificultoses, que fan que el viatger es vegi portat constantment amunt i avall i a dreta i a esquerra, obligat per unes tortuoses i ondulants carreteres que van salvant com poden les profundes barrancades i els drets vessants d'aquesta mena de recinte geogràfic entre parets de muntanyes i cingles, on trobar una peça de terra plana és tan rar com trobar un home amable i humà que només begui aigua.

La terra, la vinya i els homes

El gran prosista Joan Santamaria, en les seves "Visions de Catalunya", ens presenta els pobles del Priorat històric amb aquesta descripció:

"Tenen una solidesa secular, una crosta empedreïda, un arrodoniment geomètric, una aparença de quadre d'exposició. ¿Els veieu? Cerquen una tebiona raconada, estenen al davant una catifa de vellut verdpoma motejada de roselles i blauets i les casetes s'aclofen i s'apinyen com un manyoc, amb la punta d'un cloqueret (campanar) al bell mig com un flocall de mona de Pasqua. Ja han veremat, ja estan contents. I tot fa una sentor ensucrada de most, i una acidesa de vi novell que us encabrita el pit".

Actualment, però, aquesta descripció tan bonica i precisa hauria d'estar contrapuntada per un component dramàtic. Els pobles del Priorat van quedant buits. Buits de joves, que és la buidor més trista que hi ha, perquè vol dir buits d'alegria, d'empenta i d'esperança. ¿Podrà superar, el Priorat, la prova terrible que el destí li fa passar? Dos elements hi tenen la paraula, el vi i els homes. A saber fer del vi del Priorat un vi conegut i apreciat –jove, envellit, ranci, etc.– en els mercats catalans i exteriors, hi ha el camí més fàcil per tornar la vida i l'esperança a aquests pobles –els pobles més autènticament pobles de Catalunya– que ara es debaten entre la lamentació estèril d'un passat millor i l'acció tenaç cap a un futur diferent. Que sàpiguen, però, els nostres amics prioratins que en el camp dels vins l'acció, a més de voluntariosa i tenaç, ha de ser encertada. Comercialment encertada.

Avui dia, la vinya no és pas –ni de lluny– el conreu més estès per aquesta zona. Terrenys que originarien vins excel·lents estan o deixats del tot o plantats d'avellaners. Però aquest no era el panorama a principis del segle XIX, l'època d'or del Priorat històric, quan als pobles hi havia vida i la vinya senyorejava pam a pam per tots els racons del torturat terreny.

Fou aquí on la fil·loxera transformà més radicalment els hàbits de vida de tota una comarca. Només cal passejar-se melanconiosament pels carrers dels pobles del Priorat per apreciar la riquesa i esplendor decaiguts, veient les amples portalades, els finestrals orgullosos, els vestíbuls senyorials de les cases, que denoten, per contrast amb la realitat actual, un daltabaix social profund. Les conseqüències de la crisi econòmica provocada per la fil·loxera van ser profundes i greus al Priorat. Una comarca que en el vi tenia la seva riquesa, en veure malmetre's les vinyes i trastocar-se els mercats vinícoles, va quedar summament prostrada. Per altra banda, el Priorat no pot competir amb altres contrades en la producció de vi per ser venut a l'engròs. El sobrepreu que aquest certament obté pel fet de provenir del Priorat no compensa el cost molt més alt que l'abruptesa del terreny i la minsa producció dels seus ceps imposen al seu conreu. El futur dels pobles del Priorat, i el futur del vi del Priorat, va lligat a un canvi radical de la comercialització actual dels seus vins.

I aquest canvi suposa una mentalització dels seus homes responsables i una aportació imprescindible de capital i de tècniques de comercialització. És un camí dur, perillós i costerut. Però és l'únic.

Algunes zones productores de vi són tan difícils de conrear com el Priorat. Tampoc no es pot mecanitzar la vinya als abruptes vessants del Rin o a molts llocs del cantó de Vaud a Suïssa. O a la complicada geografia de l'Alto Douro, on es produeixen els vins d'Oporto. O encara més a prop, als faldars també pissarrosos i fosquejants de Banyuls, Cervera del Rosselló i Portvendres, on les ufanoses vinyes s'airegen amb els ventijols marins. Però el vi que es produeix en tots aquests llocs ha estat ben comercialitzat i objecte d'una acurada protecció administrativa. Això mateix s'ha d'aconseguir al Priorat.

Les varietats i els vins

Nota
La varietat "carinyena", força abundant a Catalunya, es d'origen occità, i pren el seu nom de l'indret de "Carignan". Participa en els acreditats vins de "l'Hermitage" i de "Châteauneuf du Pape". Antigament deuria ser abundant

Fa cent anys, al Priorat predominava de molt la garnatxa, productora d'aquests vins novells de color granat, de molt de cos, d'aroma agradable i dolçor suau. Actualment, aproximadament el 55 o 60% de les seves vinyes negres són de la varietat "carinyena",(1) que dóna un vi més nerviüt, bastant més viril i que envelleix més bé que la garnatxa com a vi de taula. Els rancis millors s'obtenen amb vins on predomina la garnatxa, que és el cep que produeix el most més apte per a un enranciment posterior de qualitat.

En canvi, un vi d'una proporció d'un 50% de garnatxa i un 50% de carinyena és el que millors característiques ens donarà per a un "Priorat" de taula típic, amb la condició que tingui un envelliment de pocs anys. Quan han estat ben elaborats, aquests són aquells vins vellutats, de color també a la D.O. "Cariñena" als voltants d'aquesta població aragonesa, però és curios de saber que avui dia, en aquesta zona, la varietat negra gairebé exclusiva que s'hi troba és la "garnatxa" i és molt difícil de trobar-hi un cep de varietat "carinyena".

Un celler típic de Scala Dei, amb tot el sabor dels cellers prioratins.

dens, amb l'aroma rica de la garnatxa jove, carnosos i suaus d'astringència, que tan bé van amb un conill amb all-i-olí o amb uns peus de porc d'aquells que es fonen a la boca. Quan es tracta d'un vi que volem envellir, cal augmentar la proporció del most provinent del cep "carinyena". Això encara no es fa prou al Priorat, malgrat que si es té cura d'eliminar els gustos astringents i rasposos donats pel vi de premsa s'aconsegueixen així extraordinaris vins sedosos, virils i tendres, dotats d'un esclat potent i que s'obren dins la boca amb tot un ventall de sensacions. Si a aquesta base natural s'afegís una proporció de most de "cabernet" o d'"ull de llebre", i s'assagessin nous mètodes d'elaboració que eliminessin l'oxidació, reduïssin les temperatures de fermentació –que fan perdre allò que de millor tenen aquests vins, les aromes subtils i delicades– i prescindissin totalment de la rapa i parts fustoses del

LES XIFRES DE LA D.O. PRIORAT

Ha. de vinya 3.700

Producció total de vi:
15.000 hl. aprox.

Termes municipals emparats per la D.O.: La Morera de Montsant, Scala Dei, la Vilella Alta, la Vilella Baixa, Gratallops, Bellmunt de Siurana, Porrera, Poboleda, Torroja, Lloà, i la part nord de Falset i del Molar.

Varietats autoritzades: Garnatxa negra, garnatxa peluda i carinyena per als negres, i garnatxa blanca, macabeu i Pedro Ximénez per als blancs.

Característiques dels vins de taula:

Tipus	*Graduació alcohòlica*
Vins secs i semisecs	13,75° - 18°
Vins generosos i semidolços i dolços	14° - 18°
Vins rancis del Priorat	14° - 20°

Adreça del Consell Regulador: P. Sunyer, s/n - Estació Enològica - REUS (Tarragona)

raïm, obtindríem, sens dubte, un dels millors vins que és possible fer avui a Catalunya. La concentració de sucres i matèries sàpides que el "llicorell" provoca al raïm, i les races de llevats autòctones del Priorat, que són capaces de continuar plenament la fermentació a concentracions d'alcohol altes, així ho permeten deduir.

Un capítol diferent és el dels rancis. Al Priorat, l'obtenció de rancis no ha passat de la fase artesanal. Encara ha de sortir la firma, la Cooperativa o l'entitat que s'enfronti, amb rigor, amb l'elaboració i la comercialització posterior d'un bon ranci.

Hi ha un gran mercat que pot absorbir aquests vins, dotats naturalment, tant en les versions dolces com sobretot en les seques, de tot allò que ha fet dels Oporto i dels Xerès uns vins coneguts i consumits mundialment i productors de riquesa per a les seves zones respectives.

Encara que poc coneguts, al Priorat s'obtenen també bons vins blancs. No són blancs fins, elegants, aromàtics i distingits. Són blancs madurs, fets; aptes per envellir i de "bouquet" complex. També són excel·lents per enfortir i fer vins de postres. La garnatxa blanca, el macabeu i també el "Pedro Ximénez" –aquest darrer típic de la zona de Xerès– són les varietats que els originen. Al Priorat, i també en certa manera a la Conca de Barberà i a la Terra Alta en la comercialització de vins hi ha moltíssima cosa a fer. Cal fer, amb aquesta magnífica matèria prima, allò que els suïssos s'explica que fan amb el mineral de ferro: transformar-lo i vendre'l a la resta del món sota la forma de rellotges.

El vi del Priorat també s'ha de transformar profundament i vendre'l sota la forma d'un vi noble, criat, envellit i dotat d'unes qualitats que el facin apreciat pels mercats de més alta exigència.

Llocs interessants per a l'afeccionat als vins

Del Priorat és interessant la visita de conjunt a tota la comarca. Però és el Priorat estricte –la zona de la llicorella– el que apareixerà als ulls del viatger amb unes característiques més diferents. És una contrada amb personalitat, distinta, peculiar. La geologia, els pobles, el conreu, tot contribueix a donar-li aquesta acusada personalitat que tant sobta qui el visita per primera vegada.

Difícil d'arribar-hi –tombs i tombs de carretera–, un cop a dins et trobes com en un món tancat i clos. I aquest món té un valor important: el vi. Els prioratins en parlen amb orgull. El comparen amb el dels pobles veïns, recorden el dels altres anys, et parlen del ranci que tenen dins d'uns carretells, al celler de cada casa, i ingènuament et vanten els habituals 18 i 19 i fins i tot 22 graus que algunes vinyes donen. Quina deformació! Valdria més que s'enorgullissin de la sedositat o de l'equilibri, o del nervi, o del vellut, etc., que són característiques que han fet el vi del Priorat molt més apreciat que no pas el grau. Però el viatger farà bé d'escoltar-los i, si s'escau d'haver de tastar un vi d'aquests de graduació tan alta, prendre les degudes precaucions perquè, tal com diu un dels nostres grans clàssics, Francesc Eiximenis, els vins han de ser "temperats i amorosos, i no fortegals, i s'han de beure sovint i poc".

L'afeccionat als vins farà bé de visitar aquestes fites que li assenyalem. Coneixerà el Priorat en els seus punts més típics.

El poblet de Scala Dei o Escaladei

És digne de visitar aquest poblet de quatre cases, situat prop de les romàntiques ruïnes de la Cartoixa de Scala Dei. Una abundant deu d'aigua que baixa dels faldars del proper Montsant explica per què els monjos escolliren aquest lloc.

Uns bonics i ben utillats cellers que elaboren uns excel·lents vins –amb envelliment tradicional en caves de volta de pedra– mereixen ser visitats. Porten el mateix nom del poble. Places recollides i tranquil·les i carrers escairats on els escassos habitants passen una vida plàcida. Hi tenen també cellers d'envelliment algunes cases vinícoles de Tarragona.

Les ruïnes de la Cartoixa

S'imposa una passejada romàntica i malenconiosa per aquestes ruïnes, de parets majestuoses abraçades per l'heura. La cantarella de l'aigua posa un contrapunt de vida al silenci dels paraments d'arcs ja inútils i a les voltes esberlades de l'església. El pensament de l'afeccionat als vins volarà en un mut homenatge a aquells monjos tenaços i clarividents que saberen implantar la vinya en aquests indrets i ensenyaren el seu conreu civilitzador als habitants primitius.

El poble de Gratallops

Situat a cavall d'una carena encimbellada, ens permetrà endevinar signes d'una antiga riquesa en els portals i entrades d'algunes de les seves cases. Visitem el celler de la Cooperativa –amb unes instal·lacions d'embotellat dignes i ben muntades– i també un celler particular situat al seu davant. A notar també l'establiment d'un boter a l'antiga, un dels pocs que deuen quedar encara a Catalunya.

El carrer major de Poboleda

Les magnífiques cases senyorials, algunes arreglades pels seus actuals propietaris de manera magnífica, amb entrades amples i escales de volta plana "a la catalana", són un testimoni de la millor època del Priorat, situada entre el 1830 i el 1880.

Cal visitar també el celler cooperatiu.

L'autenticitat dels pobles

Torroja, la Vilella Alta, la Vilella Baixa, Porrera, el Lloà, la Morera, són tots ells pobles plens de rusticitat. Les cases, fetes de les pedres pissarroses i fosques de la terra, són sovint acabades per gracioses galeries arquejades. Els cellers cooperatius, alguns d'ells massa bruts i descuidats, guarden, tots, sensacions d'interès a l'afeccionat als vins.

Els vins rancis dels cellers particulars

El viatger amb grapa suficient sabrà ferse convidar, després d'una conversa interessant o a conseqüència d'una amistat comuna, per algun natural, posseïdor d'una bona bóta de vi ranci. Beure'n uns vasets, acompanyats d'avellanes, ametlles i panses, permet gaudir de sensacions olfactives i gustatives sense parió.

Gastronomia

Hi ha una cuina pròpia del Priorat. Una cuina que té dos vessants. El vessant vegetal, fet de grans tomàquets per amanir, de color rosat i carn forta, de cebes tendres molt gustoses, de faves que semblen de mantega, d'escalivades de mil sabors; i el vessant animal, on el conill, les perdius i guatlles o simplement la llonganissa del país, condimentada amb salses fortes on no falten les ametlles, avellanes i els vins rancis de la terra, són els representants més conspicus.

L'Hostal Antic Priorat, prop de Poboleda, i algun establiment net i endreçat a la Vilella Baixa i al Lloà, són llocs on, amb sort, serem ben atesos. Per altra banda, el fet de no haver-hi cap població gran dins de la D.O. "Priorat" fa que les qüestions de menjar i dormir, fora d'època estiuenca, siguin difícils de resoldre. A Falset i a Cornudella, però, podem trobar sempre taula i llit, a més de a l'esmentat Hostal.

Els vins de taula embotellats

Unió Agràrìa Cooperativa

Aquesta entitat, que té els seus cellers establerts a la Ciutat de Reus, elabora i cria vins de les D.O. de l'àmbit de les comarques tarragonines, amb plena garantia de la seva procedència i qualitat.

Adreça: Unió Agrària Cooperativa, c/Tívoli, 21 - REUS (Tarragona)

Els tipus de vi de taula, emparats per la D.O. Priorat elaborats per la Unió Agrària, són:

"Priorat" Sec especial
Reserva de Negre sec, d'alta graduació càlid i potent.

"Priorat" Negre dolç
Vi negre dolcenc, de 17° i 3° de dolçor.

"Priorat" Ranci sec
Vi ranci típic, de 17°.

Cellers de Scala-Dei, S.L.

Prop de les ruïnes romàntiques de la Cartoixa, dins del bell aglomerat de cases del poble de Scala-Dei, als peus de l'imposant Montsant, aquests cellers, instal·lats amb una gran dignitat, guarden les reserves dels seus vins, que obtenen exclusivament de la seva pròpia collita.
La presentació, d'un gust exquisit i amb etiquetes redactades totalment en català, s'agermana perfectament amb el contingut.

Adreça: Cellers Scala-Dei - Scala-Dei (Priorat) o Passeig Sant Joan, 24 - BARCELONA-10 (Tram superior)

Té al mercat el següent tipus:

Negre Cartoixa Scala-Dei 1974
Ampolles numerades.
Un Priorat de púrpura. Carminat, brillant i net.

De Muller, S.A.

Aquesta firma tarragonina posseeix uns cellers de criança, dins de la D.O. Priorat, a Scala-Dei i embotella, a les seves instal·lacions, vins emparats per aquesta denominació.

Adreça: Vins De Muller, TARRAGONA

Elabora el següent tipus:

"Priorat de Muller"
Vellutat, amb cos i aroma exquisit i profund.

Ha estat guardonat en diverses ocasions.

La Denominació d'Origen "EMPORDÀ"

Quan Ramon Pere de Novàs, monjo cellerer del monestir de Sant Pere de Roda, dictà normes per a una millor elaboració del vi, a l'any 1130 aparegué el primer tractat d'enologia de Catalunya del qual tinguem constància.

Però, en realitat, ja feia molts segles que la vinya era coneguda i conreada a l'Empordà quan aquest monjo va intentar fixar els mètodes que ell creia millors per a obtenir bon vi. Segurament, des del Segle V abans de J.C. aquestes terres, tan hel·lenitzades, ja foren adornades, als voltants d'Empúries, i de Roses, per l'alegria dels ceps amb verd jove de brotada. Germana de la del Rosselló, la vinya empordanesa té al seu darrera la més antiga tradició de les de Catalunya. Són vinyes, les de l'Empordà, històricament consubstancials amb la terra i els homes d'aquelles contrades. Són vinyes que ens vénen ja des dels fonaments d'Europa i que agermanen Catalunya amb l'esperit més pregon i genuí dels pobles europeus més característics.

Actualment, encara que la vinya s'hagués conreat bastant per tot l'Empordà –El Baix i l'Alt– només la zona nord de l'Alt Empordà, que és on certament està més intensificat el conreu de la vinya, està emparada per la D.O. Empordà-Costa Brava. A diferència del que passava en temps no massa antics, i del que encara passa al vessant nord de les Alberes, en terres administrativament franceses, la vinya ha abandonat la proximitat del mar, i ocupa amb preferència els terrenys poc fèrtils, prims i pedregosos de la plana interior situada al peu de les muntanyes.

Els vins Empordà, podríem definir-los actualment com una excel·lent matèria primera, que està a mig camí del seu acomplert i òptim refinament.

No són, com els d'algunes D.O. catalanes, pura matèria primera sense desbastar, amb un gran futur potencial totalment a l'aire sense cap realitat; però estan a mig debastar, i a mig comercialitzar. Certament hi ha realitats; certament hi ha estructures ben muntades; certament hi ha homes honestos i competents al front dels afers del vi empordanès, però queda encara un bon feix de feina a fer, per acreditar els Empordà com uns excepcionals vins de criança, com tenen el dret i el deure de ser. La realitat actual és bona, però les possibilitats, realment òptimes, d'aquestes terres respecte als seus vins obren tot un programa d'acció a les persones responsables relacionades amb el vi empordanès. Moltes vegades hom té la sensació que a l'Empordà, i en general a tot Catalunya, en els afers del vi, ens comportem de manera semblant a aquell personatge de Molière, que parlava en prosa, sense saber-ho.

Nosaltres tractem amb criteris de vi ordinari, i de mercaderia a l'engròs, vins que en altres països i contrades d'Europa serien considerats com a excel·lents punts de partida per a l'obtenció dels més sofisticats i preats "crus", després d'una acurada i estudiada criança i d'un no menys acurat i ben portat envelliment. A l'Empordà es donen amb escreix totes les circumstàncies ambientals –terra de pas, terra treballada per la història, terra amb bells monuments, terra poblada per homes imaginatius i oberts, etc.– per a crear tota aquesta aurèola de poesia i de prestigi que un bon vi necessita per a esdevenir un Gran Vi. Caldria que, sense perdre temps, s'anés caminant decididament per aquest camí.

El marc geogràfic

Una àmplia i oberta plana, limitada al Nord per les Alberes, nom del darrer tros del Pirineu, quan aquesta serralada es cabussa al Mediterrani, i al Sud-oest, per les muntanyes de les Gavarres, que la separen de la comarca de la Selva; constitueix l'escenari natural, tot ell amb ganes de guaitar el mar que li banya el límit de Llevant, de l'Empordà.

A mig aire d'aquesta gran plana, i desplaçat cap a la banda de mar, s'alça, com una immensa berruga, el massís àrid i pelat, coronat per un castell, del Montgrí. Les terres planes situades al seu nord són l'Alt Empordà, solcat pels trams finals de dos rius, la Muga i el Fluvià. Les terres ja no tan planes i de menys extensió situades al seu sud són el Baix Empordà, o l'Empordà petit.

Els rius Ter i Daró, i en l'extrem sud, el Ridaura, reguen les seves terres.

Els costers suaus dels faldars de les Alberes, a la zona més septentrional de la plana de l'Alt Empordà, són els terrenys preferits actualment per la vinya, compartint els admirables conreus d'aquesta zona amb les oliveres i els cereals. El seu clima és mediterrani, però més plujós i fred que en la resta de les comarques marítimes catalanes. La tramuntana, que bufa amb potència, sobretot a l'hivern, pels amplis espais oberts de l'Empordà, hi introdueix sovint variats factors d'inestabilitat climàtica.

La façana marítima té tres principals aspectes. Les costes minerals i pelades del cap de Creus, on antigament, en margenades encara existents, creixia la vinya, i on encara creix, amb gran esplendor, més enllà de la frontera francesa (Cervera, Banyuls, Portvendres). La zona d'aiguamolls i extenses platges de la badia de Roses i de la platja de Pals i les costes escarpades, braves i poblades de vegetació del cap de Begur que més al sud tornen a ser baixes, obertes i arenoses. Els horitzons oberts, la filigrana blavosa de les Alberes al fons, i la bellesa dels paisatges rurals, obra de generacions i generacions d'homes que els han creat amb el seu treball agrícola ordenat i savi, fan de l'Empordà un bell país. Amb una indubtable influència grega, però, sobretot, amb una sòlida romanització –els noms de moltes poblacions actuals com Vilanant, Vilabertran, Vilamaniscle, Vilafant, etc..., ens indiquen clarament que tenen l'origen en una antiga "vilae" agrícola romana– l'Empordà constitueix dins de Catalunya una unitat cultural que s'ha manifestat bicèfala: Pescadora, marinera i comerciant, per una banda, i agrícola, manufacturera i artesanal, per l'altra. Però sempre activa, oberta, esboirada i exuberant de vida i imaginació.

La terra, la vinya i els homes

Portada pels grecs, però implantada pels romans, la vinya ocupà, abans de la invasió dels bàrbars, bona part dels terrenys veïns de les poblacions primitives de l'Empordà. La ciutat romana d'Empúries, d'una considerable població, i la ibero-hel·lènica d'Ullastret, així com Roses, devien ser-ne els principals focus productors i consumidors. Terra de pas, l'Empordà no s'estalvia cap invasió, i bàrbars, visigots i àrabs el passen i repassen, destruint i desfent.

Afortunadament, però, costa molt arrencar un cep, i les vinyes generalment no desaparegueren mai en la seva totalitat, perquè l'Empordà sempre fou un país poblat.

Els monestirs de Sant Pere de Roda, de Sant Quirze de Colera, de Vilabertran, de Sant Climent de Peralta, de Sant Pau de Fontclara, de Sant Miquel de Cruïlles i tants d'altres, foren els impulsors i ordenadors dels conreus agrícoles a l'Alta Edat Mitjana.

Terra de feudalisme, dur i pur, que desembocà en el Comtat d'Empúries, i en el Vescomtat de Rocabertí, cercava en els abundants monestirs aquell esperit de pau i de treball, l'únic que permetia els establiments fets amb projecte de futur durable, com les vinyes i altres conreus de cicle llarg. Sant Pere de Roda, sobretot, exercí una gran influència damunt tot l'Alt Empordà, i el conreu de la vinya pels vessants de la muntanya havia de ser un dels camps on les experimentacions dels monjos, juntament amb les tècniques apreses per les terres de la Septimània i fins i tot de Roma, amb què els seus monjos tingueren assidus contactes en els llunyans anys 800 a 900, permeteren obtenir, indubtablement, els millors vins d'aquella Catalunya que acabava de néixer aleshores.

Ramon Muntaner, que escrivia en el "pus bell catalanesc del món", per usar una frase seva, era de l'Empordà, fill de Peralada. Només un home acostumat a valorar una contrada segons els esquemes propis del que deuria ser l'Empordà del seu temps (va néixer el 1265) pot dir en elogi de Gal·lípoli, ciutat i regió de Grècia on la host de la Companyia Catalana d'Orient establí el seu quarter d'hivern, que "és lo pus graciós cap del món, així com de bons pans, e de bons vins e de totes fruites gran abundància", tal com ens diu en la seva Crònica. Aquesta valoració ens deixa entreveure un paladar educat i sensible segurament format, en la seva joventut, amb els vins de l'Empordà.

Les guerres contra els Anjou, la guerra dels Remences –molt viva a l'Empordà per la gran implantació del sistema feudal en les seves terres–, les devastacions dels pirates turcs a les zones de la costa i les freqüents guerres de frontera entre les corones francesa i espanyola, que feien servir les terres catalanes del Rosselló i de l'Empordà com a camp de batalla, són circumstàncies que durant molts segles dificulten el treball conscient i continu que és el que fa néixer una tradició de bons vins en una comarca. Per això, la vinya empordanesa no entra dins dels grans circuits comercials mundials del comerç del vi, fins al segle XVIII, època d'or de la vinya catalana, que és quan es poblen d'alegres vinyes verdes els fosquejants vessants pissarrosos dels costers del cap de Creus. Les terres planes es dediquen a l'arròs, mentre que es busquen els terraprims i els pujols i comes per a la vinya, que hi produeix vins forts i de grau.

El comerç del suro, que en aquella època neix a l'Empordà, i que té a Sant Feliu de Guíxols el seu principal port exportador, afavoreix per l'evident afinitat d'interessos el comerç del vi, i l'Empordà s'uneix a la gran onada favorable a la vinya que tot Catalunya coneix durant els anys que cavalquen entre 1750 i 1875. Després de la fil·loxera, les vinyes de l'Empordà es van replantant a poc a poc. Són coneguts els fets violents del "Motí de Llers" a causa de l'oposició dels pagesos a l'ordre d'arrencar les vinyes per a intentar fer un cordó sanitari. En ser la primera comarca afectada de Catalunya, la reacció no és tan immediata com en altres comarques, que tenien ja l'experiència de les que les havien precedides en la desgràcia. Quedà ja sense replantar tota la vinya del Cap de Creus. Però els primers intents reeixits de preparar vins empordanesos, criats i embotellats a l'origen, i la florida del cooperativisme, renoven amb aires progressius les qüestions vinícoles de l'Empordà que es refà, parcialment, dels estralls de la fil·loxera.

De totes maneres, com a exemple demostratiu de la diferència que hi pot arribar a haver entre una administració pública dels afers vínics, eficaç i ben portada, com la francesa, i una altra inexistent i sense objectius clars, com l'espanyola, només hem de comparar la ufanor i presència de belles vinyes, en els pendissos pedregosos de Banyuls, Portvendres i Cervera, i el prestigi dels seus vins que són embotellats i criats dins de la zona, amb la inexistència total de vinyes a Portbou, la Selva de Mar i Cadaqués, malgrat havern'hi hagut abans; i comparar els preus molt inferiors als que els pagesos de l'Empordà veuen remunerat el seu vi, amb els preus obtinguts pels viticultors a la zona de Banyuls.

¿Per què el mateix clima, el mateix terreny, la mateixa gent, amb els mateixos hàbits i costums, donen resultats tan diferents a un lloc i altre de frontera?

Perquè l'estructura administrativa és diferent. Perquè per una banda s'ha sabut protegir, amb la legislació, els interessos col·lectius dels homes del vi, creant un mercat consumidor que estira la producció, mentre que a l'altra banda, la nostra, la desprotecció ha estat absoluta i la inèrcia

A la pàgina següent, el Castell de Quermançó, com un símbol de l'antiga ferotgia feudal de l'Empordà, s'alça en un bell contrast sobre uns plans de vinya, símbol de pau i civilització.

Els Límits
779
St. Julià dels Torts
Sta. Llúcia
400
La Jonquera
Canadal
Riu
225
Agullana
L'Estrada
Bosquerós
St. Esteve
Darnius
295
Biure d'Empordà
Riu
Magdalena
M. de D. de la Salut
Terrades
Les Escaules
La Guardia de la Muga
El Poble Nou de Llers
A L T
E M P

LES XIFRES DE LA D.O. EMPORDÀ - COSTA BRAVA

Ha. de vinya 5.800

Producció total de vi: 100.000 hl. aprox.

Termes municipals emparats per la D.O.: Agullana, Avinyonet, Biure, Boadella, Cabanes, Cadaqués, Cantallops, Campmany, Colera, Darnius, Espolla, Figueres, Garriguella, la Jonquera, Llançà, Llers, Masarac, Mollet de Peralada, Palau-saverdera, Pau, Pedret i Marzà, Peralada, Pont de Molins, Portbou, el Port de la Selva, Rabós, Riumors, Roses, Sant Climent Sescebes, la Selva de Mar, Terrades, Vilafant, Vilajuïga, Vilamaniscle i Vilanant.

Varietats autoritzades: Garnatxa i Carinyena per als negres i de les varietats blanques macabeu i xarel·lo.

Característiques dels vins de taula:

Tipus	*Graduació alcohòlica*
Blanc	11° - 13,5°
Rosat	11,5° - 14°
Negre	11,5° - 14°

Acidesa total g/l	*Extracte sec reduït g/l*
5,5 a 7,5	16 a 21
5,5 a 7,5	17 a 23
5,5 a 8	19 a 26

Adreça del Consell regulador: Plaça de Catalunya, 5 - FIGUERES

i la rutina administratives han actuat més com un obstacle a vèncer que com un mitjà afavoridor i solucionador de problemes. Ara som a temps de corregir aquests defectes. Cal que l'Empordà sigui terra de vins d'alta qualitat, que es venguin en gran quantitat.

Les varietats i els vins

El 70 % dels vins actuals de l'Empordà són rosats. Tenen gran anomenada els rosats frescos, fruitosos, lleugerament àcids i plens de reflexos entre cirera i or, que, degustats freds, tan excel· lents són a l'estiu aportant joventut i nova energia al paladar fatigat.

Però també es troben a l'Empordà aquells negres, nerviüts i jolius, que són com astringents al gust, i que ben envellits produeixen "bouquets" de fragàncies característiques.

Dosificacions tradicionalment estudiades entre garnatxa i carinyena, per als negres i rosats, i entre el macabeu i xarel·lo, per als blancs, produeixen tota la gamma dels vins emparats per la D.O. Empordà. I també Picapoll.

A la comarca, la garnatxa és coneguda amb el nom de lledoner, i encara hi ha algunes vinyes escadusseres del raïm monastrell i algunes d'aramon, una varietat francesa. Pràcticament ja no queden vinyes de mandó, una antiga varietat local.

Gaudeixen d'especial estima els rancis empordanesos, que, lents a desenvolupar els seus encants, quan ho fan són tot un poema de sentors seques i profundes, i sabors penetrants. Però tampoc a l'Empordà no s'ha trobat el camí de la comercialització efectiva d'aquesta modalitat de vi típicament catalana.

A l'Empordà, reben el nom de "garnatxes" els vins dolços de postre de 15 a 16°. Les "garnatxes" constitueixen actualment una elaboració d'un volum considerable a l'Empordà. També es preparen vins d'agulla i escumosos de reconegut prestigi. Però només els blancs, rosats i negres de taula que compleixen les especificacions del reglament són vins amb dret a la denominació Empordà-Costa Brava.

Les principals fites del vi de l'Empordà actual són el perfeccionament de la qualitat i la creació d'una imatge de prestigi. Caldria afegir a les existents noves varietats de negre. També de blancs. El Chenin Blanc, per exemple, creixeria bé en les terres obertes i lleugeres de l'Empordà, i dotaria la comarca d'un blanc personalitzat que li fa molta falta. Dels negres, el merlot i el syrhà proporcionarien elegància i treurien rusticitat als excessivament francs i directes negres empordanesos actuals.

La creació d'una imatge pròpia, amb tota una panòplia de característiques enològiques i de procediments d'actuació per a la criança i envelliment exclusius per als seus vins, beneficiaria el prestigi dels vins de l'Empordà. Alguns passos en aquest sentit ja s'han fet, però caldria que altres firmes o entitats cooperatives, fent honor a la creativa imaginació dels empordanesos, concretessin iniciatives i realitzessin idees amb capacitat d'aportar beneficis col·lectius a la comarca.

Llocs interessants per a l'afeccionat als vins

Potser és la contemplació del paisatge, per ell mateix, allò que un millor interès pot tenir per tothom qui es passegi per l'Empordà. És un paisatge sedant, suau, civilitzat i culte, amb bells records del passat, testimonis del bon gust dels catalans medievals, una mica pertot arreu. Prop d'una vinya un xic enlairada, de cara al mar, podríem veure, en la perspectiva de les seves tires de ceps rectilínies, enfocada una d'aquestes badies d'arc ample i suau, que estrenyen bocins de mar blau, entremig dels braços de terra, en gest inmòbil d'abraçada amorosa. I sempre, com a teló de fons, l'horitzó del "Mare Nostrum" pel qual, juntament amb la civilització i la cultura, ens vingué la vinya.

Els jardins, castell i cava, de Perelada

Un bell conjunt, dotat de jardins, biblioteca i cava i museu del vidre. ¿Què més es pot demanar per a viure bé? Si, de més a més, s'hi embotellen i crien uns vins prestigiosos i de bona sortida procedents de les vinyes que els pagesos del propi poble de Perelada i del poble veí de Mollet de Perelada, i d'altres indrets, conreen amb saviesa antiga, en resulta un conjunt que de cap manera no podem deixar de visitar.

Els cellers cooperatius dels pobles

Encara que, en general, sense la bellesa arquitectònica dels seus germans de les comarques tarragonines, els cellers de l'Empordà valen la pena de ser visitats. A Ricardell, a Garriguella, a Vilajuïga, a Espolla, a Mollet, i a molts altres pobles, el celler cooperatiu és un recinte on sempre trobareu algú disposat a parlar dels vins, i on sempre podreu tastar alguna cosa de profit.

Els cellers particulars d'alguns casalots antics i masies

Si el viatger té ocasió de visitar algun celler, hi trobarà tot l'encant primitiu de les coses autèntiques. Premses, bótes i carretells, voltes romàniques de mig punt, bombetes polsoses i vacil·lants. I si hi ha sort, aquell ranci dèl racó, que ens dóna nova empenta per a continuar junyits al carro de la vida.

El Monestir de Sant Pere de Roda

A part de la bellesa del propi monument, de la seva significació espiritual i històrica i del singular panorama sobre el golf de Lleó, que s'hi albira, l'afeccionat als vins no podrà deixar d'imaginar-se aquells vessants poblats de vinya i aquell bon monjo cellerer, en Ramon Pere de Novas, que, l'any 1130, reflexionava sobre les seves experiències vinícoles tenint a la vista aquests mateixos grandiosos paratges.

Les desertes margenades dels volts de Cadaqués

El testimoni dels ara inútils marges, que amb imatge del poeta Carner omplen de farbalans els faldars de les muntanyes, és colpidor i ens fa pensar en la riquesa perduda que suposa la falta de vinya. Aquests esquistos pissarrencs, ennegrits i lluents, sembla que demanin al seu damunt l'alegria verda de la vinya, tal com tenen amb força ufana els seus germans de més enllà de la ratlla de França.

Visita als establiments d'algun taper típic

A Palamós, Caçà de la Selva, Agullana i Darnius, a l'Alt Empordà però, sobretot, a Sant Feliu de Guíxols, el viatger farà bé d'espavilar-se per a visitar alguna fàbrica de taps. Tant els de vi com els de xampany són eines importantíssimes per aconseguir més bona qualitat. Només per aquesta consideració i per l'interès personal que a tot bon afeccionat als vins li té, val la pena de saber-ne els processos de fabricació. A Agullana, fins i tot sortia una revista, a cavall dels dos segles, batejada amb el bonic nom de "Lo tap de suro"

La Sardana

Seure davant d'una copa de rosat de l'Empordà fresc i guspirejant, un matí de diumenge d'estiu, mentre, una mica lluny, una cobla va omplint l'aire amb les notes vibrants i romàntiques d'una sardana, i anar degustant, ara un ara l'altre, al mateix temps la música i el vi, és un plaer que només a l'Empordà es pot copsar amb tota la seva intensitat. Proveu-ho.

Gastronomia

L'Empordà és la comarca catalana que menys ha vist desnaturalitzar-se la seva cuina personal i tradicional. Es pot afirmar que hi ha una vertadera escola de restauració empordanesa. Tant els plats de la part de marina basats en la riquesa de sabors que el peix i el marisc poden proporcionar, com els plats de guisats, caça i carn, que, terra endins, velles cuineres van transmetent de generació en generació, atrafegades i diligents, fent picades, salses i xup-xups dins de llòbregues cuines amb petites finestres obertes al bell i plàcid paisatge empordanès, són un patrimoni col·lectiu de tant o més valor històric que els manuscrits i monuments. Els vins tenen un ampli camp, per a acompanyar tots aquests plats, i tant blancs com rosats i negres tenen força requesta.

D'entre l'abundant oferta de restaurants que hi ha a l'Empordà i a la costa Brava, una quantitat bastant considerable estan preparats per a fer-nos contents.

L'Empordà és un país de bona cuina i de bons restaurants. Però un "suquet d'escórpora" de Ca la Neus, a l'Escala, –especialitzat en peix– o bé el "llobarro" de Ca la Galiota de Cadaqués, són d'aquells plats que perduren en el record.

A l'interior, "l'oca amb peres" o bé "l'ànec amb naps", la "vedella amb salsa", la "sèpia amb mandonguilles", les perdius i guatlles, i en general tota la cuina, ben feta, saborosa i pacient, de l'Empordà, tenen els seus màxims exponents a Cal Duran de Figueres, i també al del Portús, i al Restaurant Motel Empordà, veí de la Carretera, a Figueres, així com al restaurant Viarnés d'aquesta mateixa població. Però, pertot arreu, ocupant velles masies o en edificis nous, al mig dels pobles, o encinglerats en llocs de bona vista, excel·lents restaurants ens faciliten la vida. L'Empordà, que sempre ha estat terra de pas, davant del viatger que el visita sembla com si sentís la recança de la seva futura marxa, i volgués retenir-lo per la vida. Potser rau en aquest desig subconscient l'especial atractiu d'aquesta terra.

Els vins de taula embotellats

Pocs són, encara, els vins empordanesos que arriben al públic consumidor en les condicions internes i externes pròpies dels vins d'alta qualitat. Encara hi ha molt camí a córrer, i és llàstima que el vi comú s'emporti encara tants hectolitres de vi empordanès.

Capitals, imaginació i treball mancomunats podrien transformar en poc temps aquesta realitat. Actualment els principals vins són els elaborats per les següents entitats:

Suro de l'Empordà. Producte típic i molt important per a l'obtenció d'un bon vi. Una vista de la plana oberta de l'Alt Empordà, amb les Alberes al fons, i un bell contrast de colors entre vinyes i oliveres empordaneses.

Castell de Perelada

Aquests cellers, situats a l'ombra d'un preciós castell medieval, ocupen part dels antics cellers del Carme de Perelada, un convent del segle XIV. Allí s'hi pot admirar el Museu del Vi, amb una bella col·lecció d'objectes i documents, i la important biblioteca. Dedicats a l'elaboració d'un vi escumós, a més crien i embotellen vins de taula típics de l'Empordà. El conjunt mereix una visita.

Adreça: Cavas del Ampurdà, S.A. PERELADA (Girona)

Vins de taula que elaboren:

Blanc Pescador
Vi d'agulla, lleugerament espurnejant. Sec.

Blanc Sec Perelada
Blanc Sec envellit.

Rosat "Cresta Rosa"
Vi d'agulla rosat, dolcenc.

Rosat Perelada
Rosat sec, típic empordanès.

Negre "Cazador"
Vi negre, robust i ple.

Celler Cooperativa d'Espolla

Fundat en 1906, és un dels cellers cooperatius més antics de Catalunya. Actualment està format per 131 socis.
Tots els vins embotellats són guardats i envellits en bóta, i emparats per la D.O. Empordà.

Adreça: Cooperativa d'Espolla. ESPOLLA (Girona)

Els tipus que elaboren són:

"Gran Vi d'Espolla"
Blanc, rosat i negre de característiques pròpies dels vins empordanesos.

"Garnatxa Espolla"
Vi amb 4 anys d'envelliment en bóta de roure.

Vins J. Oliveda

Aquests cellers familiars, situats al poble empordanès de Campmany, elaboren des de fa més de 30 anys vins típics d'aquesta zona. També, i en una cava especial, hi elaboren vins escumosos amb vins blancs escollits i d'alta qualitat.

Adreça: J. Oliveda, Santa Llúcia, 15 - CAMPMANY (Girona)

Comercialitzen els següents tipus de vins de taula:

"Don José"
Negre de molta capa, ferm i olorós.

"Selecto Oliveda"
Rosat, sec i fruitós.

Celler Cooperatiu de Ricardell

Fundada l'any 1934, aquesta cooperativa tenia als seus inicis 165 socis, i actualment n'agrupa 268. Rep verema de més de 410 Ha.

Adreça: Cooperativa Agrícola "Ricardell". PONT DE MOLINS (Girona)

Elaboren vins comuns embotellats, en ampolles de litre que comercialitzen amb la marca "Ricardell" però la selecció dels seus vins, emparats per la D.O. Empordà, la presenten sota la marca:

"Vinya Orlina"
Vins blancs, rosats i negres, envellits en fusta.

També elaboren una "garnatxa" dolça amistelada.

Comercial Vinícola del Nord-est, S.A.

Aquest és el nom de la Societat que elabora i embotella la totalitat de la collita de verema de les cooperatives de Mollet de Peralada, Peralada i Roses, amb un total de 400 ha. de vinya, inscrites a la D.O. Empordà.

Adreça: COVINOSA - MOLLET DE PERELADA (Girona)

Els vins de taula que embotellen són:

"Vinya Farriol"
Blanc semi, i també rosats i negre, tots amb una punta de dolç natural.

"Conde Bravo"
Vins secs, Blancs, rosats i negres.

Negre "Garrigal"
Vi negre, envellit en barriques de roure dos anys. Vi suau i de bon cos.

Embotellen també vi de taula corrent en ampolla de litre i vins generosos i rancis de gran qualitat.

La Denominació d'Origen "CONCA DE BARBERÀ"

Heus aquí uns vins –els de la Conca de Barberà– que veiem dotats d'un gran potencial de futur. Són vins suaus i fins, de tipus europeu –i amb això volem dir dels que ara estan de moda a Europa–, de graduació alcohòlica moderada i de belles aromes i sentors florals quan estan ben elaborats. Però quan a algú se li augura un gran potencial de futur vol dir, en certa manera, que té un present migrat. I aquest és el cas dels vins de la Conca, no pel que fa a la qualitat, que, encara que millorable, és actualment molt reeixida en algunes de les seves cooperatives, sinó pel que fa a l'embotellat, criança i comercialització.

És encara ridícula la quantitat de vi que surt embotellat de la Conca de Barberà. I encara, fora d'una o dues excepcions quantitativament insignificants, els embotellats són tots de tipus més aviat popular. La gran massa dels excel·lents blancs, rosats i negres de la Conca és comercialitzada sense embotellar; principalment els excel·lents blancs obtinguts de la varietat "parellada" són traspassats a comarques veïnes amb estructures comercials i d'embotellat més avançades i consolidades de manera que arriben al consumidor mantenint totalment anònim el seu origen o, cas pitjor, deixant-li suposar que són vins provinents de la comarca on s'embotellen.

Si alguna zona geogràfica, de les emparades per D.O., presenta una infrastructura natural i vinícola apta per muntar-hi cellers productors de vins, de gran èxit comercial, aquesta és la Conca de Barberà. Bons vins, bones planes per plantar-hi vinya, bones comunicacions, excel·lents cellers cooperatius ja construïts, bons pagesos amb amor a la terra i a l'ofici, proximitat als grans mercats consumidors –la ciutat de Barcelona i la franja de la costa–, temperatures relativament fredes i alçada mitjana considerable i, sobretot, les característiques dels vins, secs, aromàtics, moderats i suaus, amb aquells rosats color cirera tan característics i personalitzats que han donat fama als cellers de Solivella, de l'Espluga, de Montblanc, de Barberà, de Pira, etc.

Fins ara, a la Conca ha faltat aquell impuls que arriba a transformar un excel·lent vi en un producte comercial apreciat, considerat i sol·licitat per un mercat consumidor. Sense aquesta ciència de "saber-se vendre com a tal vi de la Conca" no es pot esperar que l'activitat vitivinícola pugui aportar cap riquesa extraordinària a la població d'una comarca. Si s'aconseguís d'unir Treball i Capital, amb els peus ben implantats a la Conca, la denominació "Conca de Barberà" podria arribar a ser respectada i considerada i les poblacions pageses de la comarca veurien certament molt més remunerats econòmicament els seus afanys i esforços.

Ara, els vins de la Conca tenen fàcil sortida. Els comerciants de Vilafranca i els escumosos de cava asseguren el drenatge total, any darrera any, de les tines dels cellers cooperatius. Però els homes interessats de debò per la D.O. Conca de Barberà han d'iniciar, si volen assegurar per sempre la demanda dels seus vins genuïns, un altre camí comercial més costós i més exposat. Aquest camí és el de l'embotellat i envelliment dels vins a la comarca; és el de la creació de tipus de vins originals i autòctons, és el camí de la pròpia exigència i del rigor continuat en el manteniment dels factors de qualitat i en el continuat perfeccionament de la penetració comercial.

El marc geogràfic

La comarca natural de la Conca de Barberà consisteix en una clotada de fons ondulat per on s'escolen el riu Francolí i el riu Anguera, formant una gran "y" –i grega– fluvial, voltada de muntanyes quasi en una mena d'òval perfecte. Les muntanyes de Prades, amb cingles calcaris llargs i blanquinosos destacant-se de l'espessetat de bosc dels seus faldars, són les més altes i se situen a la banda de ponent. Al sud, les serres de Miramar i de Prenafeta la separen de l'Alt Camp, mentre que al Nord la del Tallat forma com un immens graó a la ratlla de Sarral i de Solivella, que puja fins al coll de Belltall i la separa de la veïna Segarra. El riu Francolí s'escola per l'estret de la Riba, entre parets rocoses, que li dóna entrada al Camp de Tarragona.

Situats al mig de la Conca, podrem apreciar la diferència paisaigística existent entre les terres de la ribera del Francolí i les de la de l'Anguera. Les primeres, més boscoses, presenten una vegetació atapeïda; les segones presenten un aspecte més sec, més pobre de vegetació.

Pel que fa al clima, la Conca de Barberà és una mena de plaça de reunió que rep, per una banda, la influència del clima mediterrani, que pot travessar pels colls de l'Illa i de Cabra i per l'estret de la Riba la serralada Pre-litoral, i per l'altra, la del clima molt més rigorós de tipus lleidatà o segarrenc. La pluviositat anual és de 550 mm, lleugerament més elevada que la de l'Alt Camp (500 mm) i bastant més que la de les Garrigues (300 mm), comarques veïnes.

La terra, la vinya, els homes

El nom de la comarca prové del primer poble que els cristians hi reconqueriren. Aquest poble és Barberà, situat dalt d'un turó que és visible des de quasi tota la Conca, i que està documentat prop d'un segle abans que Montblanc, la vila monumental que n'és la capital actualment. A Barberà encara es poden contemplar els grans panys de pedra de les parets del castell, peça estratègica clau de la defensa militar medieval quan per aquí passava la frontera o "marca" entre cristians i sarraïns.

Durant més de dos segles, el Francolí fou en efecte frontera. Els topònims de les poblacions actuals de la Conca encara ens ho fan veure. A la banda de llevant són noms amb ressonàncies militars i cavalleresques com és ara Montbrió de la Marca, Rocafort de Queralt, la Guàrdia dels Prats, Barberà de la Conca, etc. A la banda de ponent, noms com Vimbodí, Vinaixa, Vinganya, etc., denoten una llarga permanència sarraïna; aquesta franja depenia del valiat de Siurana, situat a les veïnes muntanyes de Prades.

Com que, a l'època romana, la comarca, encara que fos travessada per la via Aurèlia, que unia Tarraco amb Ilerda, no presentava nuclis de població importants, podem deduir que la primera implantació agrícola considerable fou la propiciada pels sarraïns, però ells no foren pas els introductors de la vinya, conreu que l'Alcorà prohibeix. Aquesta fou introduïda principalment per dues institucions que al segle XII impulsaren la colonització de les terres de la Conca per part dels catalans: l'orde militar dels Templers i l'orde monàstic del Císter (popularment "del Cistell") que des del monestir de Poblet irradiava la seva influència en una ampla rodalia. Al llarg dels segles posteriors la importància de Poblet i del veí Santes Creus anà creixent, fins a fer d'aquests monestirs grans potències econòmiques i culturals amb una influència que ultrapassava de molt els límits de les seves comarques. La població i el conreu de la vinya segueixen les vicissituds generals de les comarques interiors de Catalunya, mitigades aquí per l'existència de les granges agrícoles dependents de Poblet, veritables pols de desplegament agrícola escampats per la Conca que feien possible una agricultura potent capaç d'aguantar maltempsades. Les granges de Riudabella, de Milmanda, de Castellfollit, de Vinganya, de la Pobla de Cérvoles (la Fumada), són testimonis històrics de l'esplendor agrícola irradiat per Poblet, del qual la vinya era part principal.

Actualment, la vinya ocupa les parts centrals de la Conca, principalment a Pira, Rocafort, Sarral, Barberà, etc. En general, a tots els termes de la plana el conreu de la vinya ocupa del 39 al 49 per cent del terreny cultivat i en tota la Conca s'hi dediquen unes 7.900 Ha quan a principis de segle se n'hi dedicaven 12.100. Cal esmentar les anomenades "vinyes del bosc" encara presents als termes de Vimbodí i Vallclara, situades als faldars de llicorella de les muntanyes de Prades, vinyes semblants a les del Priorat, que produeixen un vi de més riquesa alcohòlica que la resta de la Conca.

Encara és corrent a la Conca el conreu de la vinya associat amb el d'un cereal, en tires alternades de dues fileres de ceps. El cereal se sembra un any a la tira d'una banda i a l'altre any a la de l'altra. Aquest sistema tendeix a ser abandonat i substituït pel de les plantacions de vinya en quadre, que són més adaptables a la mecanització actual.

Un fet positiu, esdevingut a la Conca i que després irradià la seva influència per tot Catalunya, fou el naixement del primer sindicat agrícola.

Va ser l'any 1893, en plena època de la fil·loxera, que els mitgers del poble de Barberà fundaren un sindicat per elaborar-se el vi en comú. Sota la influència d'Esplugues i Montoliu, un propietari que va fer un viatge a França per aprendre els sistemes de lluita contra la fil·loxera, el Sindicat de Barberà inicià la replantació de les vinyes a la Conca. L'èxit coronà els seus esforços i així el 1903 s'alça el primer edifici de nova planta, concebut com a Celler Cooperatiu, de Catalunya, al poble de Barberà. Poc temps després, Josep M. Rendé, de l'Espluga de Francolí, esdevingué capdavanter del moviment cooperatiu i impulsà en 1914 la construcció del celler de l'Espluga, primera de les "catedrals del vi" que tanta influència havien de tenir en tota la Catalunya meridional, impulsades pel Departament agrícola de la Mancomunitat de Catalunya i per l'entusiasme cooperatiu dels pagesos catalans que lluitaren així contra el caciquisme, la usura, el malvendre les collites i la rutina i mals hàbits en l'elaboració del vi.

Avui dia, falten a la Conca de Barberà els homes que continuïn l'obra de redreçament iniciada a començament de segle. Cal pujar un graó més i comercialitzar totalment el vi de la Conca. No limitar-se a elaborar-lo i després vendre'l sense embotellar, sinó separar-ne les partides millors i envellir-lo i embotellar-lo. Algunes cooperatives han iniciat tímidament aquest camí. També la Unió de cooperatives de Reus embotella vi de la Conca, però aquests intents són massa prudents i mancats de la convicció i l'empenta necessàries per tal d'obtenir resultats estimuladors. Ja hem dit en una altra ocasió que les "catedrals del vi" que cal edificar ara són organitzacions humanes, amb tècniques financeres, empresarials, enològiques i comercials capaces de crear mercats consumidors dels excel·lents vins de la Conca.

Les varietats i els vins

Els vins de la Conca són predominantment blancs i rosats, però també s'hi elaboren excel·lents negres. Les varietats productores de blanc, que estan emparades per la legislació de la D.O., són el macabeu i la "parellada", mentre que els negres i rosats són provinents d'ull de llebre, de garnatxa i trepat, una varietat interessant, poc estesa però que dóna vins amb poca aroma, potser perquè no s'ha trobat la manera de tractar-lo com cal.

Dels vins produïts actualment a la Conca, dos tipus són destacables: el blanc "Parellada" que és un vi lleuger, diàfan, pàl·lid de color i d'una gran finor produïda per la seva poca graduació (9 a 11°) i també pel seu poc cos, i el rosat, afruitat, color cirera, net i lluminós i que degustat fresc

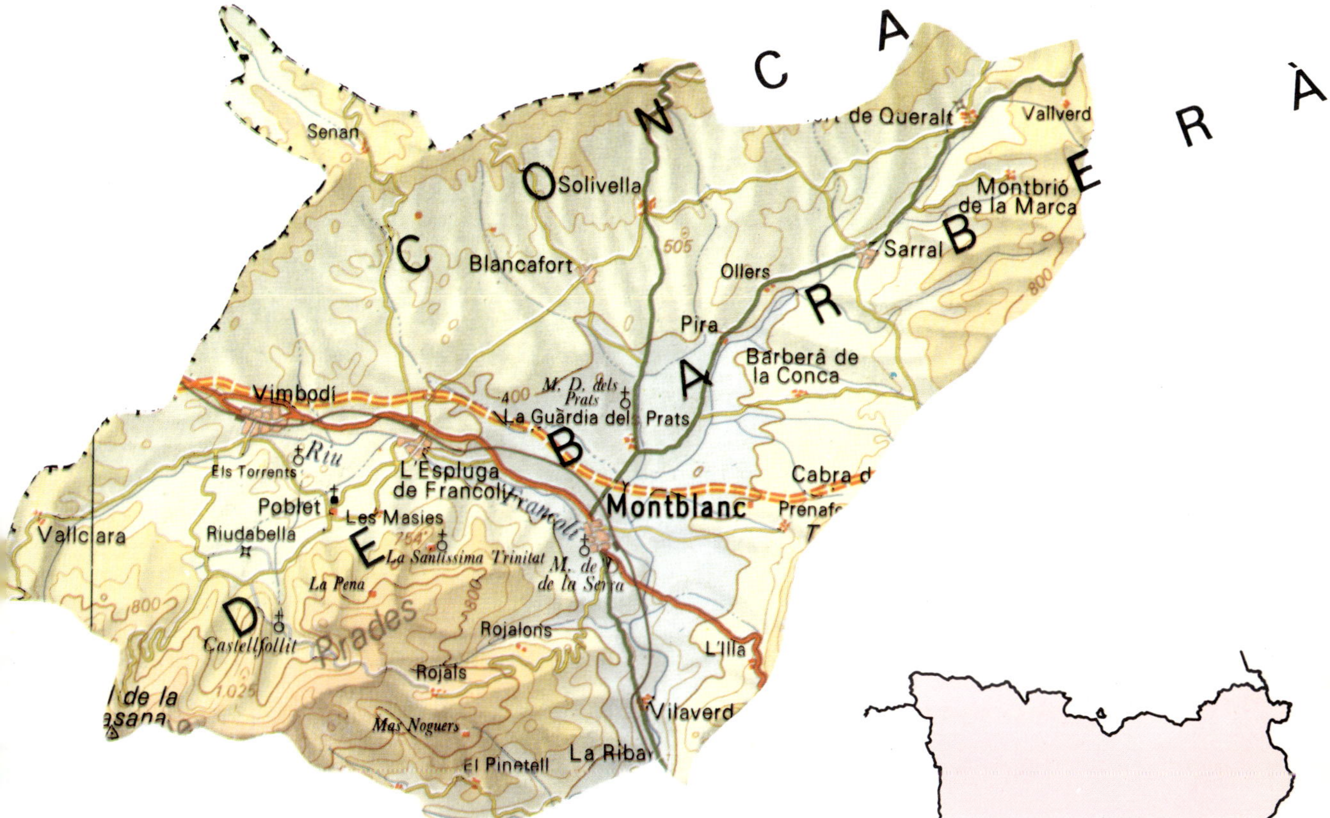

LES XIFRES DE LA D.O. CONCA DE BARBERA

Ha. de vinya 9.900

Producció total de vi:
250.000 hl. aprox.

Termes municipals emparats per la D.O.: Barberà, Blancafort, l'Espluga de Francolí, Montblanc, Pira, Rocafort de Queralt, Sarral, Solivella, Vallclara, Vilaverd, Vimbodí i part dels de Conesa, Forès, Senan i Tarrés.

Varietats autoritzades: Macabeu i parellada per als blancs, i per als negres i rosats trepat, sumoll, ull de llebre i garnatxa.

Característiques dels vins de taula:

Tipus	*Graduació alcohòlica*
Blanc Parellada	9° - 11°
Blanc Conca	10° - 12°
Rosat Conca	9° - 12°
Negre Conca	10° - 12°

Adreça del Consell Regulador:
Av. Catalunya, 50 - TARRAGONA

deixa la cavitat bucal amb sensacions de primavera.

El tipus blanc de la Conca, de més cos i graduació que el blanc "Parellada", és un vi al qual la barreja de macabeu i parellada comunica una aroma melosa i densa que produeix una sensació de corporeïtat i consistència.

Els negres de la Conca –que per estar emparats per la D.O. han d'haver-se envellit un mínim de 18 mesos en tines de roure– són excel·lents vins, poc coneguts, suaus i fins, sobretot aquells que provenen de les varietats ull de llebre i garnatxa. Un excel·lent vi de taula és el provinent de les "vinyes del bosc". Es tracta d'un vi potent, gomós, amb excel·lent "bouquet" i de sabor profund que adquireix al cap de tres anys d'envelliment en ampolla.

Falta fer a la Conca un treball intens de sistematització i clarificació en les varietats. El predomini dels blancs s'hi accentua cada dia i hi ha el perill que, vinícolament parlant, esdevingui una mena de sucursal del Penedès. Només la potenciació dels seus tipus característics pot portar una nova vida a les seves vinyes i als seus vins.

¿Per què el camí que tan bon resultat va donar als portuguesos i als provençals, que han sabut vendre els seus "rosé" per tot el món, no s'ha seguit amb els excel·lents rosats de la Conca? No és cap utopia somiar en un èxit mundial d'aquest tipus de vi rosat, lleuger, fruitós i esclatant, tan ben acceptat pel públic, que certes cooperatives de la Conca saben preparar. Desgraciadament els afers de la vinya i del vi de la Conca no acaben de trobar la sortida, mentre que, pel que sembla, les energies dels seus homes es dediquen més aviat als afers de la indústria i del turisme incipients, quan l'actualització de la secular dedicació a la vinya i als vins seria un camp on potser l'èxit col·lectiu per a la comarca estaria més a l'abast.

Llocs interessants per a l'afeccionat als vins

La Conca de Barberà és una comarca amb una joia turística plantada al mig, que és la vila de Montblanc. Plena de monuments medievals i conservant encara un bell conjunt de muralles del segle XIV, Montblanc és una bona atracció. Però ben a prop té un altre monument, que per la seva significació històrica i per la bellesa de les seves construccions, és visita obligada per a tota persona sensible; ens referim al monestir de Poblet.

El celler del monestir de Poblet

Farem servir les paraules d'en Josep Pla, en la seva guia de Catalunya, per descriure el celler de Poblet, obra del segle XIII: "...és impressionant la simplicitat i grandiositat del celler gòtic, dividit en dues crugies per quatre pilars". En efecte, si els "monjos del Cistell" eren tan bons enòlegs com bons i sensibles arquitectes, d'aquest celler de Poblet deurien sortir uns vins que havien de ser obres d'art de debò. Una visita detallada a tot el monestir és una experiència recomanable a tota persona sensible i culta.

El castell i mansió de Riudabella

Impressionant mansió, habitada per la família propietària i que antigament era una de les granges de Poblet, centra una propietat agrícola on s'elabora, cria i envelleix un excel· lent vi.

Els cellers cooperatius

Molts pobles de la Conca posseeixen bells cellers cooperatius edificats a principis de segle, sota la influència del Modernisme. El de l'Espluga de Francolí, el de Rocafort de Queralt, el de Pira, el de Montblanc, el de Sarral, el de Barberà, són dignes de ser vistos en el doble aspecte d'obres d'art i com a exemple d'allò que la solidaritat entre els homes, animats per l'afany de superació i de l'anar per feina, és capaç d'aconseguir.

En aquest sentit, una visita al Sindicat vell de Barberà, edifici sense cap valor arquitectònic, però que, datant de 1906, duu la càrrega emotiva de ser el primer celler cooperatiu construït a Catalunya, pot ser interessant per a tot bon afeccionat als vins.

Les col·leccions agrícoles dels jardins del Casal de l'Espluga

Els jardins i dependències del nucli turístic del Casal de l'Espluga de Francolí, són un bon mostrari de l'instrumental agrícola i vinícola usat pels nostres avis. Premses diverses, tines, cellers de casa pairal, recipients vinaris diversos, ampolles, porrons, gerres, etc., constitueixen una bona col·lecció contemplant la qual l'afeccionat als vins trobarà força motius d'interès.

Gastronomia

La Conca de Barberà és un bon lloc per menjar-hi bé. Sortosament, encara no ha estat envaïda per la massificació turística. Plats substanciosos i positius, precedits o seguits per la coca amb recapte, aquesta coca amb llonganissa, pebrot i ceba típica d'aquesta comarca, són els ideals per ser combinats amb els rosats i negres de la Conca. Els blancs són excel·lents per acompanyar plats de peix i carns blanques; mentre que els vins més consistents de les "vinyes del bosc" són ideals per a les carns a la brasa i els conills amb allioli.

La fonda dels Àngels de Montblanc, situada en un edifici amb restes de finestrals gòtics, té fama acreditada de fer bons menjars. A Solivella també hi ha un restaurant força notable. El viatger que vulgui conèixer un restaurant de masses, però acurat fins a l'últim detall en la seva decoració evocadora de l'ambient rural català, ha d'anar a l'Hostal del Senglar, a l'Espluga de Francolí. A les Masies de Poblet, un romàntic centre balneari, prop del monestir, també es pot trobar una bona taula i, finalment, encomanant-t'ho abans, hom pot gaudir d'un sopar amb bona cuina i ambient exòtic als soterranis de Riudabella, on es pot degustar l'exel·lent vi que s'hi embotella. Tant a Montblanc com a l'Espluga, diversos establiments hotelers degudament menats contribueixen a fer fàcil i planera una detinguda visita a aquesta comarca.

Una "prova" segurament fabricada a l'antic forn de vidre de Vimbodí (Conca de Barberà). Servia per a prendre mostres de vi de dins dels cups o de les bótes.

Els vins de taula embotellats

Són pocs els vins de la Conca que es presenten al consumidor embotellats a l'origen. Certes cooperatives individualment i les agrupades en la Unió de Reus són les que n'embotellen la quasi totalitat. En l'esfera particular, el vi de Riudabella és l'únic que s'embotella, i encara més en dimensions pròpies de "hobby" que d'activitat comercial.

Emparat per la D. O. hi ha:

Unió Agrària Cooperativa

En els seus cellers de Reus, aquesta entitat embotella els vins elaborats i criats als cellers Cooperatius de la Conca de Barberà, garantint-ne la procedència i qualitat.

Adreça: Unió Agrària Cooperativa - Tivoli, 21 - REUS

El tipus de vi embotellat és:

Conca de Barberà, Rosat
Un autèntic rosat de la conca, de 12°, amb aroma fresca i sabor típic.

La Denominació d'Origen "TERRA ALTA"

Si bé, des de fa molt temps, s'ha sabut conrear la vinya a la Terra Alta, es pot afirmar que el seu conreu extensiu és relativament modern. És a partir del darrer terç del segle XIX que comença la fama dels seus vins i s'incrementa paulatinament. Primer, els blancs anomenats de Gandesa –la capital de la Terra Alta–; després, els negres, forts i aspres, que també s'hi produeixen.

Actualment, per tota la zona geogràfica emparada per la D.O., la Vinya és un conreu que creix.

Els homes de la Terra Alta s'han agafat amb interès les coses del vi, i porten empenta. Però un dels fets que contribueixen més a aquesta vocació vinícola que s'ha revelat a la comarca és la baixa rendabilitat del conreu tradicional d'aquestes terres, que ha estat històricament l'olivera. És llàstima que hagi de ser un producte també tan noble com l'oli d'oliva el que es vegi desplaçat pel major increment de la producció de vi.

Situada a l'interior i dotada d'unes comunicacions molt dificultoses a causa de la situació geogràfica, no és estrany que la vinya no fos present a la Terra Alta amb la mateixa intensitat que en altres comarques catalanes, durant les èpoques grasses dels segles XVII i XVIII. Tampoc la seva llunyania relativa del mercat barceloní o dels ports de mar no afavoria l'obtenció de quantitats de vi més enllà de les necessàries per al consum dels propis habitants. Malgrat això, en els anys precedents a la crisi fil·loxèrica, la vinya guanyà posicions també a la Terra Alta, que després tornà a perdre a causa de la malura.

Però la Terra Alta és una de les comarques peoneres en la represa de l'activitat vinícola en temps de la Mancomunitat. S'hi construeixen bells cellers i s'hi elaboren bons vins que, pas a pas, es van acreditant per tot Catalunya. És, sobretot, a partir dels anys 50 del present segle, i ocupant llocs i esforços anteriorment dedicats a l'olivera, que la vinya –tant de raïm blanc com de raïm negre– va guanyant posicions; i la Terra Alta és, cada vegada més, una font de vins considerats comercialment interessants i molt ben acceptats. Ara els homes de la Terra Alta, enduts pel seu esperit creador, intenten fer un pas més enllà. Basant-se en la força de les seves cooperatives han iniciat la criança i l'embotellat dels seus vins. És un camí prometedor, però ple d'obstacles, que s'han de saber eludir. Des del punt de vista de la qualitat, els resultats són generalment bons; ara falta que ho siguin també des del punt de vista econòmic. Però, potser, encara s'està molt lluny d'encertar els tipus de vins, que podrien posar el prestigi del "Terra Alta" al capdamunt.

Aquest és un tema interessant, que tocarem després.

El marc geogràfic

Tal com indica el seu nom, la Terra Alta s'estén per tot el muntanyam que des de la Ribera de l'Ebre, o des del pla de Tortosa, es pot albirar en direcció Sud o en direcció Oest respectivament. Geogràficament parlant, no es pot separar la Terra Alta de la comarca veïna i més meridional del Matarranya, la qual, encara que administrativament pertanyi a Aragó, és catalana pels quatre costats, tant de llengua, com de tradició, com d'hàbits i de costums.

Aquest conjunt de terres constitueix l'estrep Nord del nucli muntanyós dels Ports de Beseit i dels Ports de Morella, i els seus elements geogràfics més significatius són el riu Algars a l'Est i el Matarranya a l'Oest, que baixen d'aquests nuclis muntanyosos i porten les seves aigües, en direcció Sud-Nord, cap a l'Ebre, on arriben units després de l'abraçada que es fan a les envistes del poble de Nonasp.

La zona solcada per aquests rius és trencada, muntanyosa i dura. El poblament es disposa al llarg d'aquests cursos fluvials, però és als terrenys una mica més plans situats a l'Est del riu Algars, al peu de les serres de Pàndols i de Cavalls, que separen la Terra Alta del Baix Ebre, on el poblament és més dens –malgrat l'escassetat d'aigua–, i on es troben els termes municipals de major producció vínica (Gandesa, Batea, Corbera, Vilalba dels Arcs, la Fatarella, etc.)

Les terres de la comarca del Matarranya, encara que no emparades per cap D.O., són productores també d'excel·lents vins, principalment negres, sobretot a Vall-de-roures, Cretes i Fontdespatlla. A més, en entrar en aquesta comarca des dels ports de Morella, hi trobem el poble català– ara administrativament aragonès– de nom més bonic per a un amant del vi: Mont-roig de Tastavins. Ara no hi ha vinya, però, a jutjar pel nom, els seus habitants de l'època en què així fou batejat devien ser gent experta i sensible en l'art de conèixer i degustar els bons mostos.

El clima de la Terra Alta i del Matarranya és mediterrani, però amb marcades influències continentals. L'alçada i obertura de les seves terres de conreu permeten un nombre elevat d'hores d'insolació, circumstància que, juntament amb una baixa pluviositat, afavoreix l'obtenció de vins potents, amb virilitat, i de considerable estructura. El sòl, amb abundosos còdols i de composició argilosa lleugera, seria òptim per a l'obtenció de vins de qualitat, dels tipus produïts a les "Côtes de Rhône" i tipus "Châteauneuf du Pape" de la veïna Occitània.

La terra, la vinya i els homes

La situació de la Terra Alta l'ha feta sempre una contrada mal comunicada. S'hi ha d'anar expressament. Els grans eixos de comunicació: el de la franja litoral i el del curs de l'Ebre, passen perifèrics a la comarca. Fins i tot avui dia, cal passar carreteres de traçat tortuós i difícil abans d'arribar-hi.

Però l'anada val la pena perquè la Terra Alta és una contrada plena d'encant i plena d'història.

Prehistòricament molt habitada, fou després poblada per tribus ibèriques, de tal manera que potser fou la comarca catalana més influïda per aquests pobles del Sud. En queden molts vestigis, per exemple els poblats de Calaceit, de Cretes, de la Gressera, de les Escodines Altes, etc.

Sense influència destacable de grecs ni castaginesos, sí que fou romanitzada, com ho demostra el magnífic sepulcre de Favara. En tot cas, era travessada de Nord a Sud per la via Edetona, que unia Tortosa i Saragossa (Dertosa i Caesaraugusta).

Els àrabs hi romangueren força temps, i alguns topònims actuals encara ens en recorden la influència (Calaceit, la Fatarella, Almudéfer), però les terres veïnes més planeres de Tortosa i de la Ribera de l'Ebre eren molt més preferides per exercir-hi el desenvolupat art agrícola dels sarraïns.

Amb la reconquesta catalana, hi fou introduïda la vinya. L'orde dels Templers, que comandaven la comarca des del castell de Miravet, a la Ribera de l'Ebre, i en desaparèixer aquests, l'orde dels Hospitalers, que l'encomanaren al seu castellà d'Amposta –per això, de la Terra Alta, també històricament se'n diu la Castellania– foren els grans colonitzadors i pobladors de la comarca. El "Llibre de Costums d'Horta de Sant Joan" ens indica que la repoblació fou feta de "bona gent lleidetana", i l'església romànica de Gandesa, el castell i l'església de Vall-de-roures i els magnífics edificis gòtics tardans i renaixentistes d'Horta de Sant Joan, del convent del Beat Salvador, també d'Horta, els ajuntaments d'Arnes, Horta de Sant Joan, Vall-de-roures, les arcades i porxos de Caseres i Batea i molts altres detalls urbans dels nuclis habitats de la Terra Alta i el Matarranya són testimonis de la vitalitat d'aquestes comarques en el període renaixentista.

De totes maneres, el conreu de la vinya no prosperà gaire degut a la falta de mercats per consumir els possibles excedents (fins al segle XVII la majoria de la població de les contrades veïnes, Tortosa, Ribera de l'Ebre i Maestrat, era morisca, i per tant, no habituada al consum de vi); i a poc a poc s'anà reduint, i la comarca es dedicà preferentment al seu cultiu tradicional, que era el de l'olivera.

Fou evidentment la influència mercantil de la ciutat de Reus la causa dels primers conreus importants de vinya, que entraren a la Terra Alta pels plans de Gandesa i del Pinell de Brai. Els seus vins blancs d'alta graduació es feren proverbials. Després de la crisi fil·loxèrica, l'esperit cooperatiu hi arrela fortament i contribueix a afaiçonar ja definitivament la seva vocació vitivinícola que s'enforteix considerablement durant els darrers 50 anys. Mentre la vinya recula al Priorat i al Baix Camp, guanya posicions a la Terra Alta, afavorida pel bon clima. la bona terra i les facilitats modernes del transport per carretera.

Els homes de la Terra Alta, en contraposició al caràcter plàcid i bucòlic que s'atribueix als seus veïns de la Ribera de l'Ebre i de l'Horta de Tortosa, tenen fama de durs, temperamentals i apassionats. En això s'assemblen una mica als vins que produeixen. Però els compatricis d'aquells homes de tremp del segle passat, que foren capaços d'aguantar els setges que el general carlí Ramon Cabrera, el "Tigre del Maestrat", va posar a Gandesa, sense poder fer ajupir els seus ideals liberals, caldrà que trobin ara un tremp semblant per sortir vencedors en la batalla comercial d'introduir els "Terra Alta" en la restringida i aristocràtica família dels vins de gran prestigi.

Les varietats i els vins

El vi tradicional de la Terra Alta és un vi blanc, abrisat, d'intensa carcanada i alta graduació, però curiosament dotat d'un gust fi i peculiar, que recorda remotament el de l'ametlla. És un vi que està en contraposició total al tipus ideal de vi blanc que el mercat europeu considera.

Però és un vi que té els seus adeptes i que obté bona sortida al mercat interior. La varietat garnatxa blanca, que és la majoritària a tota la comarca, n'és la base, i el tipus "Terra Alta Blanc", de color de palla i graduació des de 13° a 16°, és predominantment originat per aquesta varietat.

Una varietat blanca que es va introduint amb gran èxit a la Terra Alta és el macabeu. El clima sec i esventat d'aquesta comarca, i també la baixa pluviositat i l'alta insolació, són ideals per al macabeu, que no pateix aquí les podridures i mildius als quals tan propens és al Penedès La riquesa d'aromes pròpia del macabeu es manté íntegra i la major consistència alcohòlica que aquí aconsegueix li confereix una gran sedositat i calidesa, que en fa un excel·lent blanc de taula, digne de ser promogut com a vi noble de gran qualitat.

Són tipus clàssics d'aquesta D.O., també, el "Claret Terra Alta" i el "Negre Terra Alta". Les varietats són les clàssiques de "carinyena" i garnatxa, amb predomini de la primera. Els vins negres, en general primàriament elaborats, són potents i aspres i no es distingeixen gaire per la seva finor aromàtica.

Hi ha intents seriosos, per part d'alguna cooperativa, de millorar la qualitat dels negres i clarets per l'envelliment. Caldria, però, millorar-ne també l'elaboració i fins i tot la composició. El sòl i les condicions climàtiques d'aquesta comarca permeten assegurar que varietats com l'ull de llebre, com el "Cabernet", com el "Merlot", com el "Monastrell", a més de les tradicionals,

donarien mostos que, vinificats amb mètodes tendents a retenir-ne les aromes i a propiciar-ne un bon envelliment, permetrien d'obtenir fenomenals vins negres de taula, de gran finor i qualitat.

En el camp dels vins negres, ara minoritaris a la Terra Alta, però força estesos al Matarranya, hi ha un interessant futur comercial i de prestigi, si s'encerta a seguir els camins adequats. Si es vol que els vins siguin per a la Terra Alta una font de riquesa, cal trencar el cercle viciós actual, i deixar-se de fer vins d'estar per casa, sense pretensions, que només aspiren a ser venuts a l'engròs dissimulats per una mitjania rutinària.

LES XIFRES DE LA D.O. TERRA ALTA

Ha. de vinya 16.000

Producció total del vi:
240.000 hl. aprox.

Termes municipals emparats per la D.O.:
Arnes, Batea, Bot, Caseres, Corbera de Terra Alta, la Fatarella, Gandesa, Horta de Sant Joan, el Pinell de Brai, la Pobla de Massaluca, Prat de Comte, Vilalba dels Arcs, Fabara, Maella i Nonasp.

Varietats autoritzades:
Garnatxa blanca i macabeu per als blancs, i carinyena, garnatxa negra i garnatxa peluda per als negres.

Característiques dels vins de taula:

Tipus	*Graduació alcohòlica*
Blanc	13° - 16°
Negre	13° - 15°
Rosat	13° - 15°
Ranci	més de 15°

Adreça del Consell Regulador: (provisional) Av. Catalunya, 50 - TARRAGONA.

TERRA ALTA
Nonasp
(Nonaspe)
Favara
La Pobla de
Massaluca
St. Francesc
Sant Pau
La Fatarella
562
351
Maella
Les Pinyeres
El Calvari
Vilalba dels Arcs
467
Les Camposines
400
Algars
Batea
Corbera d'Ebre
Gandesa
430
Caseres
Serra
962
Puigcavaller
Pàndols
St. Magdalena
Almudèfer
Pesells
Bot
706
El Pinell de Br
La Fontcalda
Canaleta
Prat de Comte
628
St. Salvador d'Horta
Horta de Sant Joan
Riu
Arnes
Mas d
Roques
d'en Benet
Riu dels Estrets
L'Esp
Mas de la Franq
800
Les Gúb
d'Ullde

També els "Terra Alta" dolços naturals i els "Terra Alta" generosos i rancis, són tipus acceptats per la D.O. Els mostos de garnatxa blanca, amb un elevat contingut de sucres, són ideals per elaborar dolços naturals. Quedarien vins estables, amb continguts de sucres de l'ordre dels 30 gr./litre, que mereixerien de ser coneguts pel públic, sobretot els que estiguessin elaborats amb criteris avars pel que fa a l'ús del sulfurós. És llàstima que encara no se'n facin. Els generosos i rancis, generalment encapçalats amb alcohol, són també especialitats remarcables, que necessiten un envelliment, de dos i de cinc anys respectivament, en envàs de roure.

Els homes del vi de la Terra Alta han d'agafar la responsabilitat d'apuntar alt en tot allò que sigui posar les bases del futur prestigi del seu vi. Tècniques enològiques, amb els recursos financers corresponents, no es poden improvisar ni tractar a la lleugera; seny, reflexió i coratge lúcid seran les virtuts que els conduiran a l'èxit.

Llocs interessants per a l'afeccionat als vins

El visitant de la Terra Alta es troba aviat pres per l'encant especial de la contrada. Cels clars, paisatges oberts, vegetació austera de garriga. Horitzons dilatats, però tancats per muntanyes espectaculars de roca de formes arrodonides o per aspres cingleres calcàries d'arestes agressives.

Però és als pobles on més pot fruir el viatger sensible. En aquesta Catalunya que ha sofert des de principis de segle un urbanisme delirant i que ha hagut de patir les "genialitats" individuals de tants arquitectes amb un rei al cos, que es creuen, cada un d'ells, èmuls dels Gaudí, Domènech i Montaner, Cèsar Martinell, Sert, etc., és un sedant per a l'esperit la contemplació des de lluny d'aquests pobles de la Terra Alta, que s'han quedat estancats tal com eren quan encara no hi havia arquitectes i són fruit del gust popular dels mestres d'obres sense contaminar per les tècniques impersonals.

Els pobles de la Terra Alta –Batea, Bot, Horta, la Fatarella, Vilalba, el Pinell de Brai, etc.– conserven una personalitat col·lectiva en el seu urbanisme i estructura. Places amples, amb porxos, conjunts harmoniosos de teulades, vestigis d'un passat gòtic i renaixentista puixant; i sobretot, la coherència del conjunt sortosament encara no gaire adulterat per cases de pisos i construccions detonants, han conservat tota aquella fascinació que tan profundament va impressionar la sensibilitat de Picasso, a qui la contemplació des de lluny del joc de volums del caseriu d'Horta de Sant Joan va induir a seguir el camí experimental que havia de produir el "cubisme". El gran artista va dir que "tot el que sabia de fonamental ho havia après a Horta de Sant Joan", i en efecte, hi ha una correlació profunda entre la vitalitat, l'apassionament i l'energia que denoten tota l'obra d'en Picasso amb la caracterologia col·lectiva pròpia dels homes de la Terra Alta. Per a l'afeccionat als vins, són els cellers cooperatius de Gandesa i del Pinell de Brai els que arquitectònicament tenen més interès. Tots dos són fruit de l'impuls creador que la Mancomunitat va saber despertar per tota la Catalunya meridional en els primers anys de l'actual segle. Però l'interès enològic el trobarà també en els cellers dels altres pobles, que convé també que visiti; convé sobretot que tasti els vins que guarden.

El celler cooperatiu de Gandesa

Obra d'en Cèsar Martinell, és interessant per les voltes catalanes de rajola plana, que recolzant en uns arcs parabòlics d'obra vista constitueixen la seva coberta. Podem aprofitar la visita per fer una degustació dels acreditats vins d'aquest sindicat.

El celler cooperatiu del Pinell de Brai

El Pinell de Brai, pintoresc poblet situat a l'extrem est de la Terra Alta, posseeix el que és considerat com a joia puntera d'entre tots els cellers cooperatius catalans. La seva construcció, també sota plànols d'en Cèsar Martinell, va ser plena de dificultats i d'entrebancs, però la tenacitat i l'energia amb què va ser mantinguda i impulsada pels socis cooperadors, i l'apassionament amb què era vist i comentat el creixement de l'edifici, que es volia "més gran i més luxós que el dels pobles del veïnat", demostra aquella manera de ser, entre arrauxada i vital, pròpia de la gent d'aquells indrets. El bosc d'arcades i contraarcades del seu interior, és certament un bell espectacle arquitectònic.

Per a més lluïment, completaren la façana amb un fris interessantíssim de ceràmica, obra del gran pintor Xavier Nogués, que amb figures humorístiques plenes de fina ironia ens recorda tot el món entre íntim i ritual que les veremes, els cellers i el vi tenen per a tot català arrelat al seu país.

Amb l'ambició que posaren a construir el seu celler, els del Pinell demostraren el seu idealisme i crearen una obra d'art per al seu poble i que acreix el patrimoni artístic de Catalunya. El mateix camí s'ha de seguir amb els vins; apuntar ben alt i voler un vi de gran prestigi. La Terra Alta el pot tenir, si sap treballar-se'l bé.

Gastronomia

Cuina casolana, senzilla i sense sofisticacions, és la que trobarà el viatger per la Terra Alta.

Falten, però, establiments de restauració amb tradició. Com que no és la Terra Alta una comarca ni industrial ni turística, el moviment de personal és mínim, i això ha fet que als pobles, fora de Gandesa i Batea, hi hagi només les tradicionals fondes, on tota sorpresa –agradable o desagradable– és possible. A Caseres, la sorpresa és francament agradable. Els actuals vins de la

Terra Alta demanen, tant els blancs com els negres, plats amb certa importància. Són vins que necessiten gustos forts per harmonitzar bé dins del paladar. Potser les ampolles de macabeu són les úniques que s'escapen d'aquesta regla general i poden fer-nos un servei excel·lent a l'hora d'haver-nos d'enfrontar amb una llagosta, amb un bon plat de peix, o amb carns tendres i suaus.

Recordo un llom amb mongetes fregides, regat amb un negre agressiu i punxós, però agradable, ingerit a la tradicional fonda de Vall-de-roures al Matarranya, que pot ser posat com a exemple d'un àpat honest, agradós i ben aconseguit.

En aquesta mena de fondes, tot depèn de la sort i de l'humor de la mestressa.

Els vins "Terra Alta" embotellats són principalment obra de les Cooperatives.

Els més importants són:

Cooperativa Agrícola Vilalba dels Arcs Terra Alta

Des de 1961, aquesta cooperativa formada per 176 socis elabora els vins típics de la Terra Alta, produïts en les vinyes de Vilalba dels Arcs. Principalment elaboren vi blanc, que embotellen en ampolles de 3/4 i 1 litre.

Adreça: Coop. de VILALBA DELS ARCS (Tarragona)

Tipus de vins embotellats:

"Arcs" Terra Alta
Blanc, de 13° a 14°, típic de la Terra Alta, amb predomini de la varietat Garnatxa blanca.

També embotellen vi de diari en ampolla de litre.

Cooperativa Agrícola de Gandesa

Iniciada el 1919 gràcies a l'esforç de 135 famílies pageses de la població, aquesta cooperativa aconseguí de bastir un preciós celler modernista projectat per l'arquitecte Cèsar Martinell. Elabora vins blancs i vins negres, seguint els procediments tradicionals de la Terra Alta. També elabora una mistela.

Adreça: Cooperativa Agrícola de GANDESA (Tarragona)

Els seus embotellats són:

Gandesa Blanc Gran Reserva
Color groc palla, "bouquet" fi, i aroma peculiar.

Gandesa Blanc Especial Blanc típic "Terra Alta".

Gandesa Negre Especial
De 12 a 14°, és un negre típic de la "Terra Alta".

Gandesa Mistela Ric en dolçor, i de color palla.

Cooperativa Terra Alta Vinícola Soc. Coop. Cooperativa Agrícola de Batea

Vins procedents de les Cooperatives Agrícoles de varis pobles de la Terra Alta són criats, envellits i embotellats a les instal·lacions de la cooperativa de Batea. Una gran realització que permet esperar un gran futur.

Adreça: Terra Alta, Vinícola, Soc. Coop. c/ Molí, 30 BATEA (Tarragona)

Comercialitzen les següents presentacions:

"Primícia"
En les varietats de Blanc, Negre, Claret i Rosat. Vi típic de la Terra Alta.

"Vinofet"
Vi de criança, amb dos anys d'envelliment en roure. També en Blanc, Negre, Claret i Rosat.

També embotellen vi corrent en ampolla de litre.

Pere Rovira

En els seus cellers de Gandesa, aquesta firma, que també posseeix uns cellers a Móra la Nova (Ribera d'Ebre), elabora i cria vins generosos obtinguts a partir de mostos de la D.O. Terra Alta.

Adreça: Pedro Rovira, Aprestadora, 77
L'HOSPITALET DE LLOBREGAT (Barcelona)

Les presentacions que comercialitza són:

"Cream Solera" Vi dolç generós.

"Dry Solera" Vi sec generós.

També elabora un vi aperitiu anomenat "San Fermín".

Cooperativa Agrícola de la Fatarella

La Cooperativa "Sant Isidre", de la Fatarella, inicià l'embotellat i comercialització dels seus vins l'any 1957. La seva fundació, però, és molt més antiga. Els seus elaborats tenen totes les característiques dels vins de la Terra Alta.

Adreça: Cooperativa Sant Isidre - LA FATARELLA (Tarragona)

Vi de taula "Fatarella"
Vi blanc, procedent de macabeu i garnatxa, de 13° a 14° graus alcohòlics.

Els altres vins de Catalunya

(x) Nota de l'autor
Redactat ja aquest text, ha sortit una disposició legal que intenta sortir al pas d'aquesta necessitat. S'estableix la categoria de "Vins de Qualitat" (veure pàg. 96) per a tots aquells vins embotellats que, a més de complir tota una sèrie de característiques enològiques, procedeixin de comarques reconegudes com a Comarques Vitícoles. A Catalunya, han estat reconegudes les següents: Comarca de l'Anoia, Comarca d'Artés (Bages), Comarca de la Conca de Tremp, Comarca de Penelles (a la Noguera), Comarca de Raïmat (al Segrià), Comarca de la Segarra Baixa (a les Garrigues i la Segarra) Comarca del Baix Ebre-Montsià i Comarca de la Conca de Barberà, que ha estat recentment reconeguda com a Denominació d'Origen.

L'elaboració de vi només per al consum familiar o com a màxim local és encara força corrent en moltes contrades catalanes. Però a més dels vins reconeguts, dels vins inscrits al registre, dels vins reglamentats, dels vins amb D.O., a Catalunya hi ha encara força vins, obtinguts en comarques de vella o nova tradició vinícola, que han sobrepassat l'estadi familiar o local, i per una causa o altra encara no han estat reconeguts oficialment amb l'atorgament d'una Denominació d'Origen.

Aquest fet, que és un fet administratiu, no pot allunyar aquests vins, dels quals n'hi ha d'excel·lents, de la boca i el nas del bon afeccionat. Mai la legislació, que és enfarfegada, exigent i lenta, no pot apartar-nos del total coneixement de la realitat vivent. Vins catalans, testimonis actuals d'antics esplendors vinícoles de les seves comarques d'origen, o fruits relativament moderns de recents vocacions vinícoles d'homes i terres, d'algunes contrades catalanes, seran considerats aquí de manera semblant a com hem fet amb els seus germans, que, per una major incidència quantitativa, o simplement perquè els diferents estaments implicats s'han posat abans d'acord, han vist reconeguda la seva personalitat amb la Denominació d'Origen.

En algunes d'aquestes zones s'embotellen vins de gran qualitat. Generalment, però, aquesta qualitat és fruit d'un esforç individual, d'alguna firma o família més que no pas d'un esforç col·lectiu dels homes que treballen en els diferents sectors implicats en els afers de la vinya i del vi d'una comarca. Altres vegades, els vins d'aquestes contrades són simplement embotellats com a vins comuns de taula, o venuts anònimament a l'engròs, per després ser comercialitzats sota la forma dels incerts, vagues i generalment deficients "vins de la casa" dels nostres inefables restaurants modestos.

Tots aquests vins mereixen un destí millor; l'establiment d'una mena de categoria ofical de vins que podria dur més o menys el qualificatiu de "vins de contrada" o de "vins del país" tot detallant després la comarca o simplement la localitat d'on procedeixen, a més de prestigiar aquests vins seria una protecció del consumidor, ja que li asseguraria unes determinades característiques de puresa i honradesa en la seva elaboració i li permetria acompanyar els ocasionals àpats de viatge que per un atzar o altre hagués de fer per aquestes zones amb vins genuïns del país, que és la millor manera de conèixer-los i d'apreciar-los.(x)

Potser alguns d'aquests vins, gràcies a l'oportunitat de ser coneguts i degustats amb indicació precisa de la seva procedència i amb una certa fixació de les seves característiques, podrien arribar a enfortir el seu prestigi de tal manera que estimularia els estaments responsables a demanar el seu reconeixement definitiu com a nova D.O. El món dels vins és canviant i evolutiu i mai cap porta no ha d'estar tancada a ningú. La noblesa no és sols hereditària sinó que també s'adquireix amb trajectòries vitals, honrades i exemplars. Com a la motxilla de qualsevol soldat de Napoleó, en qualsevol vi hi pot haver amagat el futur bastó de mariscal.

Examinarem seguidament els principals vins catalans dignes de ser tinguts en compte, amb més o menys virtuts o amb més o menys defectes, que fins ara no gaudeixen de la protecció legal de cap D.O.

Els vins de la comarca d'Artés (Bages)

Artés
Avinyó
Calders
Monistrol de Calders
Navarcles
Navars
Sallent
Santpedor
Sant Fruitós de Bages
Sant Joan de Torruella
Santa Maria d'Oló

Supervivents del primer vinyar gran productor de vi de Catalunya, els vins del Bages mereixen un futur millor que el seu actual present.

Terra d'antiga i arrelada tradició vinícola –potser la de més arrelament de Catalunya, fora de les de l'Empordà i del Camp de Tarragona–, el vi del Bages fou víctima del seu allunyament del mar i del moderat grau alcohòlic. Quan el mercat apreciava més el contingut alcohòlic d'un vi que no pas la seva aroma, el seu equilibri i la seva finor, els vins del Bages veieren disminuïda la seva importància i les vinyes –més tardanes i menys productives que les de comarques veïnes– començaren a desaparèixer.

Però queda encara un fort reducte, centrat en l'exemplar cooperativa d'Artés, on s'elaboren un excel·lent escumós de càva i també uns bons vins embotellats, on la vinya aguanta i que pot ser molt bé un cap de pont per a una recuperació del prestigi i de la producció dels vins d'aquesta comarca.

Navarcles, Calders, Monistrol de Calders, Avinyó, Sant Fruitós de Bages, Sant Salvador de Guardiola, Salelles, Santpedor, Navars, juntament amb altres termes municipals de la zona, són terrenys de vinya que acompanyen Artés i on l'antiga tradició vinícola de la contrada es fa present en l'art que els pagesos posen en el conreu de la vinya i en les instal·lacions, cellers i utillatge antic que moltes masies i cases de poble encara conserven.

A principis de segle, fou l'escola enològica de la cooperativa d'Artés la que d'una manera més directa contribuí al manteniment de la vinya, al creixement d'una incipient indústria de vins escumosos i, per tant, a l'esperança d'un nou futur brillant per als vins del Bages. A Manresa ciutat hi ha també establiments vínics, orientats al vi comú, que donen sortida a la producció del Bages; i amb això fan posible el manteniment de la vinya.

Les varietats i els vins

Productores principalment de blancs, les vinyes del Bages són principalment de xarel·lo. També hi ha macabeu i parellada, però en proporcions menors que en altres comarques.

Les escasses vinyes negres són d'ull de llebre, monastrell i sumoll, mentre que les noves són de garnatxa. Al nostre judici, al Bages s'obtindrien uns bons vins negres de tipus europeu si s'arribés a aclimatar alguna varietat negra resistent al clima fred, tipus Merlot, Pinot noir, o el mateix Nebiolo, originari de la Itàlia del Nord.

Els blancs són tipus Penedès, però amb una acidesa més marcada. Bons per a l'elaboració de "caves" pel mètode de la "Champagne", són però més rudes i no tan subtils. Són vins francs i directes, que es beuen molt bé per la seva graduació moderada.

"Comarca d'Artés" (Bages)
Sindicat Agrícola d'Artés

Dedicat preferentment a l'elaboració dels vins escumosos de Cava, aquesta entitat cria i embotella també vins de taula.

Adreça: Sindicat Agrícola d'Artés - ARTÉS (Barcelona)

Els principals són:

"Picapoll" Artium
Vi elaborat exclusivament de la varietat picapoll.

Vi selecte "d'Artés"
En blanc i negre.

També elaboren vins rancis i vins dolços de postre.

Els vins de la comarca de l'Anoia

Bellprat
El Bruc
Capellades
Carme
Castellolí
Collbató
Copons
Igualada
Jorba
Òdena
Orpí
La Pobla de Claramunt
Rubió
Sant Martí de Tous
Santa Margarida de Montbui
Torre de Claramunt
Vallbona
Vilanova del Camí

De clima més càlid i terres més primes, la comarca de l'Anoia té característiques semblants a la del Bages, pel que fa a les peculiaritats dels seus vins.

També ha patit la regressió de les seves vinyes i ha vist com els cereals les substituïen en l'ocupació de les seves terres.

Amb no tanta tradició com el Bages, l'Anoia sempre ha vist conrear vinyes, i la seva situació estratègica en el camí de Barcelona a Lleida ha fet que fos terra de pas, i, per tant, permeable i sensible a l'experimentació de noves tècniques i varietats. Els seus vins són com una mena de resultat de la combinació de les característiques dels de les comarques del Penedès i del Bages, que li són veïnes.

Òdena –bonica població on arrelà fortament l'elaboració de l'escumós de cava, que hi obté molt bones qualitats–, Igualada, Castellolí i Sant Martí de Tous, són els principals llocs on es produeix vi.

A l'Anoia hi ha força vins negres, a més dels blancs propis de tot aquest vinyar que envolta Montserrat pel Nord, Oest i Sud. El sumoll, ull de llebre i monastrell són les varietats més abundants. A Sant Martí de Tous es produeixen també uns excel·lents rosats, fruitosos i consistents, coneguts per molt poca gent.

A Carme, Santa Maria de Miralles, Orpí i amb menys intensitat a la Pobla de Claramunt, encara es conrea la vinya, més per al consum local que no pas com a conreu comercial. En canvi, a aquesta població hi trobem un celler embotellador que treballa amb força èxit.

Els vins del Baix Llobregat

Martorell, Abrera, Castellbisbal, Ullastrell, etc., són terrenys d'una arrelada tradició vinícola. Afrontant amb la zona de l'Alt Penedès, situades a banda i banda del curs del Llobregat, les vinyes d'aquesta zona produeixen vins germans en tot dels d'aquesta part del Penedès. El macabeu i el xarel·lo regnen pertot arreu, i la "parellada" és abundant a les zones de Piera, Hostalets i Masquefa. S'obtenen blancs aromàtics, de grau considerable, comparats amb els del Baix Penedès, perquè es tracta de terrenys no gaire plans i amb pujols i turons on la insolació és més intensa i els terrenys no tan ufanosos, que permeten obtenir excel·lents vins dolços de taula naturals. La industrialització ha restat molts terrenys a la vinya, però el seu conreu, impulsat des del celler del Sindicat de Martorell, i per algunes firmes importants, és encara força estès. Les poques vinyes negres que hi podem trobar són de sumoll, però l'orientació general de la comarca és cap als vins blancs.

A Castellbisbal, a Martorell i a Ullastrell embotellen vi, i encara perduren, en masies de bella planta, cellers tradicionals i tradicions d'elaboració de vins escumosos de cava i de vins de taula embotellats.

La identificació enològica i de tècniques de cultiu amb el veí Penedès és cada dia més gran, i la inclusió de termes municipals, geogràficament pertanyents al Baix Llobregat, i a l'Anoia a la D.O. Penedès, encara la fa més patent. Aquest és el cas de Sant Esteve Sesrovires, Castellví de Rosanes, Piera, Hostalets de Pierola, Martorell i altres.

Els vins del Vallès

Descendents del focus iniciat en els temps medievals, a redós del monestir de Sant Cugat del Vallès, les actuals vinyes del Vallès estan en plena regressió. Difícilment serà recuperable la vinya en aquesta comarca on la mateixa agricultura va reculant davant la industrialització i l'assentament urbà. Fa 60 anys, encara a poblacions com ara Rubí hi havia prou potència vitícola per edificar un bell celler cooperatiu, però avui dia el tèxtil, la metal·lúrgia i la química han triturat tota possibilitat vinícola per a la comarca.

Només a Sentmenat hi ha un nucli de vinya considerable, que ha produït un celler embotellador, però unes importants caves d'escumós situades a Mollet van haver de tancar ja fa anys a causa de la desaparició de la vinya absorbida pel creixement del nucli urbà.

Terra de boires, humida, així com fèrtil i amb bona pluviositat, el Vallès podria produir vins blancs fins de tipus europeu, semblants als que encara s'obtenen al vessant de ponent de la serralada costanera, que estan emparats per la D.O. Alella. De totes maneres, sembla que definitivament la vocació de la comarca s'ha allunyat de les vinyes i dels vins en el seu aspecte productiu i d'elaboració. Paradoxalment, això és compatible amb l'establiment recent dins d'aquesta zona d'una moderna factoria d'elaboració i embotellat de vermuts, però que ha de rebre la gran majoria del vi base per als seus elaborats de les comarques veïnes, principalment del Penedès.

Els vins del Baix Ebre i el Montsià

Freginals
La Galera
Godall
El Perelló
Santa Bàrbara
Ulldecona

A l'extrem sud de Catalunya hi ha plantacions de vinya en rodals aïllats o en alguns vessants de muntanya graonats amb marges. Es tracta de conreus únicament per al consum local i sense repercussió comercial per a la comunitat.

Però a Ulldecona, Masdenverge, Freginals, la Galera etc., poblacions ja allunyades de les fèrtils i planes terres d'al·luvió veïnes del curs de l'Ebre, la vinya té força importància i, sobretot a Ulldecona, posseeix prou impuls i tradició per aconseguir uns vins característics, un xic rasposos, durs, àcids i tanitzats que, degudament tractats, podrien arribar a ser vins amb qualitats poc comunes. Un celler cooperatiu en centra la producció. De totes maneres, les terres de l'Ebre estan massa sol·licitades per altres conreus agrícoles que són exclusius d'aquesta zona a Catalunya –arròs, hortalisses, tarongers– i per la producció d'oli, per confiar en els vins, que sempre hi seran un producte agrícola secundari. És pròpia d'aquesta comarca la varietat blanca "Esquitxagós" que predomina, damunt de la "carinyena" i la garnatxa, negres també presents. Actualment s'obté molt vi blanc, però el negre té més qualitat.

Els vins de la Conca de Tremp

Gavet de la Conca
Isona i Conca de Dellà
Llimiana
Salàs
Talarn
Tremp

Gaudint d'un clima extremament suau a desgrat d'estar tota voltada d'impressionants muntanyes, aquesta comarca, amb un antiquíssim poblament, veié en temps passats extraordinàriament estesa la vinya per les seves terres.

Constituí un altre exemple de la implantació vitícola simultània a la reconquesta i de la primerenca especialització de l'elaboració i comerç dels vins, que eren venuts a les poblacions muntanyoses del nord. Com al Bages, la vinya a la Conca de Tremp és antiquíssima, filla directa de l'acció colonitzadora dels abundants monestirs pels volts de l'any 1000.

Llimiana, Orcau, Tremp, etc., són termes municipals on la vinya és encara present. S'hi elaboren i embotellen, tant per particulars com per cellers cooperatius, excel·lents i personalíssims vins negres que són massa desconeguts. El monastrell i el sumoll juntament amb la garnatxa són les principals varietats negres, mentre que el macabeu i el "parellada" representen les blanques. El monastrell hi és molt abundant.

És llàstima que els vins i les vinyes no mereixin l'atenció dels homes de la Conca de Tremp. Estan desapareixent uns vins de país fred i de bona altitud, que són una matèria prima excel·lent per obtenir vins de qualitat amb l'envelliment corresponent.

Les males comunicacions de la comarca li van impedir que d'una manera natural seguís l'evolució comuna de la vinya de la resta de Catalunya. Però, malgrat això, fins avui dia han conservat els seus pagesos el foc sagrat de la ciència del conreu de les vinyes i de l'elaboració de vins. La qualitat dels vins que s'hi obtenen i les possibilitats de millora que s'hi entreveuen farien desitjable el reconeixement del seu vinyar i una millor comercialització dels seus vins.

Cellers "Valeri Vila"

Fundat fa 30 anys aquest celler, situat a la bella població de Tremp, elabora sota unes arcades d'obra vista uns vins característics d'aquesta contrada.

Adreça: Cellers "Valeri Vila" Carretera, s/n - TREMP

Els vins que té al mercat són els seguents:

"Castell d'Orcau" blanc
Vi blanc, obtingut exclusivament de macabeu. Molt aromàtic.

"Castell d'Orcau" negre
Negre envellit en roure procedent de la varietat monastrell.

"Castell d'Orcau" rosat
Rosat consistent i de bonic color.

Embotellen també vins amb les marques "Valeri Vila" i "Conca".

Els vins de la Comarca de Penelles (La Noguera)

Penelles

Enmig de fruiters, i de conreus de regadiu, floreix a la comarca de la Noguera un conjunt vínic de gran prestigi. Ens referim al Castell del Remei.

Aquesta prestigiada marca, una de les preferides pels entesos catalans del primer terç del present segle, viu ara una vida trista. Els vins són de qualitat, ben envellits, i contenen Cabernet Sauvignon juntament amb altres varietats autòctones, però comercialment no s'han posat al dia i no han reconquerit els mercats que la guerra civil els va fer perdre. Una visita a les seves caves i instal·lacions permet d'adonar-se de com és cert que no anar endavant és començar a endarrerir-se.

A Tàrrega hi ha establerts altres embotelladors, dedicats al vi comú. Donen sortida, encara que no gaire prestigi, als vins de la zona.

Castell del Remei

Una firma de tradició, amb cellers d'envelliment, elaboradora de vins de fama.
Situada als límita entre les comarques de la Noguera i de l'Urgell, es poden considerar les seves vinyes testimonis singulars entre una agricultura de regadiu que les envolta.

Adreça: Castell del Remei - PENELLES (Per Tàrrega) (Lleida)

Els vins que elaboren són:

Castell del Remei Extra Cep Cabernet 1921
Negre envellit, potent i fort.

Castell del Remei Extra Cep Semillon 1920
Negre envellit, suau.

Castell del Remei Reserva
Blanc i negre, de característiques personals.

També elaboren licors, brandis i vinagres.

Els vins de les Garrigues, i la Segarra baixa

Belianes
Ciutadilla
Granyena
Guimerà
Maldà
Montoliu de Cervera
Montornès
Nalec
Omells de Na Gaia
Sant Martí de Riucorb
Vallbona de les Monges
Verdú

Aquestes comarques afrònten amb la Conca de Barberà, i són prolongació, pel que fa a les característiques dels seus vins, dels d'aquesta D.O. Principalment els blancs de Vinaixa, de Verdú, de Nalec i els de quasi tota la ribera del Sió són semblants, encara que amb més cos, més potència i no tanta finor, als de la Conca de Barberà. La Segarra, pàtria de Guillem de Cervera, trobador català que ja cantava el vi, és d'una antiga tradició vinícola, però avui els seus vins no són prou coneguts.

La major insolació i la menor precipitació fan els vins d'aquestes contrades més cepats, amb més cos, que els de la Conca de Barberà; no tenen aquelles aromes tan fines que exhalen alguns rosats de la Conca, però són més equilibrats i més plens.

Els macabeus, en aquesta zona, són extraordinaris, ja que creixen sans i sense veure's afectats per les freqüents podridures que agafen a les zones més baixes.

Però potser els vins més interessants d'aquesta zona són els que provenen de les vinyes de les Garrigues orientals, en els pobles situats al ponent de Serra la Llena: l'Albi, el Vilosell, la Pobla de Cérvoles, etc., produeixen uns blancs forts i sàpids, amb un cert regust d'ametlla; provinents de macabeu i garnatxa blanca, recorden una mica els de la Terra Alta. També els negres de garnatxa i "carinyena" que s'hi fant són germans dels del Baix Priorat, comarca amb la qual afronten a través d'Ulldemolins i Margalef.

El fet de no haver-hi cap estructura comercial pròpia, amb prou entitat, ha fet que els vins d'aquestes contrades hagin d'anar a reforçar els d'altres orígens, perdent així la possibilitat de ser coneguts com a tals vins genuïns.

Els vins de la Comarca de Raïmat (El Segrià)

Lleida

Una de les zones de vocació vinícola recent és aquesta del Segrià. Les terres de Ponent, d'escassa pluviositat i amb grans extensions planes, durant molts segles foren terres de secà.

De secà i de cereal, que era conreat al guaret, és a dir, deixant reposar la terra un any entre una i altra collita.

Però tota aquesta zona, amb la construcció dels canals de regadiu, ha esdevingut el nucli agrícola més potent de Catalunya. Terres planes, aigua abundant, grans extensions i alt nivell de racionalitat i mecanització en les explotacions agràries, així com l'esperit progressiu que la gent de Lleida ha posat en les qüestions agrícoles, han fet que en aquestes terres i rodalies s'hagi dut a terme, a partir dels primers anys d'aquest segle, una autèntica revolució agrícola, en la qual el fruiters, els cereals, les plantes farratgeres i les hortalisses han estat els grans protagonistes.

Però la vinya i el vi no en podien quedar marginats, i a Raïmat més de 500 Ha de plantacio de vinya, de les varietats típiques catalanes, però també de Cabernet Sauvingnon, de Merlot, de Chardonay, etc., totes elles plantades segons els mòduls i les tècniques vigents a Califòrnia, són la base real que permet elaborar uns vins –blancs, rosats i negres– molt particulars, diferents dels habituals i amb un futur ple de possibilitats.

Com una Califòrnia catalana, el Segrià s'obre camí entre els rengles dels vins d'alta qualitat de Catalunya. És un exemple del que es podria fer en moltes comarques catalanes, on la rutina i l'abandó de l'esperit de lluita dels estaments vinícoles han degradat la, en altre temps, prestigiosa vinya.

Un extraordinari celler, obra de Rubió i Bellver, de 1918, justifica la visita a Raïmat.

Nota:
Les zones d'on consignem els termes municipals són les que el Decret de 31 d'agost de 1979 reconeix com a "comarques vitícoles determinades".

CONIUSA

Els cellers de Raïmat, situats en aquesta bella població del Segrià, representen alhora la més ferma tradició i la més actual tecnologia. Un bell celler, pensat per en Rubió i Bellver, és el centre de tota una sèrie d'instal·lacions enològiques interessantíssimes.

Adreça: Raïmat (Lleida).– Coniusa - Gran Via de les Corts Catalanes, 644 - BARCELONA

S'hi cullen raïms i elaboren i crien uns vins personalitzats, que són els següents:

Raïmat "Clos Casal"
Blanc sec. Fresc i lleuger, brillant i de gran fragància.

Raïmat Rosat
Sec. Fort i suau alhora.

Raïmat "Clos Abadia"
Negre sec. Delicat de "bouquet" i amb gran harmonia de sabors.

Raïmat "Clos Clamor"
Negre sec. Dens i vellutat.

Altres zones on es produeix vi

Al Baix Empordà, al Gironès i la Selva, a la Noguera, en algun racó del Berguedà, i en general una mica per tot Catalunya, la vinya es fa present. Unes vegades amb un volum minso com al Baix Empordà, altres vegades en conreu gairebé artesanal, com actualment al Maresme, pertot arreu hi ha persones que miren esperançades com broten els ceps, i que veremen amb il·lusió els raïms curulls de suc. Al Maresme mateix, on avui difícilment podríem trobar cap vinya de regulars dimensions, fa encara no uns trenta anys es podien fer referències als seus vins tan boniques com la que Salvador Espriu posa en boca del rei Asuerus, a la seva obra *Primera Història d'Ester,* quan encoratja els seus invitats a beure "... heus aquí el xarel·lo, el do de les vinyes àurees de Sinera (Arenys de Mar) tramès sense reparar en despeses dels propis prodigiosos cellers de Can Nineta. Beveu-ne a tentipotenti, que ningú no es constrenyi. ¡Beveu a pòtils, si voleu, car no m'acabareu els barralons!"

Avui, el poeta ja no podria fer aquesta referència al "do de les vinyes àurees de Sinera", perquè aquestes, llastimosament, han desaparegut quasi totalment. No obstant, encara hi ha al Maresme vinyaters que conreen la seva petita vinya, vella com ells, amb l'esperança d'obtenir-ne el vi de casa, el vi de l'any.

Però acreditar un bon vi és molt diferent d'obtenir-ne uns quants hectolitres de més o menys bevible.

Els vins catalans, sotmesos a una problemàtica complexa, han de ser una font de riquesa molt més profitosa que no pas fins ara. Energies, capitals i una encertada política comercial ens permetran transformar en realitat aquest desig.

La majoria de les vegades elaborar bé un vi no és pas més costós que elaborar-lo malament. Només requereix més atenció personal i saber prescindir de rutines inútils i de costums enològics desfasats. No és pas qüestió de diners, sinó d'aprenentatge i dedicació.

Però és en la difícil tècnica de la comercialització, és a dir, en el saber suscitar el desig d'adquirir aquell determinat vi al mercat consumidor, on cal que els vins catalans tinguin èxits considerables, engrescadors i no gaire diferits en el temps.

I per això cal que el nostre públic, dirigit i format per crítics i comentaristes responsables i conscients, vagi esdevenint exigent i entès alhora en l'agradable art de la degustació i apreciació dels nostres vins.

Si no fem això col·lectivament, des de la Generalitat i des de tots els estaments del vi, d'una manera solidària, veurem ampliada a tot Catalunya aquesta bella elegia a la vinya que desapareix, sota la pressió de "l'home astut", sense sensibilitat, executor dels interessos d'urbanitzacions, compradors de solars i especuladors de terrenys, que el gran poeta J.V. Foix ens descriu referida a les antigues vinyes del Port de la Selva, a l'Alt Empordà:

> Veiem...
> Els vinyaters feixucs i les amples carretes
> amb airoses semals curulles de garnatxa
> com baixaven tardans de les vinyes escasses
> amb feixes de mal pas
> al flanc boscós del munt Mirall, altívol.
>
> Però ve l'home astut, amb guanys sense trescada
> que afolla pla i pujol i les cales secretes
> i afita el que és de tots: soleis i obagues.

Tot allò que és bell, encara que tingui propietari, és de tots, com diu el poeta, perquè tots gaudim d'aquesta bellesa. Les vinyes, els vins, els cellers de Catalunya, només en la seva bellesa i qualitat, trobaran defensa davant la lletjor, l'especulació i la mediocritat, que els volen fer desaparèixer.

Però per als homes de la vinya i del vi la bellesa, la qualitat i l'èxit no poden ser "sense trescar". Cal treballar bé, a fons, i tots coordinats, per tal d'obtenir el triomf final de veure els vins catalans classificats mundialment amb tant de prestigi com puguin arribar a tenir els vins d'altres orígens.

La comercialització dels vins catalans

Fragment del fris de ceràmica, obra de Xavier Nogués, que decora la façana del Celler Cooperatiu del Pinell de Brai (Terra Alta). L'esforç del pagès és inútil si el vi no es comercialitza bé.

Una visió general sobre les característiques del consum general de vi a Catalunya, considerant l'espai de temps dels 10 darrers anys, ens revela aquests trets fonamentals que ens orientaran per penetrar en el coneixement del nostre mercat.

1er. Disminució, gairebé fins a extrems de desaparició total, del consum de vi ordinari, servit al detall a les tavernes.

2on. Disminució o, si més no, estancament, del consum de vi ordinari, embotellat en ampolles de litre o en garrafes de poca capacitat per empreses embotelladores de vins impersonals.

3er. Augment del consum de vins procedents de venda a la menuda a cooperatives o d'elaboradors particulars, que el consumidor va a cercar els dissabtes o diumenges als punts d'origen, després d'omplir el seu cotxe d'envasos diversos.

4rt. Augment molt fort del consum de vins embotellats en ampolles de 3/4 de litre i a preus relativament baixos. Aquesta zona del mercat, molt heterogènia pel que fa a presentacions, qualitats i orígens dels vins, és la que predomina en les vendes a supermercats, hipers i similars, i com a "vi de la casa" en molts restaurants.

5è. Augment considerable del consum de vins nobles de marca, de preu considerat alt, que tenen la punta màxima del seu consum en els restaurants, encara que també en supermercats i hipers. A l'estiu, i en els restaurants de la costa, sobretot en blancs i rosats, és on s'aconsegueixen les cotes més altes de consum d'aquest tipus de vi.

6è. Augment constant, encara que lent, del consum de vi escumós, gairebé polaritzat en les celebracions familiars nombroses –casaments, aniversaris, etc.– i també a través de supermercats, botelleries i confiteries.

7è. Disminució apreciable del consum de vins dolços de postres, de misteles, moscatells i d'altres preparacions enològiques, que han perdut el favor del públic molt treballat pels licors, brandies i altres aiguardents.

Deixant a part la problemàtica dels vins escumosos, fàcilment es dedueix que només incidint fortament en els canals 4rt i 5è, i no perdent posicions en el canal 7è, els vins catalans podran veure augmentat el seu consum a Catalunya, ja que el consum general pels canals 3er i 6è (vendes directes a cooperatives) (escumosos) és quasi totalment ja de procedència catalana.

També és important de guanyar posicions a favor del vi català, en el consum generat pel canal 2on. (ampolles de litre de vi de taula): i en aquest camp, és molt important l'adquisició, per part de la Unió de Cooperatives, d'una de les principals plantes existents. Però aquest consum, si bé important des del punt de vista comercial, no ho és des del punt de vista de prestigi i, si això fos possible, seria preferible destinar el vi d'origen català a embotellats d'alta qualitat i atendre el mercat de l'ampolla de litre amb vins procedents d'altres zones. Però, per fer això, abans cal que els vins nobles de taula d'origen català desbanquin, per la seva major qualitat, la seva millor presentació i la seva més eficaç distribució comercial, els vins d'altres procedències que ara ocupen preferentment aquest espai del mercat català.

El mercat espanyol de vins escumosos es pot dir que està dominat en el seu 95 % per vins d'origen català, però, en els darrers anys, diverses firmes financeres d'altres orígens han adquirit fermes posicions en les estructures productores. Des del punt de vista de l'origen dels vins, però, fins ara aquest és català en la seva gran majoria i encara que la procedència estricta de la zona del Penedès, per a tot el vi escumós de cava, és una qüestió controvertida i discutida actualment per les parts involucrades en aquest afer, sí que és d'interès comú de la totalitat del sector vitivinícola que, com a mínim, la procedència del vi de base per a xampanitzar sigui catalana.

Aquesta protecció, la pot exercir la legislació, però sobretot l'ha d'exercir la major qualitat dels vins i la major dedicació i iniciativa a trobar sistemes de conreu que evitin al màxim la pressió dels costos de producció amb influència decisiva sobre el preu del raïm.

La generalització de l'embotellat és necessària. Fins i tot els vins que les cooperatives (que ara ho fan a la menuda, de forma anònima i en qualsevol envàs) venen directament al consumidor motoritzat, haurien de ser venuts en envasos individualitzats que permetessin patentitzar-ne l'origen.

Els encreuaments de les nostres carreteres i els establiments i restaurants dels nostres pobles i viles haurien d'estar plens de punts de venda del vi d'aquell indret o

Cal que els vins catalans apareguin als ulls del públic consumidor refulgents de qualitats i temptadors de suggestions, tal com ens mostra la fotografia de la pàgina següent.

contrada temptant el viatger i oferint-se a ser comprat fàcilment.

No cal dir, també, com cal que els vins embotellats directament pels cellers cooperatius, o per empreses particulars, adscrits a la zona mitjana de preu, millorin els seus sistemes de penetració comercial i no s'avergonyeixin de la seva procedència, sinó que la facin patent. Certes vegades, la contemplació de les taules dels restaurants de la costa i dels prestatges dels supermercats que freqüenten els turistes és descoratjadora pels tipus mediocres, purament comercials i despersonalitzats totalment, de vins que els són oferts, quan a escassos quilòmetres terra endins es troben comarques vinícoles amb excel·lents elaborats, relativament ben presentats i a preus competidors, però que no saben trobar el camí per arribar al prestatge on les mans compradores del turista l'han d'agafar. Acreditar un vi d'una procedència és una manera lenta, però segura, de crear riquesa per a la comarca d'on aquell vi surt. Però aquest camí comercial exigeix rigor i tenacitat en l'obtenció de la qualitat i en els plantejaments comercials.

Encoratgem els nostres homes del camp a empendre aquest camí.

Però és en l'increment del consum dels bons vins de taula, d'origen català, criats i envellits i amb característiques internes i externes pròpies dels grans vins mundials, on s'ha de crear una demanda de mercat que provoqui al seu darrera una nova època de riquesa per a tots els sectors vitivinícoles catalans.

El camí que Catalunya va perdre al segle XVIII, en començar a perfilar-se la consistència comercial permanent de les grans zones productores de vins de qualitat –Borgonya, Rin, Bordeus, Alsàcia, Xampanya, Xerès– i que uns benemèrits precursors van recuperar en part en decidir-se a envellir i embotellar vins catalans de gran qualitat dotant-los d'un prestigi que ens ha permès alinear-nos entre la segona generació de zones productores d'alta anomenada, els Alelles, Castell del Remei, Masia Bach, Torres, els Tarragona, els escumosos de cava, etc., perfectament comparables amb els Chianti, els Côtes de Provence, els Riojas, els Beaujolais, els Vaud, etc., ara ha de ser totalment recuperat a base d'optar totes les D.O. catalanes per la línia de l'exigència en la qualitat i de la recerca constant del prestigi comercial dels seus vins com a tals vins d'origen. El "granelisme", tant si és fet a gran com a petita escala, condueix sempre comercialment a un carreró sense sortida, i tard o d'hora, tal com ens demostra l'atzarosa història de les vinyes i vins a Catalunya, fa fallida. Tot un futur de feina, dura però engrescadora, espera els nostres homes del vi.

El cas comercial de la introducció dels "Riojas" a Catalunya és digne d'estudi. Fa cinquanta anys, la majoria del vi noble de taula que es consumia a Barcelona i a Catalunya en general era elaborat, criat i embotellat per firmes catalanes. És l'època daurada –a què ja hem fet referència abans– dels Alelles, dels Castell del Remei, dels Castell del Bosch, de l'Extríssim Bach, etc. Després el resultat de la guerra civil amb el desprestigi de tot el que era català que els anys 40-50 suposaren, a més de la desorientació i el confusionisme que la majoria de les nostres firmes tradicionals sofriren, van ser hàbilment aprofitats per les firmes riojanes a fi d'introduir els seus vins al mercat català.

Aquesta introducció inicial, afavorida per les circumstàncies socio-polítiques de l'època, fou després ampliada, consolidada i afermada per dos factors importantíssims; un, el destacat nivell de qualitat de bona part dels vins de la Rioja, procedent de firmes serioses, i l'altre, la major agressivitat comercial de les seves xarxes de venda, comparades amb les de les firmes catalanes.

Afortunadament, hi hagué una reacció, els precursos de la qual foren els vins Torres, de Vilafranca, i també els del Castell de Peralada, de l'Empordà, que posaren el prestigi dels vins de taula catalans, tant en qualitat com en comercialització, a la mateixa alçada que els altres. La situació actual es fa més esperançadora, i moltes més firmes elaboren vins catalans de qualitat, però encara perdura l'absurda situació de ser potser el mercat barceloní l'únic exemple d'una gran ciutat situada en una zona vinícola de vins de qualitat que no consumeix preferentment els vins propis i es decanta pels forans. Aquesta situació és encara més absurda quan es constata que els vins de la Rioja que més sortida tenen a casa nostra no són precisament els excel·lents vins elaborats per les cases de més tradició i prestigi d'aquella regió vinícola tan admirable, sinó precisament els embotellats amb finalitat exclusivament mercantilista per grans grups financers instal·lats físicament a la Rioja però no arrelats anímicament allí, pels quals l'única cosa interessant és aprofitar-se del prestigi del nom Rioja sense preocupar-se de si el vi que subministren al mercat consumidor és digne d'ostentar-lo. Ja diem a casa nostra: "Agafa fama i posa't a jeure". Actualment, el sector del mercat de vins embotellats en ampolles de 3/4 de litre, de preu baix, a Catalunya està en mans d'aquests tipus de firmes pseudo-riojanes que, certament, no fan cap favor al prestigi de la D.O. "Rioja".

La cultura vínica dels catalans

És evident que els catalans saben beure vi. L'embriaguesa és un fenomen molt estrany a Catalunya, i tradicionalment, fins i tot la població pagesa de comarques de gran producció vínica és moderada en la seva ingestió diària de vi.

Altra cosa és si es consideren els efectes de l'alcoholisme crònic continuat, causant de lesions hepàtiques. Aquí els índexs d'incidència catalans, encara que més baixos que en societats equivalents, ja no són tan presentables. Però aquestes seqüeles no són atribuïbles (si no és, només, molt marginalment) al consum de vi, sinó principalment

al consum de licors, aiguardents i altres destil·lats de fort contingut alcohòlic, que la societat de consum posa inconscientment a l'abast de la població ignorant de les greus conseqüències que es deriven de l'abús en la seva ingestió.

Però cal admetre que la societat catalana, en conjunt, no està educada en la *degustació* conscient dels bons vins.

Per circumstàncies històriques, no han aparegut a Catalunya, ni en general a Espanya, aquells estaments socials, dotats de poder, sensibilitat i riquesa, i també d'un cert esnobisme personal, que a Anglaterra, França i Alemanya introduïren el gust pels vins de bona classe i crearen tot un ritual social per satisfer-lo.

Als països europeus, la cultura vínica i l'entendre de vins ha anat passant des de l'exclusivitat selecta d'aquelles capes socials peoneres fins a ser matèries del domini públic, en amples capes populars del mercat consumidor, tant ciutadà com rural. El consum i l'apreciació dels bons vins és corrent a França, Bèlgica, Anglaterra, Alemanya, etc., i en general a tot Europa. A Califòrnia, actualment, el públic en general s'està autoeducant en aquesta matèria de manera admirable i als països del Nord d'Europa, on el vi és una matèria cara i exòtica, quedaríem sorpresos de l'amplitud de la cultura vínica que tenen amplis estaments dels seus habitants.

La deficiència de coneixement de les coses del vi que la societat catalana actual presenta és una de les causes del poc consum de vins nobles de taula que es dóna a casa nostra.

Les desgraciades i populars "sangrías" –desgraciades fins i tot en el nom–, i la manera maquinal i gairebé automàtica amb què al restaurant es demana "el vi de la casa" sense preocupar-se en absolut del seu origen o característiques, només perquè és una mica més barat, ens demostra la falta de sensibilitat pel que fa als bons vins.

El possible estalvi monetari que s'obté demanant un "vi de la casa" ignorat i banal en lloc d'un bon vi de criança que ens faria gaudir molt més d'aquell àpat, el perden la majoria demanant ampolles d'aigua mineral, el preu de les quals, en els restaurants, és quasi tan alt, proporcionalment, com el dels millors vins.

Aquesta situació demana als responsables de les coses del vi a Catalunya una acció constant i decidida d'educació vínica del públic consumidor. Fer néixer entre els nostres conciutadans la inquietud enòfila i incrementar l'amor als bons vins i a tot allò que hi ha al seu entorn, és una labor digna de ser duta a terme i que a la llarga ajudaria moltes de les nostres comarques rurals a sortir de la situació actual de despoblament i penúria.

L'ajuda que en aquest sentit poden aportar els nostres publicistes gastronòmics més acreditats, i en general tots els comentaristes, escriptors, locutors i periodistes, tots els nostres mitjans de difusió, en una paraula, en la formació d'una cultura enòfila popular en la nostra societat, és inqüestionable. D'altra banda, parlar i comentar les virtuts i característiques dels diversos vins catalans amb coneixement de causa és una bona manera d'anar habituant la nostra gent a l'estima i consideració dels nostres vins com a allò que realment són: obres d'uns homes que, a més de bons pagesos, són artistes elaboradors d'un producte viu, canviant i "humà". Aquest llibre vol ser, tot ell, una aportació més a aquesta finalitat.

Un fet nou incideix actualment en el consum de vins embotellats.

És el paper, cada cop més important, que la dona té en la decisió de compra d'un determinat vi.

El sistema imperant en supermercats i autoserveis, que no posa cap intermediari entre el client i la mercaderia, fa que cada vegada més la dona, habitual compradora de la família, sigui la que decideix la mena de vi que cal consumir. Això vol dir que la cultura vínica ha de deixar de ser masclista i obrir-se a tothom sense marginar ningú. Tant les dones com els homes han d'entendre en vins i n'han de saber apreciar la qualitat.

Caldrà tenir molt en compte aquest factor, en planejar campanyes de cultura vínica i de bon coneixement dels vins catalans. Hem d'evitar que fets secundaris com són presentacions vistoses, ofertes comercials temptadores, argúcies publicitàries en el punt de venda o diferències escasses de preu puguin fer decantar la decisió de compra a favor de vins sense cap garantia d'autenticitat ni de qualitat. Tothom qui compra una ampolla de vi, sigui del preu i de la categoria que sigui, seria bo que ho fes sabent plenament quina mena de vi compra o, si més no, tenint una idea del que cal esperar-ne per la seva procedència, el seu preu i la informació seriosa que hauria de donar la seva etiqueta.

L'exportació de vins catalans

Ja hem vist que hi ha una antiga tradició d'exportació de vins catalans. Fins i tot hem vist com en l'origen de la Catalunya moderna es podia trobar el comerç dels vins. Reus, Tarragona, Vilafranca i altres ciutats catalanes es pot dir que s'han fet grans exportant els vins catalans a les cinc parts del món.

Però, dissortadament, aquestes exportacions eren preferentment sense embotellar i en general han continuat essent-ho durant els darrers trenta anys. Principalment els vins exportats des del port de Tarragona. Però la disminució de la producció i l'hegemonia de les firmes exportadores de València sobre les de Tarragona i Vilafranca han fet que aquesta sortida a l'estranger de vins catalans hagi disminuït enormement.

En canvi, l'exportació de vins catalans d'alta qualitat, embotellats a l'origen, va creixent d'una manera lenta però constant.

L'eficàcia i serietat de les firmes capdavanteres han aconseguit crear en els mercats exteriors tot un prestigi per als nostres vins superior al d'acreditades zones productores de vins de taula espanyols. La prova n'és que els vins del Penedès, per exemple, han estat cotitzats a preus superiors als aconseguits pels vins de la Rioja. La perspectiva immediata és d'un creixement continuat de l'exportació de vins catalans embotellats que, si va tenint èxit i si entre tots es troba la manera d'incrementar-lo mantenint i millorant l'actual prestigi, pot alinear ja definitivament els vins d'origen català entre els procedents de les més acreditades zones productores de vins de qualitat.

Les xifres actuals són encara de poc volum comparades amb les aconseguides per altres zones equivalents espanyoles –Xerès, Rioja– però la tendència i l'acceptació que els vins catalans ja assoleixen en els principals mercats mundials permet esguardar l'avenir amb un moderat optimisme. Cal, però, que noves firmes i entitats s'incorporin a aquesta acció de recerca i consolidació de nous mercats i que l'exigència en el control de qualitat dels nostres vins embotellats sigui extremada i rigorosa. Cal vendre els vins catalans, de totes les D.O., a l'estranger, com a producte acabat, no com a matèria prima innominada. És l'únic camí per valorar degudament l'esforç de tots els homes dedicats al món del vi a casa nostra.

D'aquí a pocs anys, els vins de taula catalans tindran al seu davant un ampli mercat: el Mercat Comú.

Molts dels possibles consumidors han visitat o visitaran Catalunya com a turistes. En els pocs anys que ens queden fins que entrem a formar part d'aquest mercat europeu, seríem uns insensats si no els aprofitéssim per a donar a conèixer a aquests turistes, després potencials consumidors dels nostres vins a casa seva, tota la riquesa dels vins de casa nostra. Pero aquest propòsit no és gens fàcil. S'han d'agermanar voluntats, conciliar parers, acostumar-nos a treballar bé, amb exigència i a baix cost, i sobretot a saber renunciar a una part dels interessos individuals per acréixer els interessos col·lectius.

Entrar amb els nostres vins en un mercat nou, els consumidors del qual fossin ja coneixedors ben disposats dels vins catalans, suposaria un important avantatge inicial que contribuiria a consolidar les posicions comercials del vi català a Europa per un període dilatat de temps.

Si no fem això, al mateix temps que acreditem els nostres vins dins del nostre propi mercat, serà el fenomen invers el que patirem, és a dir, que veurem com els vins francesos, alemanys i italians, ajudats per una organització més eficaç i per l'opinió favorable als vins forasters que el "papanatisme" d'alguns dels nostres comentaristes ha contribuït a formar entre el nostre públic tan poc iniciat, penetraran en el nostre mercat i es repetirà altra vegada el fenomen que els anys 40-50 es produí amb els Rioja.

Cal treballar molt i en la bona direcció. I els nostres homes del món del vi, sobretot els que provenen del camp cooperatiu, han de comprendre que tan important o més que elaborar un vi bo, genuí i de qualitat, és saber-lo vendre bé i en quantitat. El domini de les tècniques comercials i financeres és tan important com el de les tècniques enològiques per tenir èxit.

Els homes-clau en la promoció del consum de vins catalans

No n'hi ha prou, doncs, amb treballar per incrementar la cultura del públic sobre vins i sobre tot allò que es mou al seu entorn, sinó que cal també conèixer i influir damunt dels homes-clau que tenen a les seves mans la distribució comercial dels vins embotellats. Cal defensar-nos atacant, i per tant cal difondre i prestigiar els vins catalans, no solament a Catalunya, sinó per tot el mercat espanyol.

El consum de vins, a Espanya, es fa bàsicament a través de dos canals, el canal de l'*Hostaleria,* és a dir, restaurants, hotels i bars, o el canal de l'*Alimentació,* és a dir, la resta d'establiments on es ven vi (queviures, cellers-botiga, supermercats, hipers, "xarcuteries", confiteries, etc.) Aquest segon canal és francament majoritari, però el potencial de creixement del primer canal és encara molt elevat perquè la gent, als restaurants, consumeix encara pocs vins de taula embotellats de qualitat.

Doncs bé, els qui abasten de vins de taula la quasi totalitat dels establiments d'hostaleria i la majoria dels establiments detallistes d'alimentació, són els majoristes distribuïdors. La resta d'establiments detallistes, o tenen servei de compres directes, cas dels hipers o de les principals cadenes de supermercats, o bé es proveeixen a través d'organitzacions de compres mancomunades.

Fàcilment es pot comprendre que les persones que estan al front de les principals firmes majoristes distribuïdores de vins de taula són les persones-clau per tal d'obtenir una bona distribució dels vins que els faci presents a la gran majoria dels punts de venda del mercat. Per altra banda, els consells i les indicacions d'aquestes persones, per la seva gran experiència i coneixement del mercat, són generalment seguits pels detallistes a l'hora de proveir de vins de taula els seus establiments.

Tant ells com els directors de compres de les grans organitzacions com els dels restaurants de més consum i de més prestigi, és molt important que siguin homes coneixedors profunds del món dels vins i enòfils convençuts; per tant, tota acció per part dels estaments oficials i particulars vinculats als vins catalans de qualitat, dirigida a fer conèixer la problemàtica i les virtuts dels nostres vins a aquests homes seleccionats, tant de Catalunya com d'Espanya, serà altament profitosa, si aconsegueix la finalitat perseguida, de cara a la creació d'un interès pels vins de la nostra terra. Fer d'aquests homes uns simpatitzants de la causa dels vins catalans seria un pas importantíssim en el redreçament vital de gran part de les nostres comarques rurals vitivinícoles, que ara malviuen, cada dia més abandonades pels seus habitants gairebé obligats a anar a engruixir els suburbis de les grans ciutats.

Els productes derivats

Un camp nou, en el qual les nostres entitats elaboradores, siguin cooperatives o particulars, seria interessant que treballessin, és el dels productes derivats del raïm o del vi.

Begudes basades en el most de raïm, misteles, vins dolços de postres, rancis, vins de fantasia, etc., constitueixen tots ells uns productes que, ben comercialitzats, podrien acréixer la riquesa generada per les vinyes. És aquest un sector en el qual hi ha molt poques iniciatives i, encara, aquestes són disperses i sense coordinar.

Un estudi aprofundit sobre les possibilitats de mercat que en aquest sector existeixen, podria canalitzar les energies creatives dels homes d'algunes de les nostres comarques, que ara es limiten a vendre els vins que produeixen, sense embotellar o sigui sense cap valor afegit.

En resum

Com veiem, és amb un desafiament múltiple i variat que s'hauran d'enfrontar els homes vinculats al vi de Catalunya en els anys vinents. Sortir-ne vencedors exigirà astúcia, tenacitat, intel·ligència i unió.

Però si homes com nosaltres, amb planificació, mitjans i mètode, van poder, per exemple, arribar a la Lluna un dia de l'any 1969, no hi ha cap raó humana que faci impossible una nova era de prosperitat per a les vinyes i els vins de Catalunya. Voluntat i tremp no falten als nostres pagesos, i la iniciativa dels nostres comerciants és proverbial. Cal que es trobin els homes dirigents, que ben recolzats per una administració favorable en mans de la Generalitat sàpiguen bastir aquesta nova esperança d'uns vins catalans d'excel·lent qualitat, bona presentació, adequada comercialització, venuts a bon preu i amb una demanda creixent per part del públic.

Els nostres vins han de merèixer, pel treball i l'entusiasme dels homes que hi estan vinculats, figurar entre l'"élite" dels grans vins mundials. El clima, la terra, les realitats actuals i la tradició ho fan una possibilitat. La voluntat decidida de fer-ho, per part de les persones que estan vinculades, d'una manera o altra, al món dels nostres vins, ho transformarà en una realitat.

El vi alegra els cors i obre els esperits a l'optimisme. Aquest és el missatge que ens vol transmetre aquest ninot de Xavier Nogués.

El món de l'afeccionat als vins

Tenir un celler particular és una aspiració atàvica de moltes persones. Però per al bon afeccionat als vins pot arribar a ser la concreció d'una il·lusió pregonament sentida.

El món de l'afeccionat als vins

Per gaudir més a fons dels vins, el vertader afeccionat no ha de limitar-se a la pura degustació. Pot dedicar-se a envellir vins ja embotellats, pot embotellar ell mateix vins joves, criar-los i envellir-los i finalment –suprem atreviment– pot fer ell mateix el seu vi a partir del raïm. Parlarem de totes aquestes possibilitats, però –qui avisa no és traïdor– des d'ara diem ja per endavant que només la primera opció ens sembla recomanable a l'afeccionat normal. La segona la deixem als més valents i atrevits, a qui els fracassos no facin perdre l'humor, i la tercera només és a l'abast d'aquelles voluntats que cap dificultat no espanta i que cap desgràcia no atura. En tot cas, aquests podran disposar de vinagre natural, amb plena seguretat, abans de disposar de vins passables. Per exercir la primera fa falta només una cava o, si més no, un racó fosc i tranquil a casa nostra. La segona exigeix una petita instal·lació d'embotellat i l'aparellatge domèstic corresponent. Per a la tercera, el "bricolage" enològic ja exigeix unes instal·lacions i unes tècniques, a petita escala però pròpies ja de professionals.

Una bona cava particular: el local

Una bona cava particular no es defineix pas en funció de la fondària sinó de la temperatura.

Al costat de la caldera de la calefacció central, per més sota terra que la tinguem, els vins difícilment trobaran allò que necessiten per envellir i per fer-se bons.

En un racó aïllat de la casa, si aquesta és en una zona freda i muntanyosa, segurament els vins veurien retardada i alentida excessivament la seva evolució a causa de les temperatures massa baixes. Potser sí que per als blancs i rosats va bé una cava molt freda, però per als negres joves suposa una espera d'anys i panys per aconseguir fer-los arribar al seu punt dolç. Una temperatura regular en tot el transcurs de l'any, oscil·lant entre 13 i 18°, és la ideal. Els amants de la tecnologia ho poden aconseguir amb una instal·lació de climatització. Els amants de la tradició, excavant un soterrani, dins els braços amables de la mare terra.

Els qui tinguin la casa prop de la via del tren o del metro o simplement prop d'una indústria de màquines que provoquin vibracions, faran bé de portar els seus vins a la cava d'un amic o un parent de confiança, de qui esteu segurs que no es beneficiarà de les vostres millors ampolles sense demanar-vos-en llicència. La calma, per a una cava, és tan essencial com la frescor.

És important que el tap de suro es conservi sempre humit. Per això les ampolles han d'estar sempre horitzontals. És per això, també, que la humitat, si bé no és imprescindible –el mateix vi, amb el seu contacte continuat amb el tap, ja l'humiteja–, és més aviat una circumstància favorable.

Les mestresses de casa, maniàtiques de la neteja, no són les persones més indicades per tenir cura d'una bona petita cava particular. Les floridures, els bolets i les teranyines són l'ambient natural –l'ecologia– d'una bona cava, que tot bon afeccionat ha de respectar i fer respectar. Són extraordinàriament decoratius i no fan cap mal al vi. En tot cas, les teranyines fan bé perquè contribueixen a caçar el mosquit del vinagre, transmissor amb les seves potes infectades de la bactèria acètica, capaç d'alterar les nostres ampolles si per qualsevol circumstància estan tapades amb taps deficients.

On sí que fa mal un excés d'humitat és a les etiquetes i embalatges. Correm el risc, al cap dels anys, de no poder identificar convenientment els nostres vins. Cal prendre precaucions. Un bon llibre-registre, amb les dades més interessants de cada vi, i un número al frontal de cada grup d'ampolles, gravat en material inalterable, que ens l'identifiqui. Sempre és bo saber per endavant amb qui ens les hem de tenir.

Però, com que els arquitectes actuals, molt preocupats d'enginyar-se sistemes per fer baixar les deixalles automàticament dels pisos, no s'han preocupat encara de fer-hi pujar els bons vins –segurament perquè prefereixen envellir cotxes als parkings subterranis que no pas fileres d'ampolles de bons negres a les caves–, el pobre habitant de les ciutats ho té ben malament per fer-se una cava com cal. No hi fa res. Un racó, un moble en un lloc fosc i silenciós, lluny dels radiadors de la calefacció, ben fresc, el podem trobar a cada pis. Al cap i a la fi, d'una cava, és molt més important el contingut que el local.

Però, això sí, sempre que tingueu la sort de disposar d'això que se'n diu una "segona residència", encara que només sigui un mínim de "caseta i hortet", reivindiqueu els vostres drets d'afeccionat als vins, i a més de la piscina de plàstic per a la canalla, la "barbacoa" per a la dona, que així no embruta ni fuma la cuina, la caseta per al gos i el garatge per als vostres 11 cavalls concentrats, feu-vos la cava per als vostres vins. Un local fresc, silenciós, on, voltat de les cilíndriques i lluents ampolles, us sigui possible somiar tot degustant amb calma els vostres vins i agafant forces abans de les hores i hores de fer cua als embussos que us caldrà aguantar per retornar a la ciutat. Dins d'aquest local, uns nínxols o compartiments on poder disposar horitzontalment les ampolles agrupades per tipus i orígens, us facilitaran la classificació.

Les ampolles de licors i de destil·lats, és millor conservar-les dretes, perquè al cap dels anys la seva riquesa en alcohol pot fer que es disgreguin els taps i totes les aromes i "bouquets" destinats, en principi, a vós i als vostres amics, se n'anirien només a aromatitzar la cava. No es tracta d'estimular l'olfacte dels ratolins.

Una taula, seients, una espelma i copes i tirabuixons, són els complements essencials de la vostra cava. Parlarem més endavant de les bótes i els barrilets de fusta, que són força decoratius però que tants maldecaps comporten.

El contingut d'una cava

Cap ampolla d'escumós, pocs blancs i rosats i molts negres i rancis, és l'esquema bàsic del contingut òptim d'una cava particular típica i recomanable. Afegiu-hi algun brandy i aiguardent.

El vi escumós preparat amb el mètode "Champegnoise" ja ha passat els seus anys de cava a l'establiment elaborador. Quan s'adquireix a la botiga, ja "degorjat" (és a dir, privat del pòsit de mares intern) i amb el tap definitiu, el seu destí és el consum dins d'un espai de temps d'entre 6 mesos a 1 any. Guardar-lo més temps, és fer oposicions perquè se'ns transformi en un vi totalment contrari al que ha de ser un escumós: pesat en lloc de saltant, oxidat en lloc de fruitós, vinós en comptes d'aromàtic i esmorteït en comptes d'alegre i joiós.

Pocs blancs i rosats, perquè les màximes virtuts d'aquests vins són precisament la joventut, la frescor i una certa verdor. És difícil que un blanc vegi transformar la seva aroma jove en "bouquet" ric de maduresa. Perdrà una cosa i no adquirirà l'altra.

Difícil, però no impossible. Alguns blancs catalans, sobretot els de graduació un xic alta i acidesa consistent –de l'Empordà, de la Terra Alta, de Tarragona, principalment–, si els sabem escollir bé, adquiriran amb el temps i la calma (4 i 5 anys mínim) qualitats considerables. Els rosats i blancs que als cellers d'origen hagin estat ja envellits en roure seran, en tot cas, els candidats més ferms a obtenir un bon envelliment en botella dins la vostra cava. Els rosats i clarets de l'Empordà i els de l'Alt Camp són els que acostumen a donar millors resultats.

Val la pena de tenir-hi molts negres i rancis, perquè són els vins que milloren francament amb el temps. Els rancis, sempre. Els negres segons com. Parlem primer dels negres.

Uns quants consells

Compreu sempre vins bons. Si són cars, compreu-ne poques ampolles i compreu-les joves. Tenir vins mediocres, encara que siguin de collites antigues, no condueix a res. Els vins de marques, noms i orígens acreditats sempre us donaran més seguretat.

Compreu en tota ocasió i oportunitat. Comprar ampolles de vi, sempre és una bona inversió si se sap fer bé. De viatge, anant per la carretera, en passar per davant d'una bona taverna, en visitar una comarca, etc. Arribar a casa amb un estoig de 4 ampolles, o amb una caixa de 12, és un bon costum. Fileu, però, ben prim, que la cava, com la biblioteca, diu molta cosa sobre la personalitat dels seus amos.

Compreu, amb la seguretat de fer la inversió que us donarà més beneficis. Ara que tant es mira el rendiment, els diners invertits en vins joves embotellats, que prometen, poden doblar per cada any que passa. Ara, si us veieu en la necessitat d'haver de "realitzar" la vostra cava i transformar-la en metàl·lic a causa d'algun revés econòmic, és més recomanable "realitzar-la" bevent-vos les ampolles una rera l'altra perquè d'aquesta manera us oblidareu del revés i de les seves conseqüències.

Compreu vins ben tapats. Amb taps de suro bo i llarg i amb càpsula de plom-estany. Serà bo que examineu en algunes ampolles de la caixa la superfície externa del tap de suro, per veure si està blanca, seca i ben conservada. La floridura seca que algunes puguin presentar no vol dir res, però hem d'evitar els taps on es puguin presumir vies de penetració d'aire, o de suro defectuós.

Compreu també vins que us tirin poc. Si us agrada molt un tipus de vi, sempre trobareu excuses per adquirir-lo. En canvi, aquell que ara no us agrada, amb el temps pot donar-vos una sorpresa. Sigueu neutrals en les vostres compres, i no us deixeu temptar massa per les vostres preferències actuals. El sol surt per a tothom i també per a totes les vinyes de les diferents comarques catalanes.

Compreu de les bones anyades. Quan en un banquet, en un convit, un vi negre us complagui, fixeu-vos en l'origen, el nom i l'anyada. Si a més el trobeu una mica àcid i astringent, millor. Compreu-ne algunes caixes del mateix tipus a la primera avinentesa. Envellirà molt bé i amb els anys reduirà la seva acidesa; la mica d'astringència es transformarà en nervi i virilitat. A més, el "bouquet" s'afinarà i s'enriquirà.

Compreu vins que no s'enranceixin. Sempre, és clar, que el vostre propòsit sigui envellir un vi de taula. Si el vi té un contingut massa alt de la varietat garnatxa, no l'envelliu més de dos anys, perquè fàcilment s'enrancirà. Poden esdevenir excel·lents com a rancis, però no seran ja uns bons vins de taula, com són generalment dins els seus primers dos anys.

Compreu vins durs, àcids i astringents, però de bona raça si el vostre desig és envellir-los molt de temps (més de 7 anys). No hi fa res que ara no es puguin beure i us arrenquin la pell del paladar, si són fins, poc fustosos i rics d'aroma. Podreu anar comprovant com, amb el temps, tots aquells defectes de joventut es transformen en virtuts de maduresa. L'ull de llebre i el "Cabernet" són les varietats més indicades. També alguns vins de l'Empordà.

Compreu vins més equilibrats ja de joves, si els voleu envellir menys temps (3 i 5 anys). Els vins de la varietat Carinyena, de Monastrell i de Lledoner, són, de joves, més suaus i tendres, i arriben abans a la seva plenitud. No us facin por els pòsits de les botelles envellides. Acostumen a ser matèries naturals del vi despullades.

Per als rancis compreu garnatxes de l'Empordà i sobretot del Priorat, si voleu tenir uns rancis excepcionals. Guardats amb ampolla uns quants anys més, s'acaben d'arrodonir i confitar. El vi ranci, aquest vi típic de casa nostra que pot superar els millors "xerès", és una mena de "ventafocs" comercial perquè resta pràcticament desconegut del gran públic. Les garnatxes de Gratallops, de Porrera, de Torroja, etc., fan uns rancis d'un nas i d'una sequedat que hi canten els àngels. Tot bon vi ranci ha d'haver despullat part dels seus tanins i matèries colorants per agafar un color daurat vell, lluminós.

Els vins dolços i les misteles també milloren dins de la cava i amb els anys es confiten i concentren. Certes vegades, es transformen en vertaders nèctars xaroposos. Els bons Tarragona clàssics són ideals per a això.

Aneu tastant de tant en tant els vostres vins, al llarg dels anys. Això obliga a comprar ampolles suficients perquè 3 o 4 les pugueu destinar a veure l'evolució d'aquell lot. Cada any, cada dos anys, un tast de comprovació ens orientarà de com van les coses dins de les parets de vidre. És difícil de predir quan serà el moment dolç, però al primer símptoma d'excés d'envelliment –color molt trencat, "bouquet" neutre, gust amb poc nervi, tacte bucal massa fi– val més consumir tot aquell lot, que ens exposem d'haver de llençar al cap d'un any o dos perquè ja li hagi passat l'edat. És recomanable, en el llibre de registre de la cava, anar anotant les nostres impressions de cada tast. D'aquesta manera podrem comparar les sensacions actuals d'aquell vi amb les que ens produí dos anys abans, per exemple, i decidir si val la pena de continuar l'envelliment o no.

El problema dels envasos de fusta

A molta gent li fa il·lusió de tenir, en un racó del seu celler o cava, unes bótes o carretells de vi per guardar. És l'atavisme de tantes famílies de sana arrel pagesa com hi ha per sort a Catalunya, que han venerat sempre, generació rera generació, la mítica "bóta del racó" familiar, on un ranci amb mare de no-sé-quants-anys s'anava renovant com els hereus a la família.

Bé, aquesta il·lusió és perfectament realitzable però vull advertir el possible afeccionat temptat de dur-la a terme que s'embranca en una aventura que li portarà força feina i més d'un fracàs. La manera més fàcil i segura de guardar vi per envellir que té a l'abast un "amateur" particular és fer-ho en ampolles, sigui quin sigui el seu volum. Els envasos de fusta volen cura i atenció sovintejada.

De totes maneres, heus aquí uns quants consells:

Els barrils, les bótes o els carretells, procureu que siguin de roure. Si no pot ser, de castanyer; les altres fustes no són recomanables.

Un barril s'ha de rentar amb aigua bullent barrejada amb grapats de sal grossa, a raó de 1 Kg de sal per cada 3 litres d'aigua. Un tros de cadena posat a dins i una forta remenada i rodada del barril contribuiran a fer una bona neteja.

Es clar que si disposem d'un bon doll de vapor, farem encara millor feina.

Si l'envàs és de fusta nova, és bo de rentar-lo amb un parell de litres de vi escalfat (60 o 70º) per obrir i desbastar els porus de la fusta.

Un bon sistema per veure si la bóta ens ha quedat neta és posar una espelma encesa a dins, que aguantarem dreta amb un filferro des de fora: les parets han d'estar brillants i sense gens de floridura i pels junts de les dogues no s'ha de veure claror.

Un barril, abans d'usar-lo, ha d'omplir-se d'aigua i tenir-lo ple durant 48 hores. Si l'aigua se'n va taponeu-lo amb paper de filtre humit i entatxonat. Un cop buit i esbandit amb aigua neta, cal ensofrar-lo cremant-hi lluquets. (Els "lluquets" són aquelles tires impregnades de sofre que es cremen dins dels recipients per a vi i desprenen vapors de SO_2).

No deixeu gaire temps les bótes buides en un lloc sec. Al cap de poc no podran ja retenir cap líquid que hi poseu a dintre i vessaran com un colador.

Tant si està buit com ple, un barril o un carretell no ha d'estar mai tocant a un mur o damunt del sòl; sempre aïllat i damunt d'un setial de fusta (un parell de bigues travesseres sobre les quals descansen els barrils).

Les bótes sempre han d'estar plenes de vi. D'altra manera aquest se'ns picarà. Si no podem tenir-les sempre plenes –perquè n'anem gastant regularment– hem de tenir-les ben tapades, i cremar-hi lluquets cada 6 mesos a la part buida. Ara, als establiments enològics, venen unes pastilles d'isosulfocionat d'alil barrejat amb parafina que, flotant a la superfície del vi, el preserven de la infecció per la bactèria acètica.

Allò per a què és recomanable l'envelliment en barrils, és per als vins d'alta graduació (més de 14º). Aquests ens aguantaran fàcilment perquè la seva mateixa riquesa alcohòlica els fa resistents. Si posem en un bon carretell una garnatxa del Priorat, d'un any bo, amb el temps podem tenir un ranci excepcional. Un cop enrancit tot el carretell o barril, podem anar traient vi per l'aixeta i renovar-lo amb vi jove de les mateixes característiques. Amb els anys, aquella serà una mena de bóta de sant Ferriol que, com diu la llegenda, "tothom en por beure tant com ne vol".

També són indicades les botetes per envellir misteles i vins dolços, enfortits amb alcohol.

La mateixa dolçor actua com a defensa contra la infecció per la major densitat que proporciona al vi.

Dins d'una bóta que hagi contingut vi blanc podeu posar tranquil·lament vi negre. Fer-ho al revés ja és més exposat, perquè el vi blanc quedaria tenyit i enfosquit.

A la descoberta del tresor desconegut

Un bon esport al qual ens podem dedicar és el d'agafar el cotxe després de carregar-hi uns quants envasos o garrafes buits i anar a explorar cellers o cooperatives per aquests mons de Déu.

Tastar els vins de l'any, veure la seva duresa, sospesar la seva aroma, calibrar la seva astringència, esbrinar la seva composició en varietats, imaginar què esdevindran un cop envellits, intentar endevinar la millor matèria primera de partida per obtenir un vi madur ple, rodó, ric de bouquet i d'un bell aspecte, i decidir-nos a adquirirne uns quants litres.

Cap a casa s'ha dit! Deixem reposar el vi, si pot ser en un lloc fred –a l'ombra, i a l'exterior, millor–, i quan estigui net i clar, embotellem-lo.

Tinguem preparades les ampolles, ben netes i esbandides amb aigua clara, escorregudes cap per avall; i tinguem a punt els taps, netejats també prèviament amb aigua lleugerament tèbia i deixats escórrer en un colador.

Quan un vi s'embotella, pot ser que sigui per un temps molt llarg. No escatimem res a aquesta operació.

Necessitarem una aixeta omplidora i una màquina simple de tapar, perquè cal que el tap entri totalment dins del coll de l'ampolla. (Ja s'entén que els taps han de ser cilíndrics, del tipus usat per tapar ampolles de vi. No farem res amb els taps tronco-cònics habituals per tapar ampolles. Cal anar a cercar els materials a cases especialitzades).

Per omplir-la, inclineu cada ampolla de tal manera que el doll de vi que surt de l'aixeta peti contra la paret interior. Cal evitar el xoc del vi contra si mateix. Si es tracta d'un vi blanc delicat, obriu poc l'aixeta, perquè no convé gens que el doll de vi que cau succioni aire.

No ompliu massa les botelles. Entre la superfície del vi i la cara inferior del tap, han de quedar uns 15 o 20 mil·límetres (1,5 a 2 cm). Tapeu seguidament, sense interrupcions, i ajagueu les botelles directament al seu lloc definitiu, tot posant els brocs a la vista.

Si volem etiquetar, ara és el moment de fer-ho. Durant 2 o 3 mesos, no toquem cap botella. Totes passen el seu "trastorn d'embotellat". Aquell vi, acostumat a anar per lliure i a respirar oxigen, ara s'ha d'habituar a veure's constret i a viure en una atmosfera reductora. És tota una prova per a ell, que com a mínim ens ha de merèixer el respecte d'aquest temps de quarantena.

Després, ja podem tastar-ne una ampolla i anotar la nostra primera impressió en el quadern de registre.

I ara: els anys, el temps, la calma i la quietud. De tant en tant, cada 6 mesos, anem controlant i anotant. Si no notem progrés al cap d'un any i mig o 2 anys, pot passar una de dues: o que sigui un vi excepcional, que necessiti 5 o 7 anys per aconseguir la plena potència, o bé que ens hàgim equivocat i aquella matèria primera escollida per nosaltres fos només un vi banal, mediocre i senzill, no apte per ser embotellat. En aquest cas, cal beure-se'l ràpidament o regalar-lo als coneguts no gaire amics, i repetir l'operació amb un altre vi jove, en qui tornarem a posar totes les nostres il·lusions.

Fer aquesta operació simultàniament amb vins de diferents procedències pot ser una font de sorpreses i una escola dura de formació per a qualsevol "amateur" enòfil que no espantin les dificultats. Evidentment, és més segur, encara que no tan divertit, comprar directament les botelles al mercat.

El "bricolage" enològic

Però el súmmum de l'atreviment no és només embotellar-nos el vi particularment, sinó fer-lo, elaborar-lo en petita escala a casa nostra.

Tanmateix, que ningú no cregui que, després d'haver llegit aquestes quatre ratlles que seguiran, estarà ja plenament capacitat per fer-se el seu "*Chateau Margaux*" particular. És molt difícil de fer un bon vi, i és més difícil encara de fer-lo bo en petita quantitat. Però indicarem els passos principals per poder fer un vi negre passable per si algun atrevit s'hi endinsa.

Procediment:

Partirem, per exemple, de 100 kg de raïm negre. Caldrà primer separar els grans de la rapa –que mantindrem a part– i aixafar-los degudament. (Ho podem fer amb els peus o simplement amb les mans). La barreja de most, pellofes i polpa, la disposarem en un recipient –portadora, bóta sense un fons o cossi no metàl·lic de boca ampla i oberta– que taparem amb una tela i anirem remenant espaiadament perquè el most ens agafi color. Uns polsims de metabisulfit –compreu-lo en una casa especialitzada– ens protegiran de la infecció acètica. Al cap de 5 o 6 dies –depèn de molts factors– començarà la fermentació tumultuosa. Podem afegir, si volem, uns grapats de la rapa que hem separat. Aportarà taní al vi. Tota la massa bullirà i augmentarà de temperatura. Amb un termòmetre la controlarem i procurarem evitar que ens passi dels 28°. Un bon sistema és submergir, dins del most fermentant, una barra de gel dins d'una bossa de plàstic ben neta i sense cap forat (perquè, sense voler, no bategem aquell vi amb l'aigua que el gel deixi anar en fondre's lentament); anirem posant i traient aquesta barra segons la temperatura. Quan la fermentació tumultuosa hagi acabat, la rapa, les pellofes, les llavors i les matèries pèctiques es disposaran a la superfície, on suren formant el "barret". Cal anar-ho agitant amb un bastó, sobretot si el color és fluix. La matèria colorant de la pell ha de passar al most. Podem fer remuntatges del vi del fons deixant-lo caure en dutxa per damunt del "barret" però sense abusar per tal d'evitar una excessiva oxidació. Un perol de mànec llarg ens pot anar bé.

Al cap de 8 o 10 dies, quan el most ja no sigui dolç i notem que ha adquirit alcohol, podem separar el vi novell del "barret". El vi novell el deixem en recipient a part –una bóta o una garrafa plenes fins dalt, però amb el forat obert–, mentre que el "barret" el premsem –amb una premsa o simplement esprement-lo dins d'una tela que cargolarem en sentit contrari per cada extrem– i recollirem el "vi de premsa" en un altre recipient, on continuarà la seva fermentació per separat del seu germà primer. El residu sec del "barret" –que és la brisa– el deixem assecar.

Al cap de 40 o 50 dies, el vi –si encara se'ns conserva– haurà acabat la seva fermentació lenta. És hora de trasbalsar-lo –separar-lo del solatge o "mares" que haurà fet– i això ho farem valent-nos d'una goma de sifó o d'un recipient de doble aixeta.

Si convé, ara es pot afegir la totalitat o una part del "vi de premsa" al vi de "sangrat" que hem tret primer. Sempre el vi de premsa dóna astringència i rusticitat; s'ha d'anar amb compte en la dosificació.

Aquest vi trasbalsat o trascolat com també es diu s'ha de clarificar i abrillantar. El que va millor –dins dels esquemes casolans en què ens movem– és fer-ho amb clares d'ou separades del rovell i lleugerament batudes, a raó de 4 o 5 clares d'ous frescos per cada 100 litres de vi. S'hi tiren les clares, es remena el conjunt a consciència i al cap de 10 dies es torna a trasbalsar el vi, amb compte que el pòsit no se'ns barregi amb el clar. Després d'una setmana de repòs en un recipient tancat –millor de vidre– el vi ja està a punt de beure i, si volem, de posar a envellir en fusta. Serà bo, però, per assegurar-ne la bona conservació, de portar-lo a graduar i, si no arriba a 13°, enfortir-lo amb alcohol de 96° fins que els aconsegueixi. (Aquesta és una pràctica barroera, que cap vi noble no es permet però que un "amateur" doblat de "bricoleur" pot fer impunement). Al cap de 2 anys en fusta –cal trasbalsar cada any i anar reomplint les bótes– ja es pot embotellar per començar l'envelliment en ampolla. Si teniu un àngel de la guarda afeccionat als vins del cel, és possible que, en destapar una d'aquestes ampolles, allò que han fet les vostres mans pecadores sigui tota una obra d'art, però si és en Banyeta qui s'ha interferit en el vostre camí d'elaborador de vi, podeu dir com a jaculatòria per a allunyar la seva malèfica influència aquell proverbi de la Toscana: "Dio ti salvi da un cattivo vino e da un pincipiante violino" (Déu et salvi d'un vi dolent i del violí d'un aprenent).

En tot cas, un cop feta aquesta experiència personal, recomanem tenir a mà una bona ampolla del vostre vi preferit per treure el mal gust de boca i per saldar amb algun benefici tangible –degustable, caldria dir més pròpiament en aquest cas– tota aquesta aventura. De totes maneres, de més verdes en maduren i ja sabem que "audaces fortuna iuvat"; així és que si us tempta el "bricolage" enològic llanceu-vos-hi de cap, perquè ja sabeu que, segons l'Oscar Wilde, "l'única manera de lliurar-se de les temptacions, és deixar-s'hi caure".

Cloenda

No només els vins sinó d'altres productes típics, la qualitat dels quals vagi lligada a matèries primeres, procediments o característiques ambientals o climatològiques propis d'algunes contrades ben delimitades, poden ser emparats i protegits per les D.O. Per exemple olis, formatges, arrops, mels, embotits, etc. Tota una bonica i profitosa tasca, que aconseguiria de recuperar, per al consumidor encuriosit i gustativament tafaner i investigador, les mil i una produccions tradicionals de les nostres comarques, cal que sigui iniciada amb una gran alenada i amb una gran fe.

Si això s'aconseguís almenys per als nostres vins i olis, ja constituiria de moment una gran obra de govern i de reconstrucció, que a més d'ajudar-nos a retrobar allò que era nostre i que nosaltres mateixos hem malmès portaria una nova vida i una nova font de riquesa a moltes comarques i pobles de casa nostra, avui dia necessitats urgentment de nous motius d'il·lusió col·lectiva.

Els motius que ens podrien portar a una visió optimista del futur, en aquest camp concret, principalment pel que fa als vins i olis catalans, passen, però, per aquestes tres condicions imprescindibles i fonamentals:

- Un increment de l'esforç a perseguir la qualitat.
- Un augment considerable del capital invertit en les activitats industrials de transformació de productes de base agrícola.
- Una acció conjuntada dels interessats i de l'Administració amb vista a aconseguir l'òptima comercialització d'aquests productes.

Si la política que s'enfoqui des de la Generalitat sap obtenir realitats concretes en aquests tres camps d'actuació, és evident que el panorama dels vins i olis catalans pot canviar substancialment. Així ho esperem tots els consumidors pel bé del nostre paladar, tots els pagesos pel bé de la nostra economia i tots els catalans pel bé de l'equilibri del nostre país.

Barcelona, abril 1979.